河南基础省情系列研究成果

宏观经济因素、企业债券违约与企业债券违约恢复

刘振清◎著

Macroeconomic Factors,
Corporate Bond Defaults and Corporate
Bond Defaults Resumed

中国经济出版社
CHINA ECONOMIC PUBLISHING HOUSE
·北京·

图书在版编目(CIP)数据

宏观经济因素、企业债券违约与企业债券违约恢复 / 刘振清著 . -- 北京 : 中国经济出版社，2024. 7.

ISBN 978-7-5136-7827-8

Ⅰ. F832. 51

中国国家版本馆 CIP 数据核字第 2024XZ7216 号

责任编辑　牛慧珍
责任印制　马小宾
封面设计　任燕飞

出版发行　中国经济出版社
印 刷 者　北京艾普海德印刷有限公司
经 销 者　各地新华书店
开　　本　710mm×1000mm　1/16
印　　张　15. 25
字　　数　240 千字
版　　次　2024 年 7 月第 1 版
印　　次　2024 年 7 月第 1 次
定　　价　88. 00 元
广告经营许可证　京西工商广字第 8179 号

中国经济出版社　**网址** http://epc. sinopec. com/epc/　**社址** 北京市东城区安定门外大街 58 号　**邮编** 100011
本版图书如存在印装质量问题，请与本社销售中心联系调换(联系电话：010-57512564)

前言
preface

近年来，随着我国债券市场的发展，企业债券违约事件频发，企业债券违约恢复率持续低迷，给我国金融债券市场稳定性带来了一定的挑战。探究企业债券违约和企业债券违约恢复的影响因素，及时做出企业债券违约风险预警、制定有利于企业进行债券违约恢复的相关政策，对促进我国债券市场稳健运行具有重要意义。当前，全球经济形势不明朗，我国债券市场的不稳定性也越发加剧，在此背景下，研究宏观经济因素与企业债券违约和企业债券违约恢复的关系，可以进一步理解宏观经济因素在我国债券市场中的角色。研究如何有效提取宏观经济因素中的信息，可以提高企业债券违约率和企业债券违约恢复率的预测准确度。研究不同行业的债券违约信息与宏观经济因素之间的关系，可以有针对性地对不同行业的宏观经济状况进行判断，减少行业企业债券违约发生的概率，促进债券市场的健康运行。

本书针对国内债券市场，综合运用数据驱动预测技术、计量经济学模型、机器学习模型、信用风险、违约相关性、信息不对称和财务预警模型等理论、方法，围绕企业债券违约率、企业债券违约恢复率预测及其应用问题展开研究。具体而言，本书的研究分为三个层面：第一，从宏观经济因素对企业债券违约率和企业债券违约恢复率的预测影响进行研究；第二，从大规模因子背景下企业债券违约率及企业债券违约恢复率预测方法创新角度进行研究；第三，从研究成果在信用风险、违约相关性、信息不对称和财务预警中的应用角度进行研究。本书主要研究工作及创新之处总结如下。

第一，运用数据驱动预测技术，利用集成特征选择器选择有效的宏观经济信息，研究宏观经济因素对企业债券违约率、企业债券违约恢复率的预测影响。首先，在企业债券违约预测中，本书通过不同行业的划分，分别确定宏观特征变量，有针对性地找到影响各行业企业债券违约的宏观因素；对于企业债券违约恢复，由于实证数据的限制，我们仅寻找影响企业债券违约恢复的整体性宏观因素。其次，本书构建了集成特征选择器（集成过滤法的最大相关最小冗余法，包装法的递归特征消除法，嵌入法中的 Boruta 算法、LightGBM 算法和 Adaptive Lasso 算法以及改进的投票机制），进行各行业企业债券违约的影响特征选择，并确定整体企业债券违约恢复的影响特征。其中，最大相关最小冗余法可以有效避免过拟合；递归特征消除法具有较好的拟合能力；Boruta 算法可以更清晰地展示特征的重要性；LightGBM 算法可以降低计算复杂度；Adaptive Lasso 算法给不同特征施加不同的惩罚，可以更深入地挖掘宏观因子的信息。实证结果表明，工业行业、信息技术行业、材料行业、可选消费行业、日常消费行业、能源行业、公用事业行业、金融行业、房地产行业和医疗保健行业具有不同的宏观特征，证明了分行业预测的合理性。

第二，运用数据驱动预测技术，通过动态因子模型提取宏观特征，进行共同信息分析，降低特征的维度。本书通过动态因子模型提取了六个宏观系统性因子——行业周期因子、宏观指数因子、收益率曲线风险因子、信用风险因子、资产收益率因子、市场波动率因子，以及一个脆弱性因子，其中宏观系统性因子反映了宏观特征的共同成分，脆弱性因子反映了共同因子无法解释的成分，宏观系统性因子和脆弱性因子的结合反映了行业的整体性成分。本书使用状态空间和贝叶斯相结合的方法估计动态因子模型，将宏观特征表示为状态空间形式，通过贝叶斯 Gibbs 采样估计各行业的宏观系统性因子，共进行了 6 万次采样并舍弃前 1 万次采样结果，以充分保证估计是基于后验分布的。另外，我们对载荷矩阵施加了过度的约束，这种过度识别可以有效降低指标冗余的可能性，因此，载荷矩阵可以合理解释各宏观特征对共同因子的重要程度。

第三，研究考虑企业债券违约率和企业债券违约恢复率的预测方法的创新。基于宏观经济因素对企业债券违约率和企业债券违约恢复率的影响，本书的预测方法既需要反映宏观系统性因子、脆弱性因子的重要度，还需要兼顾模型的预测性能。考虑到计量模型的可解释性和机器学习模型优越的预测能力、向量自回归（VAR）模型可以反映变量间的相互作用关系、门控循环神经网络（GRU）模型可以有效提升大数据的预测性能，本书构建了一个结合向量自回归模型和门控循环神经网络模型的混合模型——VAR-GRU 模型。为了验证不同期限 VAR-GRU 模型的预测能力，本书设置了三个预测期限——1 个月、3 个月和 6 个月。

第四，基于前文的研究，本书将研究成果运用到具体实践场景，将宏观经济因素与企业债券违约率和企业债券违约恢复率预测的关系运用到我国企业债券市场中，根据 Wind 行业分类标准，对工业行业、信息技术行业、材料行业、可选消费行业、日常消费行业、能源行业、公用事业行业、金融行业、房地产行业和医疗保健行业 10 个行业进行企业债券违约率预测（由于数据的限制，对整体行业债券违约恢复率进行预测）。实证结果表明，VAR-GRU 模型适用于各行业企业债券违约率和市场整体企业债券违约恢复率的预测，其预测能力与预测期限紧密相关。在工业行业进行中长期企业债券违约率预测，在信息技术行业进行短期和中期企业债券违约率预测，在材料行业、日常消费行业进行长期企业债券违约率预测，在可选消费行业进行中期企业债券违约率预测，在能源行业、公用事业行业、金融行业、房地产行业和医疗保健行业任意期限进行企业债券违约率预测时，VAR-GRU 模型具有良好的预测性能。同时，通过 VAR 模型的方差分解，可以解释不同行业中各宏观系统性因子的重要程度，从而解释各宏观特征对于行业企业债券违约率和市场整体企业债券违约恢复率的重要性。

在经济蓬勃发展时期，有利的宏观经济条件降低了企业债券违约发生的可能性。如今，面对经济下行的国际大环境，从监管驱动的角度评估企业在不利宏观经济条件下的生存能力具有重要意义。对于企业而言，若知晓影响自身债券违约的宏观因素，便可及早调整自身资金运行轨迹，及时预防和避免债券违约发生；对于投资者而言，债券违约无疑会冲击债券市场，造成市场定价的非系统性误差，产生错误的投资预期，导致投资损失；对于国内经济环境而言，企业减少债券违约事件发生，有助于整体经济的平稳运行，加速社会资金流通，促进整体经济的蓬勃发展。

本书是在笔者博士毕业论文的基础上修改而成的，参考了众多相关文献成果，在此表示感谢。

刘振清

2023 年 12 月

目 录
contents

第1章 绪论 …… 001

1.1 研究背景 …… 003
1.2 研究问题 …… 005
1.3 研究意义 …… 006
1.4 研究思路、方法及框架 …… 007
1.4.1 研究思路、方法 …… 007
1.4.2 研究框架 …… 009
1.5 研究贡献 …… 011

第2章 研究基础 …… 013

2.1 相关概念与定义 …… 015
2.1.1 企业债券违约与恢复定义 …… 015
2.1.2 企业债券违约特征 …… 016
2.2 文献综述 …… 017
2.2.1 企业债券违约的宏观因子选择 …… 017
2.2.2 企业债券违约预测研究 …… 020
2.2.3 企业债券违约恢复研究 …… 023
2.2.4 研究评述 …… 025
2.3 企业债券违约与恢复相关理论 …… 026
2.3.1 信用风险理论 …… 026
2.3.2 违约相关性理论 …… 027
2.3.3 信息不对称理论 …… 027

2.3.4 财务预警模型理论 …… 028
2.4 宏观经济与企业债券违约机理分析 …… 030
2.4.1 宏观特征因子选择 …… 030
2.4.2 宏观特征因子影响企业债券违约的路径、机制 …… 031
2.5 宏观经济与企业债券违约恢复机理分析 …… 032
2.5.1 宏观特征因子选择 …… 032
2.5.2 宏观特征因子影响企业债券违约恢复的路径、机制 …… 032

第3章 数据驱动下宏观经济特征提取 …… 035

3.1 特征选择 …… 037
3.1.1 过滤法 …… 037
3.1.2 包装法 …… 040
3.1.3 嵌入法 …… 041
3.2 企业债券违约和债券违约恢复特征选择 …… 048
3.3 宏观经济特征动态因子模型 …… 049
3.3.1 动态因子模型宏观因子设置 …… 049
3.3.2 债券违约动态因子模型 …… 051
3.3.3 动态因子模型估计 …… 054
3.3.4 宏观特征动态因子模型的贝叶斯状态空间估计 …… 056
3.4 本章小结 …… 062

第4章 企业债券违约预测模型 …… 065

4.1 企业债券违约模型 …… 068
4.2 基于计量模型的企业债券违约预测模型 …… 072
4.2.1 约束条件 …… 074
4.2.2 企业债券违约率的VAR预测模型 …… 075
4.2.3 企业债券违约率方差分解 …… 080
4.3 基于机器学习的债券违约预测模型 …… 081
4.3.1 循环神经网络 …… 082
4.3.2 长短期记忆网络 …… 087

4.3.3 GRU 神经网络 …… 090
4.4 基于 VAR-GRU 的企业债券违约预测模型 …… 092
4.5 本章小结 …… 094

第5章 企业债券违约恢复预测模型 …… 095

5.1 企业债券违约恢复模型 …… 098
5.2 企业债券违约恢复率预测模型 …… 100
5.3 本章小结 …… 102

第6章 企业债券违约预测应用研究 …… 103

6.1 数据来源及统计性分析 …… 105
6.2 债券违约宏观因子特征选择实证 …… 108
6.2.1 集成特征选择器参数设置 …… 108
6.2.2 工业行业宏观特征选择 …… 111
6.2.3 信息技术行业宏观特征选择 …… 113
6.2.4 材料行业宏观特征选择 …… 114
6.2.5 可选消费行业宏观特征选择 …… 116
6.2.6 日常消费行业宏观特征选择 …… 117
6.2.7 能源行业宏观特征选择 …… 119
6.2.8 公用事业行业宏观特征选择 …… 120
6.2.9 金融行业宏观特征选择 …… 122
6.2.10 房地产行业宏观特征选择 …… 123
6.2.11 医疗保健行业宏观特征选择 …… 125
6.3 企业债券违约动态因子实证 …… 126
6.3.1 工业行业动态因子模型实证结果 …… 127
6.3.2 信息技术行业动态因子模型实证结果 …… 130
6.3.3 材料行业动态因子模型实证结果 …… 133
6.3.4 可选消费行业动态因子模型实证结果 …… 136
6.3.5 日常消费行业动态因子模型实证结果 …… 139
6.3.6 能源行业动态因子模型实证结果 …… 143

6.3.7 公用事业行业动态因子模型实证结果 …… 145
6.3.8 金融行业动态因子模型实证结果 …… 148
6.3.9 房地产行业动态因子模型实证结果 …… 151
6.3.10 医疗保健行业动态因子模型实证结果 …… 154
6.3.11 分行业动态因子模型总结 …… 156
6.4 企业债券违约预测实证 …… 157
6.4.1 数据选择 …… 157
6.4.2 模型参数选择 …… 158
6.4.3 模型预测能力评估指标 …… 158
6.4.4 VAR-GRU 模型拟合结果及分析 …… 159
6.4.5 行业影响因素分析 …… 179
6.5 本章小结 …… 188

第7章 企业债券违约恢复预测应用研究 …… 191

7.1 数据来源及统计性分析 …… 193
7.2 企业债券违约恢复宏观因子特征选择 …… 194
7.3 企业债券违约恢复动态因子模型结果 …… 196
7.4 企业债券违约恢复预测结果 …… 201
7.5 本章小结 …… 205

第8章 结论与展望 …… 207

8.1 结论 …… 209
8.2 展望 …… 213
8.2.1 企业债券违约与恢复预测模型的改进 …… 213
8.2.2 企业债券违约与恢复的针对性监管 …… 215

参考文献 …… 217

第1章

绪　论

1.1 研究背景

2008 年金融危机之后，宏观经济变化、企业以及政府债券违约方面的相互作用，成为风险衡量实践、央行政策制定和金融经济学等领域学术研究的重点话题。2014 年，我国发生了第一例企业债券违约事件，国内债券市场长期的“刚性汇兑”格局被打破，债券违约致使投资者和企业蒙受损失。2018 年以来，伴随全球经济周期调整，国内上市企业债券违约事件屡见不鲜。企业无法获得持续融资，短期债券危机演化为长期债券危机，单一企业债券违约风险导致行业债券违约风险，加剧了市场的不稳定性。自 2020 年新冠疫情全面暴发以来，全球经济进入下行周期，国内宏观经济市场也面临较大的下行压力，企业信用风险不断暴露，国内企业产品生产周期变长，面临资金链断裂风险。国内市场的企业融资环境不断缩紧，融资难度增加，偿债能力弱化，债券违约风险不断增大。以紫光集团、华晨集团等为代表的部分国有企业都发生了债券违约事件，严重影响了国内企业债券市场的平稳运行，加剧了债券市场的风险传染和扩散。

事实上，我国企业债券违约事件发生时间较晚，相关研究也较薄弱。不少学者认为企业债券违约的源头是宏观经济环境的信息不对称，Yu(2005)提出降低信息不对称程度能够在一定程度上降低企业债券违约风险。Leippold、Wu 和 Egloff(2007)指出宏观经济因素对债券违约具有正向影响，且企业债券违约对债券市场造成冲击，在债券市场形成新的信用风险，进而产生企业债券违约风险对债券市场的负面作用。也有学者认为影响企业债券违约风险的原因可以更加具象，不能仅笼统地叙述为宏观经济风险，宏观经济波动、金融机构的支持力度、政府发挥作用与否等都将影响企业债券违约的发生。董裕平(2017)认为，近年来，我国部分地区企业债券违约风险不断攀升，这不仅与世界经济发展环境变化相关，也与我国整体金融行业发展，尤其是影子银行问题产生的资金循环不畅有关。李琬珩(2016)认为，在我国现行的经济政策下，行业发展状态与企业债券违约现象具有重要相关关系，若企业所在行业发生波动，将对企业债券违约的发生产生较大影响。

当然，也有学者认为企业债券违约的关键因素是企业自身环境。Sweeney(1994)以100多家债券违约企业为研究主体，发现越临近企业违约发生时，企业越容易发生会计变更事件，且频率明显高于普通会计年度。Shefrin(2001)认为，企业战略计划的制订需要科学和精准，盲目扩张和错误判断都容易引发企业信用风险，进而诱发债券违约风险。Bonfim(2009)指出，企业的财务结构、利润水平和流动性、近期的业务情况、投资政策等因素都将影响企业债券违约。张煜和史英哲(2015)认为，中介部门将对企业债券违约产生影响，如发行人、担保人和中介机构等方面。夏子航、马忠和陈登彪(2015)认为，企业在机会与成本、债券期限及融资担保方式等环节具有更加明显的不对称现象，这样的市场会导致企业交易成本的增加，出现额外的企业债券风险。Hui等(2008)认为，企业治理水平和企业债券违约风险发生概率成反比，较好的企业管理模型较难发生企业债券违约事件。

可以看出，我国企业债券违约相关研究起步时间晚，存在较多疑难问题，尤其企业债券违约与企业债券违约恢复是两大经典问题。不同学者对企业债券违约的影响研究出发点不同，结论各异，尚未形成统一意见。但无论是企业自身环境，还是宏观经济环境，都对企业债券违约现象产生影响。单个企业无法剥离宏观经济环境单独运行，企业的运行指标也与宏观经济环境有着千丝万缕的联系。特别地，如果仅考虑单个企业的债券违约风险，从企业自身角度出发或许更具说服力，但如果考虑的是行业整体的债券违约情况或是整个市场的债券违约情况，单个企业自身环境的影响便不再重要。本书的研究并非拘泥于单个企业的债券违约，而是探究不同行业企业债券违约与企业债券违约恢复情况，故我们选择宏观经济因素视角对企业债券违约和企业债券违约恢复展开研究。

1.2 研究问题

我国企业债券违约事件发生时间较晚，仍有一些内容没有得到彻底的探讨，这些问题主要体现在四个方面：企业债券违约的宏观因子可预测性、影响国内不同行业企业债券违约的宏观因素异质性、国内企业债券违约恢复的宏观影响因子可得性、机器学习模型在国内企业债券违约与恢复中的适用性。前三个方面表现为宏观经济与企业债券违约和企业债券违约恢复的关联，侧重时间序列的风险度量；第四个方面涉及机器学习模型在企业经济微观结构中的应用。我们接下来展开阐述这四个问题对国内宏观经济与企业债券违约研究的必要性。

第一个问题：根据当前的国内经济周期状态，能否提取影响不同行业企业债券违约的合适的宏观经济影响因素？能否根据不同的宏观经济因素提取出合适的宏观因子？从金融系统来说，由于企业资产负债表可能受到多种宏观金融传导因素或渠道的影响，企业违约对经济和金融环境的依赖体现得并不直接。此外，不同行业企业所受宏观政策的影响也不尽相同，增加了提取宏观因子的难度。提取企业债券宏观因子是展开债券违约预测与恢复研究的基础，因此，提取合适的宏观因子十分必要。

第二个问题：不同行业企业所受宏观经济环境的影响有哪些异同？是否会进一步影响不同行业企业债券违约的可预测性？不同行业的生产链不同，资金周转链不同，所产生的信用风险来源也各不相同。所以探究不同行业企业所受宏观经济影响异同有助于指导企业调整投资战略，规避债券违约风险。对比不同行业债券违约的预测结论，有助于帮助有关部门制定合适的市场调节政策，促进市场的良好运行。

第三个问题：在当前的国内宏观经济环境下，哪些因素将影响企业债券违约恢复？据我们的研究统计，国内研究更注重企业债券违约研究，忽视了企业债券违约恢复研究的重要性，缺乏合适的企业债券违约恢复研究方法和参考文献。这一点在第 2.4 节有更直观的阐述，所以研究国内企业债券违约恢复具有重要的理论价值。

第四个问题：以机器学习为基础的大数据研究方法是否适合企业债券违约研究，该种方法的研究结果和传统的企业债券违约研究方法有何不同？伴随人工智能研究的不断发展，机器学习模型在证券市场问题研究中的优势凸显。对于国内企业债券违约研究而言，获取样本和案例的难度很高，对于这样的企业经济问题，机器学习方法是否仍具适用性，以及和传统的研究方法结论有何异同仍缺乏经典讨论。

1.3 研究意义

针对以上研究背景和研究问题，本书主要研究数据驱动下企业债券违约和企业债券违约恢复预测及其应用的总课题。后文将围绕以上问题进行研究论证，并提供翔实的科学证据有效地回答相关问题。从研究问题角度来看，本书具有以下研究意义。

(1)基于宏观经济因素视角，探索利用数据驱动方法构建新的债券市场违约风险预测指标，旨在完善债券市场风险管理理论框架。

债券市场的风险(主要是企业债券违约风险)不仅受到企业环境的影响，也显著地被我国宏观经济运行状况所影响。本书通过数据驱动方法，从宏观经济因素中提取关键信息，构建新的债券市场违约风险预测指标，研究预测指标与企业债券违约率和企业债券违约恢复率间的关系，有助于更加准确地度量企业债券违约风险，以及企业债券违约恢复的有利情形，并为有效地监管债券市场提供更有说服力的证据。

(2)寻求构建新的预测模型，旨在完善时间序列预测领域相关理论研究。

针对大数据以及人工智能蓬勃发展的背景，创新构建数据驱动下的混合预测模型，一方面，可以加强对企业债券违约预测中宏观经济影响因素的识别能力，分析不同宏观经济因素在不同行业背景下的作用；另一方面，可以改善现有计量预测模型的预测能力，有效提升模型的预测精度，从而提高市场监管者的决策水平。另外，通过新构建的混合预测模型，在横向上具有延伸性，可结合场景特征，对不同领域中的时间序列进行预测；在纵向上具有拓展性，可以该理论模型为基石，进一步改进现有模型的不足，构建更为先进的预测模型。因此，本书的研究有助于完善预测领域的不足，推动时间序列预测相关研究进一步发展。

(3)探索宏观经济因素与企业债券的关系，旨在丰富数据驱动下的企业债券违约率和企业债券违约恢复率预测的应用场景，为企业、投资者以及市场监管者提供有利的决策支撑。

在经济蓬勃发展时期，有利的宏观经济条件弱化了企业债券违约发生的可能性。如今，面对经济下行的国际大环境，从监管驱动的角度评估企业在不利宏观经济条件下的生存能力具有重要意义。对于企业而言，若知晓影响自身债券违约的宏观经济因素，便可及早调整自身资金运行轨迹，有效预防和避免债券违约发生；对于投资者而言，企业债券违约无疑将冲击债券市场，造成市场定价的非系统性误差，使投资者产生错误的投资预期，导致投资损失；对于国内经济环境而言，减少企业债券违约事件发生，有助于整体经济环境的平稳运行，加速社会资金流通，促进整体经济的蓬勃发展。因此，研究宏观经济因素下的企业债券违约具有重要的实践意义。

1.4 研究思路、方法及框架

1.4.1 研究思路、方法

根据研究背景的分析，可以得出宏观经济因素和企业债券违约率、企业债券违约恢复率预测存在一定的相关性。在我们的认知中，当宏观经济下行时，企业债券违约率会随之上升，企业债券违约恢复率会随之下降，而宏观经济又包含多种宏观经济因素，若我们可以确定具体的宏观经济因素对企业债券违约率和企业债券违约恢复率的影响，那么企业就可以及时根据宏观经济因素运行情况进行调整，避免违约事件的发生，促进债券市场的健康、稳健运行。

因此，本书的主要目的是根据宏观经济因素中的信息预测企业债券违约率和企业债券违约恢复率，并根据预测结果确定重要宏观经济因素特征对预测企业债券违约率和企业债券违约恢复率的影响。本书围绕以下三个方面展开具体研究：一是研究宏观经济因素对企业债券违约率和企业债券违约恢复率的预测影响问题，二是研究大规模宏观经济因素下宏观经济共同因子提取方法，三是基于宏观经济因素与企业债券违约率和企业债券违约恢复率关系的应用研究。

基于以上研究内容，本书采用的具体研究方法总结如下。

(1)文献分析法。通过阅读和整理国内外顶级和权威期刊大量相关研究著作，充分了解现有文献关于企业债券违约率和企业债券违约恢复率预测领域和大规模变量情形下金融预测问题解决方法等研究成果，并将其作为本书的理论基础，在此基础上进一步创新，寻求突破，完善相关理论方法。

(2)数据驱动预测方法。本书在宏观经济因素选择阶段，集成过滤法的最大相关最小冗余法，包装法的递归特征消除法，嵌入法的 Boruta 算法、LightGBM 算法和 Adaptive Lasso 算法以及改进的投票机制，寻求不同行业企业债券违约率和市场整体企业债券违约恢复率预测的重要宏观经济影响因素。在选取宏观经济因素之后，针对高维因子预测问题，本书通过动态因子模型对宏观经济因素中的共同因子进行提取，获取宏观经济因子，构建新的企业债券违约率和企业债券违约恢复率预测指标。以上方法在多数情况下都能有效缓解和改善时间序列预测的样本内过拟合和样本外预测效果不佳的问题。

(3)混合时间序列预测方法。本书结合向量自回归(VAR)模型和门控循环神经网络(GRU)模型在时间序列上的优势，构建 VAR-GRU 模型对企业债券违约率和企业债券违约恢复率进行预测。向量自回归模型可以衡量企业债券违约率和企业债券违约恢复率与各宏观经济因子之间的关系，GRU 模型可以解决时间序列的长期依赖性。

(4)样本外评价方法。在评估所提出模型的样本外表现中，利用平均绝对误差（*MAE*）和均方根误差（*RMSE*）损失函数进行模型预测能力评价。

（5）模型对比方法。本书设置VAR模型和GRU模型为基准模型，将基准模型与本书提出的VAR-GRU模型样本外预测结果进行对比，证明本书提出的混合模型的优越性。

1.4.2 研究框架

本书研究宏观背景下企业债券违约率和企业债券违约恢复率的预测方案，如图1-1所示。本书的研究目标是对基于宏观特征对企业债券违约率和企业债券违约恢复率进行预测，构建基于向量自回归（VAR）模型和门控循环神经网络（GRU）模型的混合模型，学习宏观特征与企业债券违约率和企业债券违约恢复率之间的关系，提高模型的预测能力和解释能力。

本书的主要结构如下：第2章对企业债券违约和企业债券违约恢复的预测方法和原理的研究现状进行梳理和总结；第3章详细构建了宏观经济特征集成选择模型和宏观经济特征动态因子模型，合理选择企业债券违约率和企业债券违约恢复率影响特征，通过动态因子模型降低筛选出的宏观经济特征的维数，降低模型预测复杂度；第4章对企业债券违约模型和企业债券违约预测模型的方法原理进行阐释，为了模型的预测能力和可解释性，提出向量自回归（VAR）模型和门控循环神经网络（GRU）模型的混合模型VAR-GRU模型；第5章详细介绍了企业债券违约恢复模型和企业债券违约恢复率预测模型；第6章对企业债券违约进行预测，为了更具有针对性，分行业进行特征选择、共同因子的提取及各行业的企业债券违约预测，通过损失函数值量化分析VAR-GRU模型的预测能力，并通过VAR模型的方差分解与载荷矩阵分析宏观特征的重要度；第7章进行了企业债券违约恢复率的特征选择、因子提取和预测，并获得企业债券违约恢复率的重要宏观因子特征；第8章是结论与展望。

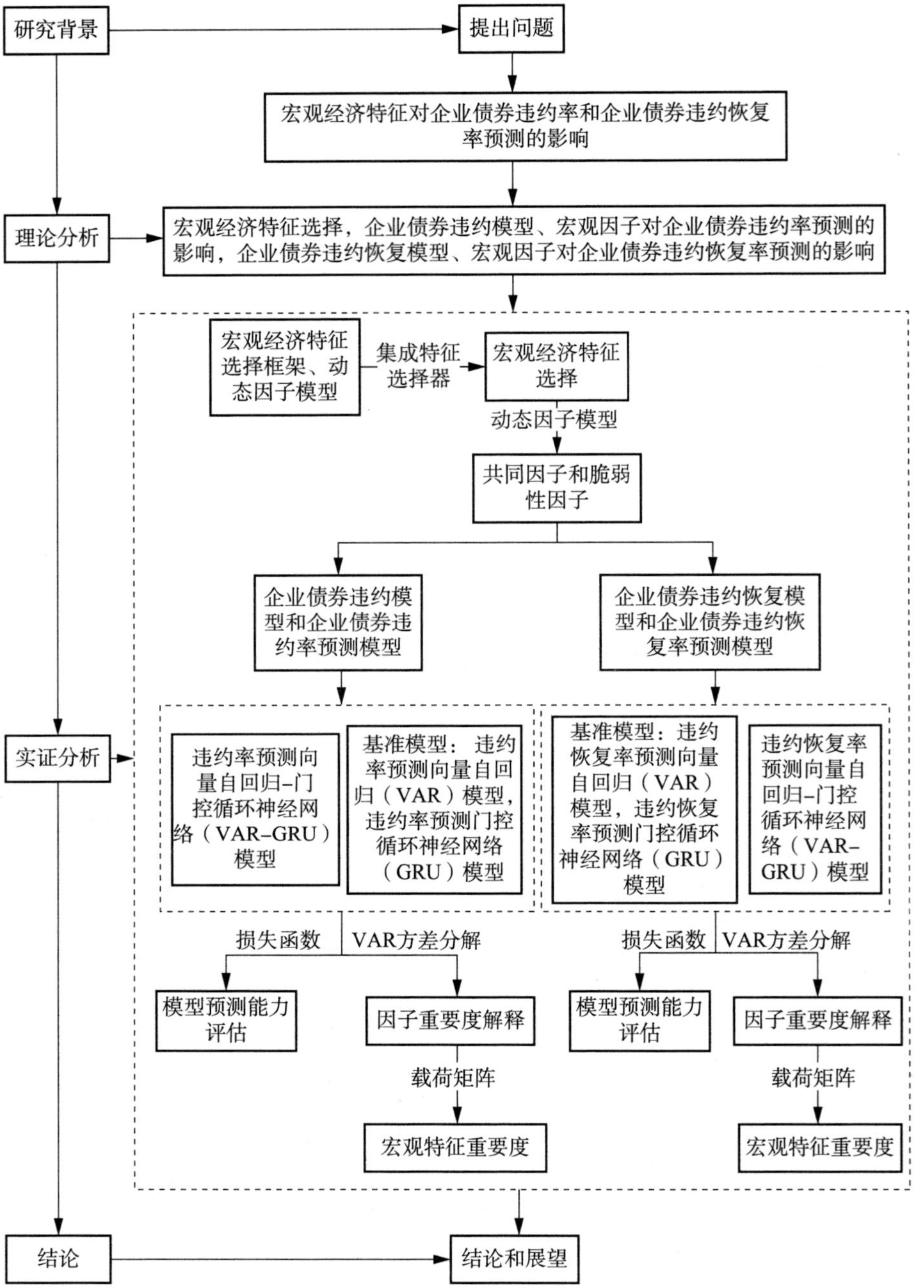
研究背景
提出问题
宏观经济特征对企业债券违约率和企业债券违约恢复率预测的影响
理论分析
宏观经济特征选择，企业债券违约模型、宏观因子对企业债券违约率预测的影响，企业债券违约恢复模型、宏观因子对企业债券违约恢复率预测的影响
宏观经济特征选择框架、动态因子模型
集成特征选择器
宏观经济特征选择
动态因子模型
共同因子和脆弱性因子
企业债券违约模型和企业债券违约率预测模型
企业债券违约恢复模型和企业债券违约恢复率预测模型
实证分析
违约率预测向量自回归–门控循环神经网络（VAR–GRU）模型
基准模型：违约率预测向量自回归（VAR）模型，违约率预测门控循环神经网络（GRU）模型
基准模型：违约恢复率预测向量自回归（VAR）模型，违约恢复率预测门控循环神经网络（GRU）模型
违约恢复率预测向量自回归–门控循环神经网络（VAR–GRU）模型
损失函数
VAR方差分解
模型预测能力评估
因子重要度解释
载荷矩阵
宏观特征重要度
结论
结论和展望

图 1–1　本书的研究框架

1.5 研究贡献

本书的研究结果对现有文献进行了重要扩展，并进一步增强对宏观经济与企业债券违约的理解。本书的理论及实践创新主要体现在以下三个方面。

(1)利用数据驱动方法构建新的债券市场，预测相关宏观经济指标，旨在完善债券市场风险管理理论框架。

债券市场的风险(主要是企业债券违约风险)不仅受到企业环境的影响，也显著地被我国宏观经济运行状况所影响。本书通过数据驱动方法，利用最大相关最小冗余法可以有效避免过拟合问题，递归特征消除法具有较好的拟合能力，Boruta 算法可以更清晰地展示特征的重要性，LightGBM 算法可以降低计算复杂度，Adaptive Lasso 算法给不同特征施加异质惩罚以更深入地挖掘宏观因子信息的优势，并基于改进的投票机制算法构建集成特征选择器，对宏观经济因素进行有效筛选；使用基于状态空间和贝叶斯方法的动态因子模型从宏观经济因素中提取关键信息，构建新的债券市场违约风险预测指标，研究预测指标与企业债券违约和企业债券违约恢复间的关系，有助于更加准确地度量企业债券违约风险，以及企业债券违约恢复的有利情形，并为债券市场的监管提供更有说服力的证据。

(2)寻求构建新的预测模型，旨在完善时间序列预测领域相关理论研究。

针对大数据以及人工智能蓬勃发展的背景，创新构建数据驱动下的混合预测模型，考虑到债券违约的影响因素分析，我们选择使用向量自回归(VAR)模型对债券违约率和债券违约恢复率进行预测。考虑到机器学习模型在时间序列预测方面的优越性，我们使用门控循环神经网络(GRU)模型对 VAR 模型的预测残差再次进行预测，并将两者的预测结果结合起来作为 VAR-GRU 模型的预测结果。混合模型一方面可以加强对企业债券违约预测宏观经济影响因素的识别能力，分析不同宏观经济因素在不同行业背景下的作用，另一方面可以改善现有计量预测模型的预测能力，有效提升模型的预测精度，从而提高市场监管者的决策水平。另外，通过新构建的混合预测模型，在横向上具有延伸性，可结合场景特征，对不同领域中的时间序列进行预测。

在纵向上具有拓展性，可以该理论模型为基石，进一步改进创新现有模型的不足，构建更为先进的预测模型。因此，本书的研究有助于完善预测领域的不足，推动时间序列预测相关研究进一步发展。

(3)探索我国宏观经济因素与企业债券的关系，旨在丰富数据驱动下的企业债券违约率和企业债券违约恢复率预测的应用场景，为企业、投资者及市场监管者提供有力的决策支撑。

在经济蓬勃发展时期，有利的宏观经济条件弱化了企业债券违约发生的可能性。如今，面对经济下行的国际大环境，从监管驱动的角度评估企业在不利宏观经济条件下的生存能力具有重要意义。对于企业而言，若知晓影响自身债券违约的宏观经济因素，便可及早调整自身资金运行轨迹，有效预防和避免债券违约发生；对于投资者而言，债券违约无疑会冲击债券市场，造成市场定价的非系统性误差，使投资者产生错误的投资预期，导致投资损失；对于国内经济环境而言，企业减少债券违约事件发生，有助于整体经济环境的平稳运行，加速社会资金流通，促进整体经济的蓬勃发展。因此，研究宏观经济下的企业债券违约具有重要的实践意义。实证结果表明，VAR-GRU 模型通过方差分解可以合理解释宏观经济因素对各行业企业债券违约以及整体企业债券违约恢复的影响，可以为企业、投资者以及市场监管者的经营、投资和监管活动的指标设置提供合理的证据；另外，混合模型优越的预测精度，可以为企业、投资者以及市场监管者的经营、投资和监管决策提供更有力的支持。

第2章

研究基础

本章对学术界关于企业债券违约与恢复的相关研究展开综述，分析该话题的研究前沿，剖析研究重点和不足，引出本书的研究重点与创新。在当前企业债券违约研究中，如何利用模型精准度量企业债券违约率是一大热点。而如何把握企业信用风险来源，选取影响企业债券违约层面，找准研究视角，应放在研究首位；如何基于研究视角选择影响企业债券违约因子，精准把控影响企业债券违约的主要因素，是获得准确企业债券违约率的重要一环；如何选择企业债券违约度量模型，充分发挥模型的预测功能，是研究的重要目标。事实上，国内针对企业债券违约的研究并不丰富，这在下文叙述中亦有体现，因此我们并未按照国内外研究的方式展开文献评述，而是按照不同研究命题分类展开论述。

2.1 相关概念与定义

2.1.1 企业债券违约与恢复定义

提及违约风险，首先要讲信用风险，信用风险往往伴随企业活动产生。信用风险不是单一地伴随企业活动始终，而是不断累加，不断进行风险传染。当信用风险超出违约事件的发生边界时，企业往往会遭受严重的资产损失。从定义上来讲，信用风险的范围更大，违约风险是信用风险的一种。违约风险指借款人到期不愿偿还债券本息或没有能力偿还债券本息的可能性。本书研究的企业债券违约风险正是指企业到期无法全额偿还债券的不确定性。如果企业债券违约，债券的恢复率就会被认为是企业资产剩余价值的函数，即企业偿还的违约债券与违约债券的总额的比率。

从定义来看，企业信用风险的研究是企业债券违约研究的基础，学者在不断推进企业信用风险研究的同时，也逐渐关注到企业债券违约问题，尤其是宏观经济因素和企业债券违约的相关性。Altman（1968）将信用风险与宏观经济、企业实体的基本面信息等驱动因素联系起来，研究了企业破产的决定因素。Merton（1974）从结构上阐述信用风险违约可能性和企业债券价格水平的相关关系。Jarrow 和 Turnbull（1995）提出了关于信用风险衍生证券定价的简化形式的模型。Duffie 和 Lando（2001）表明，简化形式的定价可以被视为会计信息不完整的结构模型，这类模型下的所有信贷违约模型都面临在良性和压力测试期内都能表现良好的问题，不能说明不同测试情况下的违约异质问题。Das 等（2007）、Duffie 等（2009）在信用风险文献中引入“脆弱性”的概念，以描述企业间相互关联的不可观察变量导致企业集中违约事件发生的现象。Chen、Collin-Dufresne 和 Goldstein（2009）针对市场变化的风险价格调整了结构性信用风险模型，以帮助适应历史信用利差水平。Chen（2010）提出了动态资本结构模型，以捕捉信贷利差的历史变化，从而明确地将违约损失和杠杆率与商业周期以及宏观经济变化联系起来。

2.1.2 企业债券违约特征

从宏观经济视角来看，整体的宏观经济环境对企业发展越有正向激励作用，企业发生债券违约的风险就越小；若企业债券违约风险一直处于较高水平，经济社会出现传染性债券违约风险越大，发生系统性金融风险的可能也就越高。企业债券违约风险通常呈现传染性、隐蔽性特征。从传染性特征来看，当企业发生债券违约时，交易主体往往并非单一关系，而是与其他交易主体处于交易纠缠状态，这样的交易关系极易破坏企业信用交易资金链。单一企业或者交易主体的企业债券违约风险便将顺着交易资金链传染，如不能及时控制源头企业的债券违约风险，被传染的企业将成为新的企业债券违约风险传染源，进而引起更大规模的信用违约事件发生，诱发系统性金融风险。单个交易主体的企业债券违约风险在参与效应和传染效应的作用下，将传染到地区经济的发展过程中。从隐蔽性特征来看，现实社会中的企业借贷关系并非唯一，单一企业往往与多个经济主体拥有资金纠缠关系。企业容易通过借入资金的方式掩盖企业债券危机，新注入的资金流往往使企业债券违约风险得到短暂缓解，但这无疑使新的企业主体隐蔽地进入企业债券违约风险圈，同时使企业的债券违约风险在一定时期内无法暴露。隐蔽性使企业债券违约风险的暴露时机大大延迟，若企业持续隐藏债券违约风险，便会加剧企业债券违约产生的危害，造成更严重的资产损失。

2.2 文献综述

2.2.1 企业债券违约的宏观因子选择

2.2.1.1 企业债券违约与宏观经济关系

如前文所述，寻找合适的违约因子是企业债券违约研究的核心环节。很多文献的结论表明，宏观经济体中各类违约率的总和可能受到企业特定特征和系统因素的影响。得益于各类计算方法速度的大幅提高，以及国外跨越多个信贷周期的企业违约数据长时间序列的可用性，宏观经济对企业债券违约的相关研究得到蓬勃发展。McNeil 和 Wendin(2007)结合商业周期动态和潜在的、违约特定的随机效应，将贝叶斯广义线性混合模型(GLMM)应用于季度企业违约的计算。Koopman 等(2008)关注潜在的信用违约因素，提出了非高斯动态因素模型，可以从行业部门和评级企业债券违约的面板中分离出不同动态。Koopman 等(2012)扩展了隐性因素框架，包括观察到的宏观经济变量，并表明观察到的协变量约占违约系统变化的三分之一。与此同时，Koopman 等(2011)使用基于主成分的大规模动态因素模型来降低宏观金融随机运动的维度，然后利用这些动态因素预测企业债券违约。Creal 等(2013)使用混合测量和混合频率动态因素框架，构建出企业债券违约、恢复、评级迁移以及关键经济和金融变量的联合模型。Kanas 等(2020)利用单变量和多变量混合数据抽样(MIDAS)和最小绝对收缩和选择算法(LASSO)估计方法，发现几乎所有的系统性风险指标都可以预测企业债券违约率。

因此，学术界普遍认为违约周期主要受系统可观察(宏观经济变量)或某些不可观察(潜在)因素的影响(Pesaran et al.，2006；Wendin et al.，2006)。

违约周期和系统因素之间的联系已在许多论文中得到研究（Duffee，2011；Das et al.，2007；Bangia et al.，2002）。这些研究结果表明，尽管可观察的实体经济变量（如产出和利率）与信贷周期之间存在相互作用，但这种联系并不直接，信贷质量的时变性可归因于很多不可观察的因素。Koopman 等（2012）认为，宏观经济环境的因素约占企业违约系统性变化的 30%。然而，Koopman 在 2011 年的研究也表明，将经济状况汇总成一组小的动态因素可以提高企业债券违约的预测准确性。继 Koopman 等（2011）和 Creal 等（2013）的工作之后，也有学者使用动态因素建模来总结宏观经济和金融变量的共同作用。郑步高和王鹏（2021）从理论分析的角度，指出宏观经济下行是我国企业债券违约的重要成因。张雪莹和刘茵伟（2021）指出债券违约存在明显的地区传染效应，与中西部地区相比，东部地区省份债券违约对同省的债券信用利差影响较小。陆宇建和马蕊（2022）指出企业债券违约存在明显的行业效应，会对同行业企业产生影响。

2.2.1.2 企业债券违约的宏观因子测度

在目前的研究中，学者一般使用动态因子模型提取宏观变量中的共同因子，高效获得降维因子。动态因子模型最早由 Engle 和 Watson（1981）提出，后被 Stock 和 Watson（1988）、Stock 和 Watson（1989）、Sargent（1989）等用于股票超额收益领域研究，该模型的本质是通过极大似然估计一个低维度的因子定价模型。Stock 和 Watson（2002）强调了使用主成分从宏观经济变量的大面板中提取动态因素的计算方法，该方法避免了通过卡尔曼滤波递归估计最大似然。尽管计算效率很高，但使用主成分进行动态因子分析无法对提取的因子进行有意义的解释。Stock 和 Watson（2002）提出了一种半结构化的模型方案，可用于旋转主成分，但它们通常具有过度限制性，以允许对因子进行一般识别。为了克服主成分分析的局限性，避免与最大似然估计相关的计算负担，有学者使用贝叶斯 MCMC 技术来估计宏观动态因子模型。MCMC 方法提供了动态因素的完全后验概率，并和企业违约的非高斯规格预估相关。预测债券违约的计量经济学模型一般会把宏观经济环境的动态因素分析与信用违约周期的脆弱性连续相关的未观测因素相结合，以获得最好的预测结果。MCMC 算法将非高斯观测方程转化为一个等价的条件高斯模型，该模型可以从参数和隐态的全条件下进行 Gibbs 采样。这种所谓辅助混合抽样方案首先由 Shephard(1994)在随机波动率模型中提出，随后由 Frühwirth-Schnatter 和 Wagner(2006)扩展到计数数据模型，并由 Frühwirth-Schnatter 和 Frühwirth(2007)扩展到二项数据模型。Frühwirth-Schnatter 和 Wagner 在 2006 年探讨了使用辅助混合模型基于边际似然的模型选择，并且在 2007 年对这些算法的效率进行了改进。然而使用卡尔曼滤波器直接最大化似然函数，无法计算高维系统和数据分析。Bräuning 和 Koopman(2014)、Jungbacker 和 Koopman(2015)对此引入了更有效的估计方案，以减轻可观测序列数量较大时的计算负担。Kim(2020)提出了动态 OLS(DOL)和完全修正 OLS(FMOLS)模型，可以检验债券违约和相关宏观变量之间的长期关系，解决了经济基本变量分析中经常遇到的内生性问题。

2.2.1.3 企业债券违约宏观因子选择研究总结

相比于企业债券违约的宏观因子测度，我们对企业债券违约宏观因子选择的研究具有更多贡献。一些学者的研究也涉及企业债券违约因子选择，如 Duffie 等(2007)、Koopman 等(2012)、Duan 等(2012)以及 Duffee(2011)。然而，只有 Koopman 等(2012)的工作侧重于企业违约的系统性变动及其与宏观经济环境的相关性，其余的研究仅对横截面进行了建模，即仅涉及一个时间点上的所有企业债券违约模型。虽然前人基于模型理论的主成分分析的因子提取有效地总结了面板数据的演变性，但它不一定能给出因子的直观解释。第一，我们基于对输入变量面板进行适当分组，可以显著提高企业债券违约预测的效果，同时可以直观地将高维变量集分解为宏观经济环境的不同方面。第二，虽然 Creal 等(2013)也研究过企业债券违约宏观因子选择问题，但宏观经济因子投入集的维度更高，而我们专注于违约预测，尤其是高维度宏观数据下的企业债券违约预测。我们从筛选出来的宏观特征最优子集中选择更为合适的动态因子模型进行宏观特征共同成分的提取，将宏观特征与因子之间的关系表示为状态空间模型，然后通过贝叶斯方法中的 Gibbs 采样进行估计。在提取的共同因子的基础上，估计系统脆弱性因子，保证充分获取宏观特征的信息。第三，目前几乎所有企业债券违约宏观因子选择问题的研究都集中在发达国家市场，而非新兴经济体市场(Chen 和 Jiang，2021)，但我们关注的是属于新兴经济体的中国市场。

2.2.2 企业债券违约预测研究

在过去的100年里，企业债券市场经历了重大的冲击，但对解释和预测债券违约率的因素的研究却非常有限。Friedman和Schwartz(2008)强调，银行投资组合中持有的企业债券市值的大幅下跌是导致大萧条时期银行倒闭的一个主要因素。在2008年信贷违约导致的金融危机和经济衰退之后，由违约事件引起的系统性风险引起了学术界和业界的更多关注。Giesecke等(2011，2014)指出，企业债券市场在历史上为美国经济提供资本方面发挥了重要作用。从理论角度来看，Jiang(2015)发现，企业债券违约会放大不利的金融冲击，对投资和就业产生严重的不利影响。王立夫和王一鸣(2021)从宏观整体角度探究债券违约冲击对民营企业和国有企业不同等级债券子市场影响的差异，发现中国债券市场违约具有常规的债券违约带来的信用冲击和流动性冲击。孙立行等(2021)指出，当货币政策收紧、企业杠杆较高时，债券违约风险较大。企业债券违约率的预测也吸引了各种商业和金融专业人士的关注，经济衰退期下违约的系统相关性，构成了最近几年信用风险建模研究的主要挑战之一。对此，学术界已经提出了各种方法来解决由于观察到的宏观经济条件和剩余的特定于信用周期的随机运动而导致的违约聚集问题。

2.2.2.1 企业债券违约预测与宏观经济

近年来，债券违约风险、信贷周期与宏观经济波动的相关性研究引起了学者的广泛关注。虽然将企业违约与宏观经济环境联系起来得到了学者的重视，但鲜有文献涉及影响企业违约发生的基本宏观经济变量冲击的分析。经典的宏观经济冲击文献，侧重于将宏观经济系统性风险与银行和金融机构的股票表现和股票回报率联系起来，而不是与企业债券违约率联系起来。Allen等(2012)探讨了宏观经济系统性风险是否可以预测未来的经济衰退，考察了宏观经济系统性风险与企业债券违约率之间的联系。Amihud(2002)研究了宏观经济系统性风险与股票回报之间的关系，Kritzman等(2010)发现宏观经济系统性风险与股票表现有关。Billio等(2012)建立了对冲基金、银行、经纪人、金融机构的系统性风险和股票回报间的因果关系的度量模型。胡书雅和王生年(2021)发现环保压力加大了我国企业债券总体违约风险，发行绿色债券能有效缓解环保压力与债券违约风险之间的关系。黄海杰和陈运佳(2022)采用将经济政策不确定性量化为单变量的方法，构造了包含经济政策不确定性变量的 Logit 模型，指出经济政策不确定性越高时信用债违约的可能性越大。而我们的研究旨在寻求宏观经济与企业债券违约之间的作用关系，与上述研究文献的贡献有本质区别。

有少部分学者通过实证研究，得出企业债券违约和宏观经济指标之间的量化关系。从数据获取和研究对象来看，Giglio 等(2016)使用 12 个美国月度宏观经济风险指标，确保了最长的数据历史。Giglio 等的数据更具长时间序列特征，与近期文献相比，长时间序列数据更能提供丰富的实证见解(Acharya et al.，2017；Dick-Nielsen et al.，2012)。Giesecke 等(2011)利用 1866—2008 年的数据，得出年度股票收益率、股票收益波动率和 GDP 增长能较好地预测企业债券违约率。从研究模型来看，Kanas 和 Molyneux(2020)采用单变量和多变量混合数据抽样方法来研究企业债券年度违约率。Boivin 等(2013)、Boivin 和 Ng(2006)分别使用大规模宏观金融动态因素模型、小规模动态因素模型尝试对企业债券违约率进行预测，然而这些研究都依赖于每次经济冲击对观察到的宏观经济数量的顺序影响这种简单识别方式。此外，Kanas 和 Molyneux(2020)还总结了宏观经济与企业债券违约的相关实证证据，使用 12 个宏观经济指标预测 1926—2011 年美国企业债券的年平均违约率，包括企业兼并(Kritzman et al.，2010)、非流动性指数、金融巨灾风险、金融机构条件风险价值(Adrian et al.，2011)、动态因果指数(dci)、违约利差(def_spr)、边际预期缺口(mes)、金融波动均方误差(Brownlees et al.，2012)、股票波动率、金融业的规模集中度(size_conc)、国债收益率曲线的斜率(term_spr)、金融震荡(Kritzman et al.，2010)。

以上研究表明，虽然学者观察到的宏观经济变量在预测企业债券违约方面具有解释力，但仍存在大量与宏观经济环境变量不直接相关的额外的隐性变量。对于这些隐性变量的衡量，学界有两种方式：一是试图通过使用企业环境脆弱性的隐性因子，来解释宏观经济变量无法解释的额外的隐性系统因素，包括 Koopman 等(2009)、Koopman 等(2011)的研究；二是解释企业与宏观环境的相关性，即单一企业违约可能对企业整体环境的其他部分产生的传染效应，包括 Giesecke（2004）、Jorion 和 Zhang（2007）、Lando 和 Nielsen（2010）的研究。

2.2.2.2 机器学习模型在企业债券违约预测领域的应用

近年来，机器学习（ML）已被广泛用于风险建模、风险评估和风险预测。根据 Altman 等（1994）的研究，结合传统模型，如 Logit 和 Probit 回归模型，可明显提高违约预测能力。Khandani 等（2010）构建了一个消费信贷风险的 ML 非线性非参数预测模型，极大地提高了模型的准确性。Kim 和 Sohn（2004）应用神经网络模型，改进了经典的信用评分模型。Wang 和 Huang（2009）、Xu 等（2014）使用神经网络模型进行风险评估和风险预测。Yu（2011）的研究表明，ML 技术有助于评估复杂项目的风险。Figini 等（2017）提出了一种用于信用风险估计的 ML 技术。ML 技术有利于提高模型的准确性，特别是当信贷市场的复杂性增加时。Chi 等（2021）利用深度学习和知识图算法，对企业债券违约进行了良好的预测，但精度还需进一步提高（Zhang 和 Chen，2021）。

2.2.2.3 企业债券违约预测研究总结

相较于以前的研究文献，我们在企业债券违约预测与宏观经济方面具有更多贡献。首先，我们关注的是企业债券违约率预测，而 Giglio 等（2016）关注的是实体经济活动，不是企业债券违约率。换言之，我们的研究主要考察企业债券违约率是否受到宏观经济风险的影响，而 Giglio 等（2016）则研究了系统性风险如何影响实体经济活动。所以，我们的研究旨在寻求宏观经济与企业债券违约之间的作用关系，与当前大多数研究的重点有所不同。其次，当前大多数企业债券违约预测研究对象主要是发达国家市场，而非新兴经济体市场，这点在企业债券违约恢复研究中也有较强体现。所以我们的研究关注的是中国企业债券违约的相关问题，数据来源与当前大多数研究不同，我们的企业债券余额违约的计算基于月度滑动窗滚动计算数据，在每个滑动时间窗内记录该时间窗开始时行业企业债券违约余额。我们的企业债券违约余额时间序列选择 2014 年 3 月为时间起点（中国债券违约数据开始于 2014 年 3 月），数据截止时间为 2021 年 11 月。再次，当前的大多数研究都采用混合采样（Giglio et al.，2016）、混合数据频率方式，没有考虑到不同行业企业债券违约所受宏观经济影响的异同。我们的研究将不同行业进行了划分，根据Wind行业分类进行各行业债券违约率的统计。Wind行业分类包括工业、信息技术、材料、可选消费、日常消费、能源、公用事业、金融、房地产和医疗保健。与其他研究相比，我们的研究建立了宏观经济与行业企业债券违约率之间的联系。复次，我们的研究考虑了脆弱性的隐性因子，通过动态因子模型提取到变量中的共同因子，即获取债券违约的共同成因。我们的研究同时在动态因子模型中引入了脆弱性因子，以提取债券违约中的整体性因素，获得更全面的数据信息，提高预测模型的预测能力。最后，虽然有学者在企业债券违约预测领域应用了机器学习模型，但这些研究主要集中在SVM、LSTM等模型（陈学彬等，2021；Chatzis et al.，2018），而我们引入了GRU模型。我们的研究结合了较新的机器学习模型展开，丰富了机器学习模型在企业债券违约预测领域的应用。

2.2.3 企业债券违约恢复研究

2.2.3.1 宏观经济下的企业债券违约恢复

除了宏观经济对企业债券违约有明显影响外，还有许多研究表明，违约债券的恢复率也受宏观经济因素状况的驱动。在一些早期的研究工作中，Franks和Torous（1994）指出，企业债券违约恢复率主要是由重组时企业的价值、债券的优先顺序和担保债券的资产价值决定，恢复率代表了所有债权人可收回的最大潜在金额。借鉴这种研究思路，Altman和Kishore（1996）研究了1978—1995年美国的728起企业债券违约事件，发现债券资历和企业所属行业是决定债券违约恢复率的关键因素。Izvorski（1997）研究了1983—1993年美国市场上281个违约债券的恢复率和生存时间，结果表明债券的资历和企业所属行业是决定单个债券违约恢复率分布的主要因素。Frye等（2000）、Frye（2000）使用简单的结构模型将恢复与违约以及最终的经济状况联系起来，而Jarrow（2001）则使用简化形式的方法明确地将股票价格和企业债券违约恢复率联系起来。Hu和Perraudin（2002）、Altman等（2005）、Altman和Kalotay（2014）也证实了企业债券违约率与恢复之间存在较强的负相关关系，企业债券违约恢复率与宏观经济状况之间存在正相关关系。Acharya等（2007）的研究进一步证明了企业债券违约和恢复之间具有密切相关性，且即使在考虑了企业和债券发行特征之后，这一相关性也具有统计学意义。Bruche 和 González-Aguado(2010)基于马尔可夫转换框架，测试了商业周期对违约率和恢复率分布的联合时间变化的影响，该研究数据集包括 1974—2005 年美国企业的 2000 个违约债券，结果显示宏观经济条件通常是违约率的重要决定因素。此外，Jankowitsch 等(2014)研究了美国企业债券的恢复率，结果表明企业所在的行业对恢复率的异同作用，在非金融行业中，公用事业和能源相关的企业的恢复率最高，而零售商的恢复率最低。潘婉彬等(2021)使用双限 Tobit 模型，指出市场违约数、Shibor、宏观经济景气指数以及行业周期性均是企业债券违约恢复率的影响因素。

2.2.3.2 新兴市场的企业债券违约恢复研究

上述企业债券违约恢复研究主要集中在发达国家市场。事实上，新兴经济体市场长期以来一直由银行部门主导，过去 10 年新兴经济体市场的企业债券也取得了巨大进步，且提供了比大多数发达国家债券市场更高的收益率(Luo et al.，2011)。但新兴经济体市场的企业债券违约恢复率在现有文献中仍未得到充分探讨，对新兴经济体市场的债券违约恢复决定因素也知之甚少。以前的实证研究大多采用信用风险模型(Kamin et al.，1999)和违约概率模型(Berardi et al.，2004；Silveira et al.，2009)。并且这些研究需要外在地指定主观的恢复率，通常为 30%左右，以简化研究难度。因此，Bucay 和 Rosen(2001)曾提出秘鲁和越南的企业债券违约恢复率分别为 20%和 10%比较合适。Navarro(2005)研究了 2001 年 12 月金融危机期间阿根廷的企业债券违约恢复率，研究表明在此期间恢复率从 38.7%下降到 20.8%。Cavallo 和 Valenzuela(2010)探讨了 1999—2006 年 10 个新兴经济体市场的企业债券违约恢复的决定因素，其中 6 个在拉丁美洲，4 个在东亚地区，结论显示企业债券违约恢复是由具体的变量债券特征、宏观经济条件国家具体的主权风险和全球因素决定的。2009 年穆迪全球报告对发展中国家市场的债券违约恢复率进行了深入研究，并详细展示了新兴经济体市场的债券违约恢复率在金融危机时期比非危机时期下降了很多。Ayala 等(2017)指出，这种高恢复率的差异在发达国家市场并不敏感，主权危机和经济衰退对新兴经济体市场的影响似乎比发达国家市场更大。然而，发达国家市场传统固定收益投资的低收益和收入前景大大促进了新兴经济体企业债券市场的发展，国际投资者对新兴经济体市场债券产生了兴趣(Mili et al.，2018)。Narayan等(2017)指出，由于投资者信心的增长和已发行债券的信用质量改善，新兴经济体市场债券获得了更有吸引力的历史回报。因此，新兴经济体市场债券越来越成为全球市场投资组合的一部分(Plantier，2015)。然而，我们注意到投资新兴经济体债券市场也在发生变化，国家风险、特定法规以及债券收益率之间较低的相关性，都暗示着在一个逐渐多样化的市场中确定企业债券违约恢复率的决定因素更加复杂。有鉴于此，新兴经济体市场企业债券违约恢复的研究空白值得引起重视。

可以看出，大多数关于新兴经济体市场企业债券违约恢复率的研究都集中在巴西和阿根廷，对中国这一新兴经济体市场研究较少。我们的研究在一定程度上填补了这一空白，首先，我们的研究对象为中国，属于新兴经济体市场；其次，我们的研究证明了新兴经济体市场中企业债券违约恢复率的宏观因子。但遗憾的是，由于国内数据相对较少，所以我们的企业债券违约恢复研究并未分行业进行，而是将所有违约企业作为整体对违约恢复率展开研究。

2.2.4 研究评述

通过对目前企业债券违约研究的总结，不难发现当前研究尚存在一些不足之处。其一，侧重企业违约的系统性变动以及与宏观经济环境的相关性的研究较少，且仅对横截面进行建模，仅涉及一个时间点上的所有企业债券违约模型，没有关注时间序列；其二，无论是企业债券违约，还是债券违约恢复的相关问题研究，都集中在发达国家市场，而非新兴经济体市场；其三，在企业债券违约预测领域应用机器学习模型研究主要集中在SVM、LSTM等模型；其四，大多数研究采用混合采样、混合数据频率方式，没有考虑到不同行业企业债券违约所受宏观经济影响的异同。这样的研究不免使人产生怀疑，从宏观视角选择新兴经济体市场企业债券违约因子会呈现怎样的结果？是否会比当前研究模型具有更精准的企业债券违约预测效果？新兴经济体市场的宏观脆弱性因子有什么区别？新兴经济体市场的不同行业企业债券违约宏观影响因子有何异同？新型机器学习模型在企业债券违约预测方面能取得怎样的效果?

因此，相较于目前的研究，我们对企业债券违约预测与宏观经济方面的研究回答了以上问题。首先，我们关注的是企业债券违约率预测，旨在寻求宏观经济与企业债券违约之间的作用关系，与当前大多数研究的重点不同。其次，我们的研究关注的是中国企业债券违约的相关问题，属于新兴经济体市场。再次，我们的研究将不同行业进行了划分，建立了宏观经济与行业企业债券违约率之间的联系。复次，我们构建了 LightGBM 因子选择器，实现了宏观因子的全面、精准识别；在构建因子模型时，我们选择状态空间法和贝叶斯方法结合的方式实现不同行业宏观因子的提取。我们的研究还考虑了脆弱性的隐性因子，在动态因子模型中引入了脆弱性因子，以提取债券违约中的整体性因素，提高预测模型的预测能力。最后，我们的研究结合了较新的机器学习 GRU 模型，将使用过 VAR 动态模型确定的影响因子，通过小波分解、CCEMD 分解等方式获得频域分解残差，结合 GRU 模型对企业债券违约率进行预测，丰富了机器学习模型在企业债券违约预测领域的应用。

2.3 企业债券违约与恢复相关理论

2.3.1 信用风险理论

信用风险理论是企业违约风险重要相关理论之一。如定义所述，企业违约风险是狭义的信用风险。在现代商品经济发展过程中，伴随经济主体的联系越发紧密，经济个体具有较强的偿债能力，便称为信用。所以信用的度量离不开经济个体的经济活动，但经济个体的活动十分复杂，不确定性和不可控性都较高，便易产生信用风险。在金融市场中，信用风险是广义的违约风险。不少学者将其具象为，经济主体(借款人、证券发行人等)因各种原因(主观或客观)拒绝，或者因自身原因实在无力履行合约条件而构成实质性违约，造成银行、投资方或者交易对方遭受损失的行为。可见，信用风险的两种来源为主观偿债意愿和实际偿债能力。前者的决定因素是个人的职业道德素养，但是在现实社会中，法律规范对个人偿债具有约束力，所以个人依靠个人意愿行事也需要付出成本，由主观偿债意愿引起的债券违约现象并不常见。所以无论是学界还是投资界，都对由企业自身偿债能力引起的企业债券违约给予了更多关注。

由于企业债券违约本质上属于信用风险问题，所以我们的研究也基于企业信用风险展开。正如我们在文献综述中所述，企业信用风险的研究是企业债券违约研究的基础，学者在不断推进企业信用风险研究的同时，也逐渐关注到企业债券违约问题，尤其是宏观经济因素和企业债券违约的相关性。特别地，早期的企业债券违约研究往往从信用风险角度展开，逐渐引出债券违约的相关研究。

2.3.2 违约相关性理论

违约相关又称相关违约（correlated default）。违约相关性理论在信用风险研究中具有较深远的影响，尤其在信用组合风险管理和信用衍生品定价等问题的研究方面表现更为明显。在违约相关性理论中，相关违约度量——违约相关性成为主要的研究领域。具体来看，企业违约往往会诱发相关企业也陷入风险，说明企业间存在相关性，这也被称为相关企业间违约的相关性关系。企业违约相关性的阈值为[0，1]，企业相关性越高，相关性阈值越接近1；反之则越接近0。但在实际经济运行过程中，企业间的相关性关系往往是一个在[0，1]区间的未知数，故企业的违约相关性呈现出不确定性。

违约相关性理论是我们展开研究的重要理论基础。由于同行业企业相关关系更明显，或是替代关系，或是互补关系，导致行业内部企业债券违约风险传染更普遍。基于违约相关性理论，我们的研究着重分析了不同行业的债券违约情况，从研究结果来看，不同行业债券违约的宏观因子不尽相同。这也印证了违约相关性在不同行业存在异质关系，同行业的相关性更高，违约风险传染更隐蔽。

2.3.3 信息不对称理论

一直以来，信息不对称都被视为企业债券违约的重要理论。该理论由Akerlof在20世纪70年代第一次提出，其认为交易双方由于各种主客观因素存在交易信息掌握差异。信息不对称的后果是，掌握信息优势的一方往往会利用信息优势实现风险规避，获取额外的收益，从而使信息劣势方受到损失。长此以往，市场中劣品将驱逐良品，市场将出现更多的劣品，经济运行也将失去效率。信息不对称理论的基础是，假设不同的交易者获取的交易信息质量不尽相同，主要表现为信息数量和真实性，获得更多信息的交易者往往能看到更深层次的交易信息，从而使获得较少信息的交易者处于信息劣势。这样的市场极易引发道德风险和逆向选择等市场不经济难题。所谓逆向选择，是指掌握信息多的一方利用信息不对称促成交易的达成，掌握信息少的一方没有足够多的信息来进行正确的决策，最终成交的价格也并非物品的最合适价格。而掌握信息多的一方若以自身利益最大化来进行交易，则可能会做出损害劣势方利益的事情，进而产生道德风险。在企业运行中信息不对称理论主要表现为代理人和委托代理人的关系。管理者刻意隐瞒信息，使股东不能了解真实的管理状态，交易者无法知晓真实的企业运行状态，导致各方都无法做出最正确的交易判断。常见的信息不对称事件主要是管理层利用信息不对称和自己的绝对优势，以自己利益最大化为目标，做出一些有损股东利益的行为。刻意隐瞒企业信息，也使企业违约风险扩散变动更为隐蔽，难以捕捉。

特别地，不少学者认为企业债券违约的源头是宏观经济环境的信息不对称，这也是我们研究的理论基础。我们认为宏观经济信息的不对称使不同企业的预期具有异质性，同时对不同行业企业具有异质影响，其表现为不同行业企业所受宏观因子的影响不尽相同。正是基于宏观经济信息不对称，我们从宏观经济视角展开企业债券违约研究，分析不同行业所受宏观因子影响的异同。

2.3.4 财务预警模型理论

在企业债券违约与恢复研究得到重视之前，学界普遍关注的是企业财务预警问题，形成财务预警模型理论。这些模型使企业预防债券违约成为可能，在一定程度上提高了企业风险预防能力。结合企业债券违约这类经典财务问题来看，财务预警模型在早期企业债券违约应用研究中发挥了较大作用。最早的财务预警模型研究应是 Fitzpatrick 在 1932 年提出的，经过近百年的发展，相关研究逐渐顺着单变量模型、多变量模型、条件概率分析模型、机器学习模型的发展脉络不断更新。其中，单变量模型是指单一变量构成的企业财务预警模型。最早的单变量模型由 Beaver 在 1966 年提出，聚焦于企业偿债能力和企业财务指标的相关关系。研究结果表明，发生破产的企业在资产收益率、资产负债率、债券现金保障率、资产安全率等指标上均与非破产企业有较大不同，这些指标具有较好的企业财务危机预警效果。单变量模型的缺点也十分明显，即无法体现不同指标间的变动依存关系，故而无法全面刻画企业财务状态。继单变量模型之后，Altman 在 1968 年提出了多变量模型，即著名的 Z 值模型。而最初的多变量模型适用范围有限，无法满足不同行业的普适性，没有得到普遍应用。Altman 后又对 Z 值模型进行修正，提出适用于非上市企业的 Z 值模型和适用于跨行业分析的 ZETA 模型，形成 Z 值模型序列的雏形。后续，学者在此基础上提出基于 Z 值模型的多元变量模型（F 分位数模型）。多元变量模型弥补了单变量模型的不足，使得多种财务指标的相关关系和依存关系充分表达，也使多变量研究企业财务预警成为可能，极大提升了模型的预测精度。另一种模型为条件概率分析模型。最早使用条件概率分析模型进行财务预警研究的是 Ohlson，其使用包含 2163 家企业的数据样本（105 家为破产企业），研究表明企业规模、资本结构、业绩和当前的融资能力结合条件概率分析模型具有较高的预测精度，预测准确率达到 96.12%。条件概率分析模型的原理是，运用企业破产条件概率判断企业财务风险，概率临界值一般设定为 50%，超出临界值则意味着违约风险较大。条件概率分析模型具有简洁的特点，且具有较高的预测精度，是普遍使用的模型之一。如今，互联网技术日新月异。机器学习模型伴随计算机技术的发展也日益展现优越性，该类模型的优势在于对大数据样本的处理速度。和原有的统计模型相比，使用梯度下降等算法，极大缩短了模型的运行时间，提高了模型的数据吞吐能力。更重要的是，机器学习模型能够依据数据的更新，及时调整模型参数，极大提升模型的预测精度。但目前，很少有人使用人工智能模型或者机器学习模型进行企业债券违约研究。机器学习模型结构复杂，对现实企业运行的模拟也提出更高要求，该类模型并未在企业财务预警中得到广泛应用。

事实上，企业财务预警模型研究为企业债券违约研究提供了广泛的研究基础。首先，企业财务预警模型研究为企业债券违约研究提供了基本的研究思路，单变量和多变量模型使企业债券违约研究影响因子选择得到量化，条件概率分析模型为学者提供了多种宏观指标间的相关关系和依存关系的量化机制，机器学习模型也启发学者不断重视大数据分析在企业债券违约预测方面的应用。其次，企业债券违约的诱因和企业财务预警有重合部分，均属于企业经济话题，离不开财务指标和宏观因素的研究，因此财务预警模型研究为企业债券违约的因子选择和违约预测提供了有益的借鉴思路。

2.4 宏观经济与企业债券违约机理分析

当经济下行时，下游产业需求低迷，使得上、中游的强周期产业产能过剩，行业产品价格持续下降，导致企业盈利能力下降，经营亏损导致资产大幅缩水；但工资刚性和各类税费使得营业成本没能随产品价格下行而成比例地下降，大幅侵蚀企业利润；同时由于在上一景气周期中进行了大规模投资，债务规模大幅攀升，短期债务集中到期引起流动性风险快速积聚，最终导致发债主体自身偿债能力下降甚至资不抵债，企业违约现象频频发生。

2.4.1 宏观特征因子选择

从宏观经济中提取宏观特征因子，宏观特征因子选择旨在筛选出最有价值的信息，删除原始信息中不相干及冗余的信息，以减少不必要的噪声。宏观特征筛选，宏观因子特征维度多、数据量大，在这些高维度数据中，特征选择非常重要，因为大规模数据的特征数量过多，容易导致模型过拟合，复杂的特征也会导致模型的筛选能力变差，而且，在特征选择中，如果选出的特征不具有代表性，即遗漏了重要特征，会导致模型的预测能力不足。

基于改进投票机制的集成特征选择算法，选择宏观经济特征子集，根据动态因子模型，宏观因子体现企业所处的宏观经济环境和市场环境，目前的研究将企业违约和违约恢复的主要影响因素归纳为资产收益率、市场波动率、行业所属的周期性、指数变量、利率期限结构、信用风险等，选取的宏观特征因子在企业债券违约中起到重要作用。

2.4.2 宏观特征因子影响企业债券违约的路径、机制

宏观特征因子中资产收益率、市场波动率、行业所属的周期性、指数变量、利率期限结构、信用风险等对企业债券违约起着重要的影响作用。资产收益率因子主要衡量股票收益和股票波动的序列，资产收益率因子下降可能会导致企业资产价值的下降，使其更接近违约点，从而增加其债券违约的可能性；市场波动率因子反映股票市场的波动性，市场波动越大，带来的不稳定性因素越多，企业债券违约的概率也就越高；行业所属的周期性因子受到经济增速变化的影响，从而导致盈利能力的变化，行业周期变动对违约预测非常重要，因为它们会影响企业盈利能力，进一步影响留存收益，进而影响未来企业净值；指数变量因子反映市场环境，由于市场环境会影响公司的投资决策，宏观指数越高，表明市场环境越好；利率期限结构因子，当收益率曲线的近期收益率变高时，可能会出现收益率曲线倒挂的现象，这通常被视为经济衰退的前兆，因此它可能与未来违约率呈正相关关系，由于企业债券通常在中长期基础上发行，收益率曲线关于远期收益率的斜率一般为正，因此收益率曲线的相对变化应与违约率呈正相关关系；信用风险因子反映信贷市场条件恶化引起的冲击，从历史数据和事件来看，信用风险因子与违约事件高度相关。资产收益率、市场波动率、行业所属的周期性、指数变量、利率期限结构、信用风险等通过上述路径对企业债券违约起到影响作用。

宏观特征因子影响企业债券违约的提前预警及风险防范，对监管机构制定政策具有重要价值。对宏观经济因素进行有效筛选，使用动态因子模型从宏观经济因素中提取宏观特征因子，构建新的债券市场违约风险预测指标，研究预测指标与企业债券违约的关系，有助于更加准确地度量企业债券违约风险，为债券市场的监管提供更有说服力的证据，帮助市场监管者制定有效的监管制度及政策。

宏观特征因子对企业债券违约预测可以促进债券市场的稳健发展。企业债券违约事件不断出现，对整个债券市场产生了一定影响，通过改善宏观特征因子，可以降低企业债券违约率。企业债券违约预测，可以对企业自身发展进行预判，也可以为投资者提供可以预测的方式来决定投资的方向及减少投资损失。

综上所述，从宏观经济因素选择宏观特征因子，宏观特征因子影响企业债券违约，研究其中的具体作用机理，对于企业而言，可以使企业提前意识到宏观经济现状可能会对其产生的影响，提前进行风险防范，从而减少甚至是消除企业的债券违约风险；对于投资者而言，可以为投资者提供可以预测的方式决定投资的方向及减少投资损失；对于监管机构而言，可以根据宏观经济发展现状，提前对企业做出提醒和警示，以降低企业的债券违约率，促进债券市场的稳健发展。

2.5 宏观经济与企业债券违约恢复机理分析

当经济复苏时，下游产业需求高涨，因此上、中游的强周期产业的产能不足，使得行业产品价格持续上涨，企业的盈利能力增加，促进企业资产大幅增长；同时在上一景气周期中投资规模的降低，使得债务规模大幅下降，企业的偿债能力增强，最终会使企业债券违约恢复率上涨。

2.5.1 宏观特征因子选择

从宏观经济因素中提取宏观特征因子，宏观特征因子选择旨在筛选出最有价值的信息，删除原始信息中不相干及冗余的信息，以减少不必要的噪声。债券违约恢复的数据较为匮乏，每个行业的数据中都存在不少空值，上一节在企业债券违约率的预测中挑选的各行业的宏观因子并不能代表整体市场的宏观影响特征，需要重新进行宏观因子的筛选。本书从初始宏观经济特征中，通过集成特征选择器和动态因子模型，筛选出影响企业债券违约的关键宏观特征因子，并根据相关文献，确定影响企业债券违约恢复的宏观经济特征变量为行业周期因子、宏观指数因子、信用风险因子、收益率曲线风险因子、资产收益率因子和市场波动率因子，以反映宏观经济变量关于企业债券违约恢复的共同信息。

2.5.2 宏观特征因子影响企业债券违约恢复的路径、机制

宏观特征因子中资产收益率、市场波动率、行业周期、宏观指数、收益

率曲线风险、信用风险等因子对企业债券违约恢复起着重要的作用。资产收益率因子主要衡量股票收益和股票波动的序列，资产收益率因子上升会导致企业资产价值的上升，使其更远离违约点，从而增加其债券违约恢复的可能性；市场波动率因子反映股票市场的波动性，市场波动越小，带来的不稳定性因素越少，企业债券违约恢复的概率也就越高；行业周期因子受到经济增速变化的影响，从而导致盈利能力的变化，行业周期变动对违约恢复预测非常重要，因为它们会影响企业盈利能力，进一步影响留存收益，进而影响未来企业净值；宏观指数因子反映市场环境，由于市场环境会影响公司的投资决策，宏观指数越高，表明市场环境越好；收益率曲线风险因子，由于企业债券通常在中长期基础上发行，收益率曲线关于远期收益率的斜率一般为正，因此收益率曲线的相对变化应与违约恢复率呈负相关关系；信用风险因子反映信贷市场条件恶化引起的冲击，从历史数据和事件来看，信用风险因子与违约恢复事件高度相关。以上因子通过上述路径对企业债券违约恢复起到影响作用。

宏观特征因子影响企业债券违约恢复，有助于提前预警及风险研究，对监管机构制定政策具有重要价值。对宏观经济因素进行有效筛选，使用动态因子模型从宏观经济因素中提取宏观特征因子，构建新的债券市场违约恢复预测指标，研究预测指标与企业债券违约恢复的关系，有助于更加准确地度量企业债券违约恢复，为债券市场的监管提供更有说服力的证据，帮助市场监管者制定有效的市场监管制度及政策。

宏观特征因子影响企业债券违约恢复，可以促进债券市场的稳健发展。企业债券违约恢复对整个债券市场产生了一定影响，通过改善宏观特征因子，可以增加企业债券违约恢复，制定有效的方案。企业债券违约恢复预测，可以对企业自身发展进行预判，也可以为投资者提供可以预测的方式来决定投资的方向进而增加投资收益。

综上所述，宏观经济因素会影响企业债券违约恢复，而研究其中的具体作用机理，对于企业而言，可以使企业提前意识到宏观经济现状可能会对企业产生的影响，提前进行研究，从而提升甚至是加快企业的债券违约恢复；对于投资者而言，可以为投资者提供可以预测的方式决定投资的方向及增加投资收益；对于监管机构而言，也可以根据宏观经济发展现状，提前对企业做出提醒和警示，以提高企业的债券违约恢复率，促进债券市场的稳健发展。

因此，本书将宏观经济因素作为企业债券违约和企业债券违约恢复的影响因素，接下来将通过系统性、科学性的集成特征选择算法选择合适的宏观经济因素进行预测，并根据预测结果分析企业债券违约和企业债券违约恢复的重要宏观经济影响因素。

第3章

数据驱动下宏观经济特征提取

本章介绍债券违约的宏观经济特征数据预处理，分为两部分：债券违约的宏观特征筛选和构建宏观特征的动态因子模型。宏观特征选择是在大量宏观经济特征中选择恰当的债券违约影响因素，通过建立动态因子模型，提取宏观特征中的共同因子，达到降维和降低噪声的目的，以提高模型的预测能力。

3.1 特征选择

特征选择旨在筛选出最有价值的信息，删除原始信息中不相干及冗余的信息，以减少不必要的噪声。本书的目的是从大量宏观经济特征中筛选出各行业债券违约率的宏观影响特征以及债券违约恢复率的宏观影响因素，以提高模型的运行速度和预测精度。本节主要介绍特征选择的三种方法：过滤法、包装法和嵌入法。

3.1.1 过滤法

过滤法是对需要提取的每一维的特征通过某种方式打分，依据分数大小进行排序，然后设置阈值或者待选择特征的个数，对需要提取的特征进行选择。本书主要介绍相关系数法、卡方检验法、互信息法和最大相关最小冗余法四种打分方法。过滤法特征选择过程如图 3-1 所示。

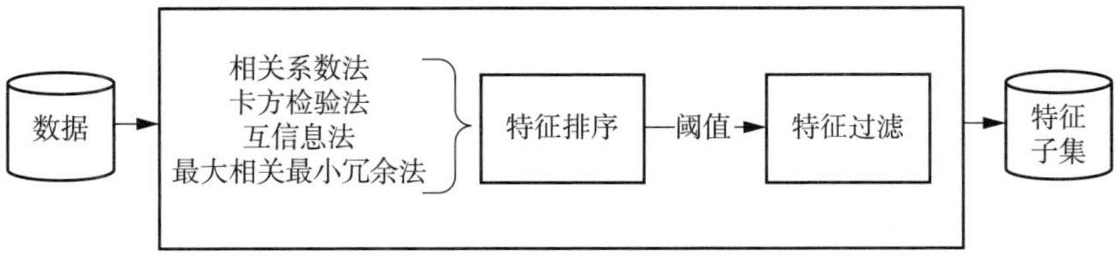

图 3-1 过滤法特征选择过程

3.1.1.1 相关系数法

相关系数目的是表明变量之间的相关程度，常用的是Spearman相关系数，取值范围为[-1，1]，相关系数越大，表明输入特征与输出特征之间的相关性越高。具体见式(3.1)。

$$\rho_{x,y}=\frac{Cov(x,\ y)}{\sqrt{Var(x)Var(y)}} \tag{3.1}$$

其中，$Cov(x,\ y)$表示特征x和特征y之间的协方差，$Var(x)$和$Var(y)$分别表示特征x和特征y的方差，$\rho_{x,y}$表示特征x和特征y之间的相关系数。相关系数法可以很好地衡量输入与输出特征之间的线性相关性，即可以衡量宏观因子与企业债券违约之间的线性关系，但无法衡量宏观因子与企业债券违约之间的非线性关系，即使宏观因子与债券违约存在相关关系，但基于其非线性的相关关系，Spearman相关系数也会接近0。

3.1.1.2 卡方检验法

卡方检验是检验自变量与因变量之间相关性的一种方法。卡方检验通过式(3.2)进行输入特征与输出特征之间相关性的测量，并将测量结果依据大小进行排序，再通过预设的阈值或者特征保留个数进行特征的选择。卡方值越大，输入特征与输出特征之间相关性越强，即各宏观因子与企业债券违约或违约恢复越相关。

$$\chi^2=\sum\frac{(f_o-f_e)^2}{f_e} \tag{3.2}$$

其中，f_o表示“输入特征与输出特征有关系”的实际观测频数，f_e表示“输入特征与输出特征有关系”的期望观测频数，χ^2表示输入特征与输出特征的相关程度。同理，卡方检验法只能衡量线性相关关系，因此无法准确衡量宏观因子与债券违约之间的相关性，通过卡方检验进行的宏观因子特征选择可能会出现错误。

3.1.1.3 互信息法

Spearman相关系数和卡方检验仅能提取到特征之间的线性关系，而互信息法可以捕捉到输入特征与输出特征之间的线性或非线性关系，能更好地拟合宏观预测因子与企业债券违约之间的非线性关系。

互信息法通过信息熵分析每一个输入特征与输出特征之间的关系，互信息越大，说明两者之间的相关性越高。具体见式(3.3)。

$$I(X;\ Y)=\sum_{x\in X}\sum_{y\in Y}p(x,\ y)\log\frac{p(x,\ y)}{p(x)p(y)} \tag{3.3}$$

其中，$p(x,\ y)$表示宏观因子 X 和企业债券违约 Y 之间的联合分布概率，$p(x)$和$p(y)$分别表示宏观因子 X 和企业债券违约 Y 的边缘分布概率，$I(X;\ Y)$表示宏观因子 X 和企业债券违约 Y 的相关度衡量结果。虽然互信息法可以衡量特征之间的非线性关系，但互信息法依旧只衡量了宏观因子与企业债券违约之间的相关关系，未关注宏观因子之间的冗余情况。

3.1.1.4 最大相关最小冗余法

基于互信息法，Peng 提出了一种更高效的最大相关最小冗余算法。最大相关最小冗余法旨在找出那些与目标类别相关度最高，同时冗余最少的特征变量。

本书可以利用算法首先选择与企业债券违约相关性最强的变量，然后选择与企业债券违约相关性最高而与已选变量冗余性最小的变量，加入特征子集。mRMR 最大相关表达式见式(3.4)，最小冗余表达式见式(3.5)。

$$\max D(S,\ c),\ D=\frac{1}{|S|}\sum_{x_i\in S}I(x_i;\ c) \tag{3.4}$$

$$\min R(S),\ D=\frac{1}{|S|^2}\sum_{x_i,\ x_j\in S}I(x_i;\ x_j) \tag{3.5}$$

其中，S 表示一个有 m 个特征的宏观因子特征子集，c 表示债券违约特征，x_i 表示子集 S 中的特征($i=1,\ 2,\ \cdots,\ m$)，$I(x_i;\ c)$表示 S 中第 i 个特征与债券违约特征的互信息值，$I(x_i;\ x_j)$表示特征子集 S 中第 i 个特征和第 j 个特征的互信息值。

前文介绍的相关系数法和卡方检验法都可以很好地拟合特征之间的线性关系，但对处理宏观因子企业与债券违约之间的非线性关系有所不足；互信息法可以拟合宏观因子与企业债券违约之间的非线性关系，但是未考虑宏观因子特征与特征之间的关系，容易出现冗余；最大相关最小冗余法同时考虑了宏观因子与企业债券违约之间的相关关系及宏观因子之间的相关关系，但最大相关最小冗余法需要寻找一个宏观因子特征子集，使该特征子集与债券违约有最大的依赖性，而多变量的密度估计难度较大，协方差计算量非常大，本书涉及大量的宏观因子，因此计算较为复杂。

总体来讲，过滤法的优点是计算量小，可以有效避免过拟合，适用于大数据集的特征选择。但是特征子集的选择算法（相关系数法、卡方检验法、互信息法和最大相关最小冗余法）与预测模型算法（神经网络算法、计量模型等）没有关联度，无法确定筛选的特征子集能否使预测模型达到最优性能，即无法确定筛选的宏观特征子集能否使企业债券违约与恢复预测模型达到最优性能，因此需要结合其他方法完成宏观特征因子的选择。

3.1.2 包装法

包装法是将候选子集输入机器学习模型，评估它们的性能，确定是否添加或删除该特征，最终得到最优子集，以提高模型的预测精度。

包装法一般包括递归特征消除法和特征干扰法。递归特征消除法是使用一个浅层机器学习模型（随机森林、支持向量机、逻辑回归等）进行多次训练，每轮训练消除若干特征，并在下一轮训练中基于新的特征集进行特征消除；特征干扰法是通过对比加入噪声的特征和原始特征的训练误差来评价特征的重要度，误差越大，说明特征越重要。图 3-2 是包装法特征选择过程，对于候选的宏观经济特征，将其通过机器学习算法（本书使用的是线性回归 Linear Regression，LR），根据 LR 得到的特征权重，每次去除特征权重最小的特征，直到剩余特征数量等于我们的预设值。

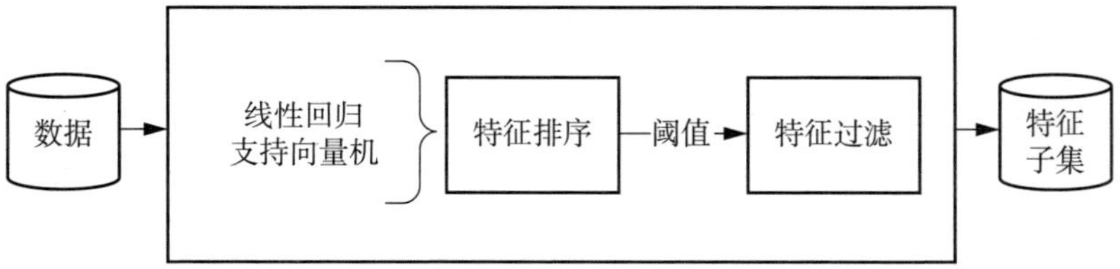

图 3-2　包装法特征选择过程

包装法选择的特征子集和机器学习模型的关联度较高，具有较好的预测精度，但包装法每次选取的特征子集均需要通过机器学习模型验证其性能，需要较强的计算能力，比较依赖机器学习模型的选取，不同的机器学习模型也可能存在一定的误差，对于本书的宏观特征集，我们选择了线性回归算法，更适合本书的回归预测工作，若最终目标是分类预测，那么随机森林和决策树模型的效果会更好。

3.1.3 嵌入法

嵌入法与过滤法相类似，但嵌入法根据每个特征对机器学习模型的贡献度确定特征的权值系数，对权值系数按照大小进行排序后选择特征子集。嵌入法选择的特征子集与所选机器学习模型具有较高的耦合度，但嵌入法特征选择结果比较依赖学习算法的选择。嵌入法特征选择过程见图 3-3，嵌入法与包装法类似，均通过一个机器学习模型获得宏观经济特征的权值系数，但嵌入法仅通过设置一定的筛选条件，剔除不符合条件的特征，便可获得最终的特征子集，因此嵌入法比包装法运算更快。

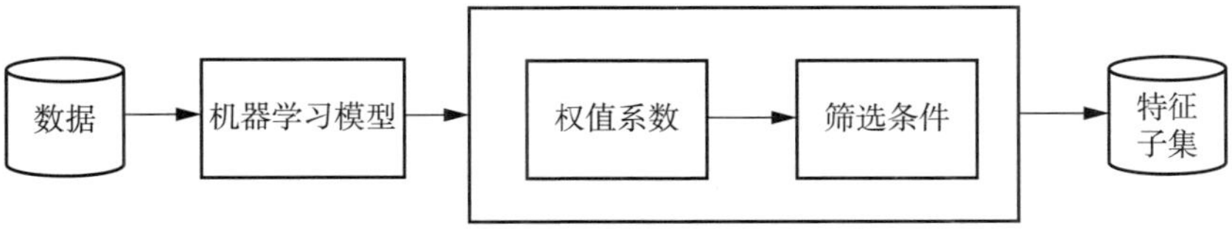

图 3-3 嵌入法特征选择过程

嵌入法常用算法包括随机森林、Boruta 算法、XGBoost 算法、LightGBM 算法、Adaptive Lasso 算法和投票机制。

3.1.3.1 随机森林

随机森林（Random Forest，RF）算法是一种分类算法，它通过自助法（bootstrap）重采样技术，从原始宏观因子特征集 N 中有放回地重复随机抽取 n 个宏观因子特征子集，生成新的训练样本集合训练决策树，然后按以上步骤生成 m 棵决策树组成随机森林，新数据的分类结果按分类树投票多少形成的分数而定。其实质是对决策树算法的一种改进，将多棵决策树合并在一起，每棵决策树的建立依赖于独立抽取的宏观因子特征子集。RF 效果比单棵决策树好，但相应的模型训练时间要比单棵决策树长，更适用于特征因子较少的特征选择，对于本书提出的宏观因子特征选择存在一定的不足。

3.1.3.2 Boruta 算法

Boruta 算法考虑了随机森林算法中树木的平均准确度损失的波动，使用平均下降精度表示度量重要性，相较于随机森林算法，Boruta 算法可以更清晰地展示特征的重要性。

Boruta 算法是一种基于随机森林模型的特征选择方法，它通过重新排列原始宏观因子特征的值增加变量的随机性，对每个变量进行扩展，创造出相应的“阴影”特征。再将原始宏观因子特征和宏观因子“阴影”特征一起输入随机森林模型，根据随机森林算法的预测误差对变量的重要性进行评估，然后将原始宏观因子特征与“阴影”宏观因子特征的重要性进行对比，若宏观因子特征的重要性得分大于阴影宏观因子特征的重要性得分，则该宏观因子特征被视为“重要”宏观因子，反之则为“不重要”宏观因子，保留“重要”宏观因子，剔除“不重要”宏观因子后，完成特征选择。

3.1.3.3 XGBoost 算法

XGBoost 算法是一种梯度提升集成算法，其目标函数见式(3.6)。

$$Obj = \sum_{i=1}^{n} l(y_i,\ \hat{y}_i) + \sum_{k=1}^{K} \Omega(f_k) \tag{3.6}$$

式中，y_i 表示真实目标值，$\hat{y}_i$ 表示目标的预测值，$l(y_i,\ \hat{y}_i)$ 表示损失函数，$\Omega(f_k)$ 表示第 k 棵树的正则项，以控制模型的复杂度。相较于随机森林算法和 Boruta 算法，XGBoost 算法对特征的正则化处理具有更低的算法复杂度，对本书中的宏观因子特征选择有更好的适用性。

XGBoost 算法的思想是将前 k 次预测产生的误差作为第 $k+1$ 棵树的建立，第 $k+1$ 次的目标函数是

$$Obj^{k+1} = \sum_{i=1}^{n} l[y_i,\ \hat{y}_i^k + f_{k+1}(x_i)] + \Omega(f_{k+1}) + c \tag{3.7}$$

因此，在构建二分类模型时，需寻找一棵树 f_k 使得目标函数最小。对一

般损失函数使用二阶泰勒展开可得

$$\sum_{i=1}^{n} l[y_i, \hat{y}_i^k + f_k(x_i)] = \sum_{i=1}^{n} [l(y_i, \hat{y}_i^k) + l'(y_i, \hat{y}_i^k) f_{k+1}(x_i) + \frac{1}{2} l''(y_i, \hat{y}_i^k) f_{k+1}^2(x_i)] \tag{3.8}$$

记 $g_i = l'(y_i, \hat{y}_i^k)$，$h_i = l''(y_i, \hat{y}_i^k)$，则第 $k+1$ 次的近似目标函数可以简化为

$$Obj^{k+1} \simeq \sum_{i=1}^{n} [l(y_i, \hat{y}_i^k) + g_i f_{k+1}(x_i) + \frac{1}{2} h_i f_{k+1}^2(x_i)] + \Omega(f_{k+1}) + c \tag{3.9}$$

移除常数项后，得到的近似目标函数为

$$Obj^{k+1} \simeq \sum_{i=1}^{n} [g_i f_{k+1}(x_i) + \frac{1}{2} h_i f_{k+1}^2(x_i)] + \Omega(f_{k+1}) \tag{3.10}$$

对叶子节点进行 L_2 正则化

$$\Omega(f_{k+1}) = \frac{1}{2} \lambda \sum_{j}^{T} \varpi_j^2 + \gamma T \tag{3.11}$$

式中，T 表示叶子节点个数。

令 $G_j = \sum_{i \in I_j} g_i$，$H_j = \sum_{i \in I_j} h_i$，则目标函数等价于

$$Obj = \sum_{j=1}^{T} [G_j \varpi_j + \frac{1}{2}(H_j + \lambda) \varpi_j^2] + \gamma T \tag{3.12}$$

目标函数对 ϖ_j 求一阶导数

$$\frac{\partial Obj}{\partial \varpi_j} = \sum_{j=1}^{T} [G_j + (H_j + \lambda) \varpi_j] \tag{3.13}$$

令 $\frac{\partial Obj}{\partial \varpi_j} = 0$，得

$$\varpi_j^* = -\frac{G_j}{H_j + \lambda} \tag{3.14}$$

将式(3.14)代入式(3.12)即可得到叶子节点取值为

$$Obj = \sum_{j=1}^{T} \frac{G_j^2}{2(H_j + \lambda)} + \gamma T \tag{3.15}$$

XGBoost 节点切分时的增益(*Gain*)为

$$Gain=\frac{1}{2}\left[\frac{G_L^2}{H_L+\lambda}+\frac{G_R^2}{H_R+\lambda}-\frac{(G_L+G_R)^2}{H_L+H_R+\lambda}\right]-\gamma \tag{3.16}$$

式中，$\frac{G_L^2}{H_L+\lambda}$表示叶子节点左子树的权值，$\frac{G_R^2}{H_R+\lambda}$表示叶子节点右子树的权值，$\frac{(G_L+G_R)^2}{H_L+H_R+\lambda}$表示分割前叶子节点的权值，$\gamma$ 起到控制叶子复杂度的作用。

宏观因子特征选择注重的是各宏观因子特征重要度的计算，XGBoost 算法提供了三种特征重要度的衡量指标，根据 XGBoost 算法的原理，XGBoost 模型构建了 n 棵分类树，在所有树中，统计一个宏观因子特征在分裂节点被使用的次数得到第一种特征重要性排序方式 *Fscore* 值；第二种是宏观因子特征在所有树中的平均增益值 *AverageGain*；第三种是在所有树中，使用该宏观因子特征作为分裂节点时覆盖样本数量的平均值 *AverageCover*。三种特征重要度计算公式如下：

$$Fscore=|x| \tag{3.17}$$

$$AverageGain=\frac{\sum Gain_x}{Fscore} \tag{3.18}$$

$$AverageCover=\frac{\sum Cover_x}{Fscore} \tag{3.19}$$

3.1.3.4 LightGBM 算法

由于 XGBoost 算法对每个宏观特征都需要遍历所有数据来估计所有可能节点的信息增益，虽然通过正则化控制了树的复杂度，但其算法仍然较复杂，运行时间依旧很长。而 LightGBM 算法利用单边梯度采样法（Gradient-based One-Side Sampling，GOSS）对宏观特征样本进行采样，并用互斥特征绑定（Exclusive Feature Bundling，EFB）算法来预处理稀疏数据，可以进一步降低算法的时间长度，更适用于本书研究的高纬度的宏观特征的筛选。

LightGBM 算法通过数据直方图算法（histogram-based algorithm）替代 pre-sorted 方法处理数据，通过降低模型的复杂度，提高模型的运行速度。直方图算法的思想是将数据中每列宏观特征值都转化为一个直方图，转化方法是对每个直方图都按照数据所在整数区间生成 k 个 bin，随后将连续特征值按照所在的整数区间放入对应的 bin 中，以此对每个特征的所有特征值进行转换，即得到原始数据的直方图表示形式。过程见图 3-4。

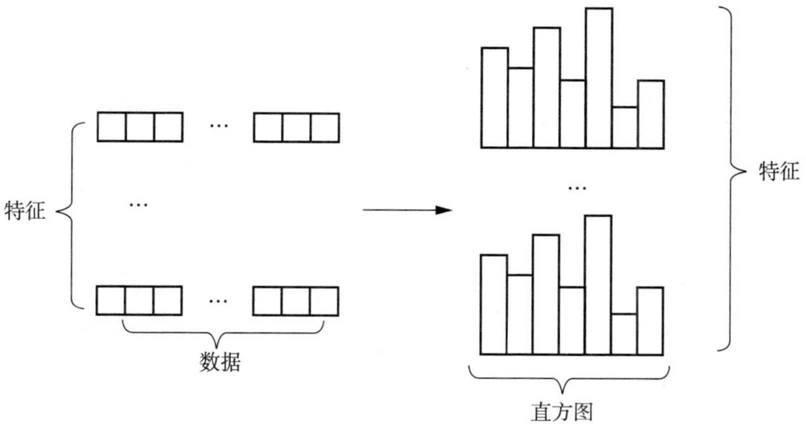

图 3-4 直方图算法过程

LightGBM 算法只需遍历每个直方图，并将每个直方图作为分割点分别计算分割收益，即可寻得最优分割直方图作为分割节点。在计算中，LightGBM 算法使用了整数(每个离散值在直方图中的累计统计量，也就是某一直方图中某个 bin 的高度)代替原始数据的浮点值，这样做有两个优势：一是起到了正则化的效果防止树模型的过拟合；二是可以通过父节点与子节点中的一个做差来得到另一个子节点，从而节省了一半的计算量。

分割点的增益(*Gain*)定义如下：

$$Gain = \sum_{i \in left} \omega_i + \sum_{j \in right} \omega_j - \sum_{k \in all} \omega_k \tag{3.20}$$

LightGBM 算法定义了每个宏观经济特征在迭代树中被分割的总次数 *T_Split* 及宏观经济特征在所有决策树中被用来分割后带来的增益总和 *T_Gain* 作为衡量宏观特征重要性的度量标准，特征重要度定义如下：

$$T\_Split = \sum_{t=1}^{k} Split_k \tag{3.21}$$

$$T\_Gain = \sum_{t=1}^{k} Gain_k \tag{3.22}$$

3.1.3.5 Adaptive Lasso 算法

Lasso 算法是一种压缩估计方法。由于本书的宏观经济特征维数过高，直接训练模型非常容易发生过拟合，在这种情况下训练出的模型可能会很好地拟合训练集中的数据，损失函数得到一个很小的结果，但是在测试集中却会表现不佳，训练模型难以泛化。Lasso 算法在进行宏观特征选择时实际上对宏观特征向量进行了正则化处理，在正则化处理时，保留所有宏观特征变量，但是会减小宏观特征的数量级，从而降低该特征的影响。在债券违约预测过程中，每个宏观经济特征都可能会对预测产生一定的影响，而 Lasso 算法将其中一些不突出的宏观变量系数强制取 0，达到了特征选择的效果。Lasso 算法通过在优化函数中添加一个偏置项，降低共线性的影响，减小模型的方差，进一步提升宏观因子选择能力；同时，Lasso 算法通过 L_1 范数（向量中各个元素绝对值之和，又称“稀疏规则算子”）进行正则化，可以产生稀疏系数，即特征选择有极少数的 0，可以尽可能全面地衡量宏观因子的重要度；Lasso 算法的 L_1 范数具有稀疏性，可以提高模型的计算效率。

Lasso 算法是在回归系数 β 上施加 L_1 范数惩罚的最小二乘方法。由于 L_1 范数惩罚的性质，Lasso 算法能同时完成连续自动压缩和参数的自动选择。Lasso 算法估计 $\hat{\beta}^{Lasso}$ 定义为

$$\hat{\beta}^{Lasso} = \text{argmin} \sum_{i=1}^{n} (y_i - \sum_{j=1}^{p} \beta_j x_{ij})^2 \tag{3.23}$$

约束条件为

$$\sum_{j=1}^{p} |\beta_j| \leqslant t \tag{3.24}$$

令 $t_0 = \sum_{j=1}^{p} |\hat{\beta}_j^{OLS}|$ ，表示最小二乘估计的绝对值之和，若 $t<t_0$，$\hat{\beta}_j^{OLS}$ 会被压缩趋于 0，以产生稀疏的估计结果。

使残差平方和与 $\lambda \sum_{j=1}^{p} |\beta_j|$ 的和最小，Lasso 算法表达式为

$$\hat{\beta}^{Lasso} = \underset{\beta}{\text{argmin}} \{ \| Y-X\beta \|^2 + \lambda \| \beta \|_1 \} \tag{3.25}$$

然而 Lasso 算法也有所不足，即 Lasso 算法在特征选择中给所有特征相同

的惩罚，这实际上是不合理的。此时便有了 Adaptive Lasso 算法。不同于 Lasso 算法，Adaptive Lasso 算法会给予重要宏观特征较小的惩罚，给重要程度较低的宏观特征较大的惩罚，减少对重要宏观特征的过度压缩，使得重要的宏观特征可以更容易被选中，降低宏观特征选择过程中的误差，更深入挖掘宏观因子的信息。Adaptive Lasso 定义如下：

$$\hat{\beta}^{AdaptiveLasso} = \underset{\beta}{\operatorname{argmin}}\{\|Y - X\beta\|^2 + \lambda\hat{\varpi}_j\sum_{j=1}^{p}|\beta_j|\} \tag{3.26}$$

式中，$\hat{\varpi}_j = 1/|\hat{\beta}|^{\gamma}$，$\gamma>0$，$|\hat{\beta}|$ 表示通过最小二乘法或者岭回归得到的回归系数绝对值。

3.1.3.6 投票机制

投票机制是一种集成学习模型，遵循少数服从多数的原则，根据投票者的数量，满足半数以上即可当选，即在宏观特征选择中，存在 N（N 为奇数）个特征选择算法，被任意$\frac{N+1}{2}$个算法选择的宏观经济特征则可以被认为是筛选出的宏观经济特征集合，这样通过集成多个算法的宏观特征筛选结果可以降低债券违约的预测误差，进而提高模型的鲁棒性。

具体如下：假设共有三个特征选择的方法，记为 $M=\{M_1, M_2, M_3\}$，有五个特征 $F=\{F_1, F_2, F_3, F_4, F_5\}$，若特征 F_1、F_2、F_3 均被三个特征选择算法选出，特征 F_4 被特征选择算法 M_1 和 M_2 选出，特征 F_5 仅被特征选择算法 M_1 选出，那么根据投票机制，选择满足半数以上的特征子集（被两个及以上特征选择算法选出的特征集合），得到的特征子集为 $\{F_1, F_2, F_3, F_4\}$。

考虑到宏观特征子集数量的阶段性，即宏观特征子集在哪个投票范围内表现更好，具体讲，当有三个特征选择方法时，可以得到两个特征选择方法都选择的宏观特征子集 $\{F_4\}$ 和三个特征选择算法都选择的宏观特征子集 $\{F_1, F_2, F_3\}$，当初始特征较多时，可以更好地观测宏观特征子集在哪个数量阶段模型表现得更为优异。本书通过黄奇文等提出的改进投票机制，选择五种特征选择方法，可以得到三个不同数量阶段的宏观特征子集，将这三个宏观特征子集利用分类器的预测结果进行比较，得到最优的宏观特征子集。相较于原始投票机制，改进后的投票机制考虑了宏观特征子集的数量范围，更具有科学性。

3.2 企业债券违约和债券违约恢复特征选择

本书初始挑选的宏观因子特征维度多、数据量大。在这些高维度数据中，特征选择非常重要，因为大规模数据的特征数量过多容易导致模型过拟合，复杂的特征也会导致模型的筛选能力变差，而且，在特征选择过程中，如果选出的特征不具有代表性，即遗漏了重要特征，会导致模型的预测能力不足。从前文可以看出，特征选择的方法很多，具体用哪一种特征选择方法进行宏观因子的筛选并没有统一的定论，且单个的特征选择算法通常会存在一定的缺陷，例如，过滤法没有考虑宏观因子特征与特征之间的联系，筛选出的宏观经济特征可能会出现冗余；包装法算法复杂度过高，需要较高的计算算力；嵌入法比较依赖机器学习算法的选取等。而集成式特征选择法借鉴了集成学习的思想，将多个特征选择方法结合起来，并综合选择所有宏观经济特征选择的结果，一定程度上可以避免单个特征选择算法的缺陷。

本节基于改进投票机制的集成特征选择算法，联合过滤法中冗余性更小的最大相关最小冗余法、包装法中更直观的基于线性回归的递归特征消除法及嵌入法中可以更清晰展示宏观经济特征重要性的 Boruta 算法、算法复杂度更低的 LightGBM 算法、可以有效避免过拟合的 Adaptive Lasso 算法选择宏观经济特征子集，基于改进投票机制的集成特征选择器框架见图 3-5。

基于改进投票机制的集成宏观特征选择原理：为了方便描述，记宏观特征集 $F=\{f_1, f_2, \cdots, f_m\}$，宏观特征数量为 m，将归一化后的数据经过最大相关最小冗余法、递归特征消除法、Boruta 算法、LightGBM 算法、Adaptive Lasso 算法分别得到被选中的宏观特征子集 S_{mRMR}、S_{RFE}、S_{Boruta}、$S_{LightGBM}$ 和 S_{Lasso}，然后将五个宏观特征子集通过改进投票机制进一步得到宏观经济特征集合 F_3(被任意三种及以上特征选择算法选择的特征集合)、F_4(被任意四种及以上特征选择算法选择的特征集合)和 F_5(被全部五个特征选择算法选择的特征集合)。最后，将 F_3、F_4 和 F_5 分别输入选择器(决策树、梯度提升决策树、多层感知机等)，通过损失函数等指标综合比较这三个宏观特征子集的表现，表现最好的宏观特征集合即为选择的最优宏观因子特征子集。

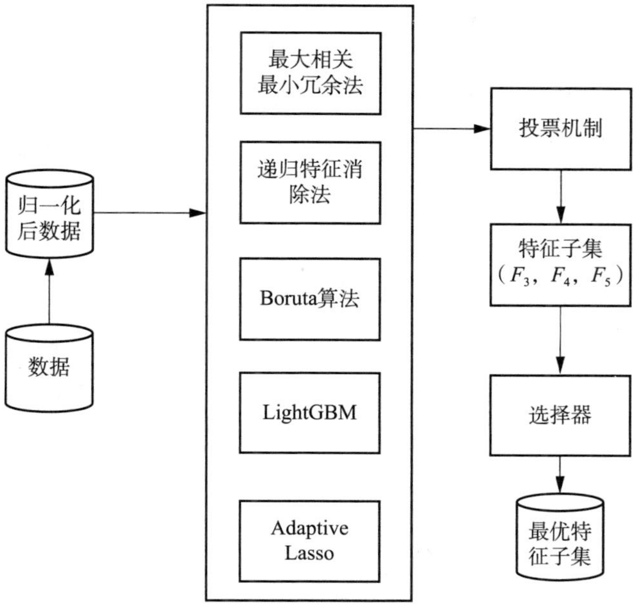

图 3-5　集成特征选择器框架

3.3　宏观经济特征动态因子模型

为了确定宏观经济环境对企业违约和违约恢复的影响，本节使用集成特征选择方法筛选出的宏观经济和金融变量作为模型中影响公司违约的输入。然而筛选出的特征维数仍然较大，存在特征冗余的情况，预测噪声较大会给企业债券违约和违约恢复的预测带来困难。近年来，一些研究提出了基于因子的高维模型来解决特征维数过高的问题。这类高维模型(动态因子模型)的基础是将宏观经济和金融变量的大面板数据中包含的信息汇总为一组小的因素，用于模型推理，这样既可以充分利用现有的数据，减少工作量，还可以防止出现较大的变量选择误差。

3.3.1　动态因子模型宏观因子设置

宏观因子体现公司所处的宏观经济环境和市场环境，目前的研究将企业违约和违约恢复的主要影响因素归纳为资产收益率、市场波动率、行业所属的周期性、指数变量、利率期限结构、信用风险等。

因此，本书基于 Gabbi 和 Sironi（2005）、Dueker（2010）、Dionee 等（2011）、Bai 等（2019）关于宏观经济对企业债券违约和企业债券违约恢复的影响关系的研究，将宏观特征信息集 X_t 归纳为以下六个影响因子：

（1）行业周期因子

行业周期因子 F_t^{bs}：周期性行业更容易受到经济增速变化的影响，从而导致盈利能力的变化。行业周期变动对违约预测非常重要，因为它们会影响企业盈利能力，进一步影响留存收益，进而影响未来企业净值。对于资本和消费行业等周期性强的行业尤其如此。行业周期因子反映的是宏观经济运行状况对该行业生命周期的影响，若宏观经济运行状况不良，那么可能会加速行业衰退期的到来。

（2）宏观指数因子

宏观指数因子 F_t^{cd}：该因子旨在反映市场环境。由于市场环境会影响公司的投资决策，宏观指数越高，表明市场环境越好，那么企业对未来有一个正向的预期，因此，预计宏观指数因子的提高将对公司违约产生负面影响。

（3）收益率曲线风险因子

收益率曲线风险因子 F_t^{yc}：利率期限结构（收益率曲线）包含多种宏观经济的影响因素信息，这些信息会对企业债券违约造成一定的影响。收益率曲线对企业债券违约的方向性影响尚不明晰。一方面，当收益率曲线的近期收益率变高时，可能会出现收益率曲线倒挂的现象，这通常被视为经济衰退的前兆，因此它可能与未来违约率正相关；另一方面，由于企业债券通常在中长期基础上发行，收益率曲线关于远期收益率的斜率一般为正，因此收益率曲线的相对变化应与违约率正相关。

（4）信用风险因子

信用风险因子 F_t^{cr}：该因子反映了信贷市场条件恶化引起的冲击。如 Gilchrist 等（2009）、Gilchrist 和 Zakrajšek（2012）、Boivin 等（2013）的研究指出，信贷冲击对经济活动具有重大影响，从历史数据和事件上看，信用风险因子与违约事件高度相关。由于信用利差与公司借贷成本正相关，因此 F_t^{cr} 的增加可能会导致企业债券违约率的增加。

(5)资产收益率因子

资产收益率因子 F_t^{ar}：主要是衡量股票收益和股票波动的序列。Merton(1974)的结构性信贷模型把企业债券违约定义为企业资产价值低于其负债水平的点。这个违约定义可适用于上市公司，以推断作为债券水平和剩余市值的隐含资产价值，凸显了在研究信用风险时需要考虑股价变动的重要性。理论上讲，在其他条件相同的情况下，资产收益率因子 F_t^{ar} 的下降可能会导致企业资产价值的下降，使其更接近违约点，从而增加其债券违约的可能性。

(6)市场波动率因子

市场波动率因子 F_t^{av}：反映股票市场的波动性。市场波动率因子包含与市场波动相关的时间序列。市场波动越大，带来的不稳定性因素越多，企业债券违约的概率也就越高，因此市场波动率因子 F_t^{av} 应与企业债券违约率呈正相关关系。

3.3.2 债券违约动态因子模型

在本节的模型中，我们首先考虑在 t 月，行业 $i \in S$ 中的所有公司，在 h 个月中出现违约风险的公司的总数为 D_{it}^h。基于当前时间点，即 t 月，市场的各种信息集合 $\mathcal{F}_{it}^h$，出现违约风险的公司总数假设为一个独立二元分布：

$$D_{it}^h \mid \mathcal{F}_{it}^h Binom(PD_{it}^h, N_{it}) \tag{3.27}$$

式中，N_{it}表示 t 月开始时行业 $i \in S$ 中的所有正常运营的公司总数，PD_{it}^h表示 t 月行业 i 的整体违约率。

在本节的分析中，假定市场的各种信息集合 $\mathcal{F}_{it}^h$包含一系列宏观经济系统变量 F_t^m 和一系列隐性的信用风险或债券违约相关的因子 $f_{it}^{d,h}$。其中宏观经济系统变量 F_t^m 通过动态因子模型构建得到，而脆弱性因子 $f_{it}^{d,h}$不可观测，需要从宏观经济系统变量 F_t^m 和违约数据中估计。共同因子用于解释企业债券违约的共同成因，脆弱性因子用来解释共同因子所不能解释的情况，保证因子的整体性。关于脆弱性因子，我们遵循 Koopman 等(2011，2012)的研究成果，即把公司运营中的“脆弱因素”(frailty)作为违约的隐性因子 $f_{it}^{d,h}$。我们把各类因子代入式(3.27)，则有

$$\log\left(\frac{PD_{it}^{h}}{1-PD_{it}^{h}}\right)=\alpha_{i,h}+\beta_{i,h}^{m}(L)F_{t}^{m}+\beta_{i,h}^{d}f_{it}^{d,h} \tag{3.28}$$

式中，$\alpha_{i,h}$表示行业 i 或者预测期限（horizon）相关的常数项（intercept），$\beta_{i,h}^{m}(L)$和 $\beta_{i,h}^{d}$分别表示对宏观经济系统变量 F_t^m 和脆弱性因子 $f_{it}^{d,h}$的敏感度（sensitivity）。其中，敏感度 $\beta_{i,h}^{m}(L)$是一般滞后多项式，即模型结构中允许企业债券违约受到宏观经济系统变量 F_t^m 的滞后性的影响。

为了观察宏观经济和金融变量的大数据集的系统效应，我们假设经济遵循动态因素模型，具有静态形式：

$$X_t = \Lambda F_t^m + e_t,\ e_t \sim N(0,\ \textstyle\sum_e) \tag{3.29}$$

$$F_t^m = \Phi^m(L)F_{t-1}^m + \eta_t \tag{3.30}$$

式中，$\eta_t \sim N(0,\ I)$，X_t 表示 t 时刻可观测的宏观经济和金融变量，F_t^m 表示动态隐性因子向量。X_t 和 F_t^m 的线性相关由式（3.29）所确定，因子的随机迭代对应的状态方程如式（3.30）所示。

VAR 模型的任意阶动态因子迭代的过程基于一个通用的滞后多项式转移矩阵 $\Phi^m(L)$。带滞后项的多项式 $\Phi^m(L)$可以表示为以下形式：

$$\Phi^m(L)=\begin{pmatrix} \Phi_1^m & \Phi_2^m & \cdots & \Phi_{p-1}^m & \Phi_p^m \\ I_K & 0 & \cdots & 0 & 0 \\ 0 & I_K & & 0 & 0 \\ 0 & 0 & \ddots & 0 & 0 \\ 0 & 0 & \cdots & I_K & 0 \end{pmatrix} \tag{3.31}$$

式中，K 表示动态因子的个数，p 表示 VAR 模型的阶数，e_t 与 η_t 不相关。假设式（3.29）的方差-协方差矩阵 $\sum_{e_t}$是对角阵，那么变量 X_t 之间的相互关系均可以被共同因子 F_t^m 捕捉到，这个假设使动态因子可以充分捕捉宏观经济变量之间的完整横截面相关性。

经过特征筛选后的宏观特征信息集 X_t 包含超过 92 维（违约序列时间长度）的宏观经济时间序列，数据维数较多，会使预测变得复杂，因此，我们使用动态因子模型进行特征降维。首先需要设置动态因子模型中的共同因子数量，本书使用在第 3.3.1 节设置的六个共同因子（行业周期因子、宏观指数因子、收益率曲线风险因子、信用风险因子、资产收益率因子、市场波动率因子)。同时为了验证共同因子数目的合理性，本节参照 Bai 和 Ng(2007)提出的因子设置方法：通过 Bai 和 Ng(2002)的主成分分析法的自动成分挑选准则，得到了六个静态因子，将这六个静态因子作为观测数据建立 VAR 模型，得到估计残差，然后对残差的协方差矩阵做奇异谱分解得到动态因子个数 $q=6$。

根据第 3.3.1 节定义的六个共同因子，把第 3.3 节筛选出的宏观经济特征变量分类到以下的因子类别中，即行业周期因子(相应的因子载荷为 $\boldsymbol{\Lambda}_{bs}$)、宏观指数因子(相应的因子载荷为 $\boldsymbol{\Lambda}_{ir}$)、收益率曲线风险因子(相应的因子载荷为 $\boldsymbol{\Lambda}_{ys}$)、信用风险因子(相应的因子载荷为 $\boldsymbol{\Lambda}_{cs}$)、资产收益率因子(相应的因子载荷为 $\boldsymbol{\Lambda}_{er}$)、市场波动率因子(相应的因子载荷为 $\boldsymbol{\Lambda}_{ev}$)，则因子载荷矩阵可以表示为

$$\boldsymbol{\Lambda}=\begin{bmatrix} \boldsymbol{\Lambda}_{bs}^{F_t} & 0 & 0 & 0 & 0 & 0 \\ \boldsymbol{\Lambda}_{ir}^{F_t} & \boldsymbol{\Lambda}_{ir}^{F_t} & 0 & 0 & 0 & 0 \\ \boldsymbol{\Lambda}_{ys}^{F_s} & \boldsymbol{\Lambda}_{ir}^{F_t} & \boldsymbol{\Lambda}_{ir}^{F_t} & 0 & 0 & 0 \\ \boldsymbol{\Lambda}_{cs}^{F_s} & \boldsymbol{\Lambda}_{cs}^{F_t} & \boldsymbol{\Lambda}_{cs}^{F_t} & \boldsymbol{\Lambda}_{cs\,t}^{F^{cr}} & 0 & 0 \\ \boldsymbol{\Lambda}_{er}^{F_s} & 0 & 0 & 0 & \boldsymbol{\Lambda}_{cs\,t}^{F^{ar}} & 0 \\ \boldsymbol{\Lambda}_{ev\,t}^{F^{bs}} & 0 & 0 & 0 & \boldsymbol{\Lambda}_{ev\,t}^{F^{ar}} & \boldsymbol{\Lambda}_{ev\,t}^{F^{av}} \end{bmatrix} \tag{3.32}$$

式中，$\boldsymbol{\Lambda}_x^{F_t^*}$ 表示变量组 x 对动态因子 F_t^* 的灵敏度向量。式(3.32)定义了模型的基本结构。式(3.29)和式(3.30)的通用因子模型中，如果 K 是因子数，则需要施加总共 K^2 个非冗余条件，以确定模型结构。使用具有 6 个动态因子的系统，方差的限制条件意味模型结构需要添加 21 个限制条件，对于上述模型则总共需要 36 个限制条件。显然式(3.32)施加的限制条件比 $K(K-1)=15$ 个限制条件多，因为每个 F_t^* 都代表多个时间序列。这种增加强识别机制的模型正是本书所提出的与前人文献所不同的动态因子模型。本书的因子之间存在一定的相关性，如资产收益率因子和市场波动率因子之间，其中上证股票收益率这一指标很可能在被识别为资产收益率因子的同时也被识别为市场波动率因子，若不施加强识别约束，很有可能会造成指标的冗余。

式(3.29)、式(3.30)构成了动态因子系统，为了估计所有模型参数，我

们遵循 Koopman(2011)的方法，先估计式(3.29)和式(3.30)，得到共同因子估计值 $\hat{F}_t^m$，然后用共同因子估计值 $\hat{F}_t^m$ 的后验平均值估计隐性因子估计值 $\hat{f}_{it}^{d,h}$。

3.3.3 动态因子模型估计

动态因子模型估计方法大致有三类：频域方法、时域方法和贝叶斯方法。Geweke(1977)、Sargent 和 Sims(1977)提出了基于频域方法的动态因子模型，他们从一个国家的高纬度经济序列数据中估计出可能导致所有变量波动的潜在共同因素，能有效识别经济周期波动。频域方法主要通过小波、经验模态分解等频谱分析方法，从数据波动特征入手，探索不同因素对目标特征波动的影响，其缺陷是无法直接估计动态因子，因此构建的因子适用性不强。

一些学者考虑将动态因子模型表示为静态模式，然后使用时域方法进行静态因子模型的估计。动态因子的时域估计方法大致分为三种：卡尔曼滤波结合极大似然估计、提取主成分法、主成分分析法与状态空间相结合的混合方法。

Engle 和 Watson(1981)通过卡尔曼滤波估计高斯似然，用极大似然的方法估计参数，最后通过卡尔曼滤波得到估计的因子，证实了状态空间下通过极大似然估计法和卡尔曼滤波来进行估计的动态因子模型的适用性。Creal 等(2013)将因子模型转换为状态空间形式，并使用极大似然方法进行推理。陈磊和高铁梅(1994)利用状态空间模型和卡尔曼滤波，建立了由多个经济变量组成的 Stock-Watson 指数。学者的研究均证明了状态空间-卡尔曼滤波在因子降维中的有效性，但基于状态空间的动态因子模型通常用极大似然方法对因子进行估计，这会受到模型参数维度的限制，无法处理本书中的高纬度宏观特征的因子估计。

主成分分析法可以不受指标维度的限制，用来解决基于状态空间的动态因子模型存在的问题。Bai 和 Ng(2002)、Bai(2003)研究了高维度特征的因子模型，提出基于主成分分析法的动态因子模型可以有效避免特征的维度限制。Aguirre 等(2009)使用主成分分析法排列动态数据，观察内在的动态变化，该方法可以在不降低精度性能的情况下，在低维特征空间上评估观测的动态信息，进行动态特征选择。Mare(2015)也使用主成分分析法来降维。在一些货币政策的文献中，Bernanke等(2005)把VAR模型、联邦基金利率和一组从宏观金融变量的高维面板得出的动态因素结合起来。这种所谓因子增强向量自回归(FAVAR)设置能够更好地捕捉美国货币政策的复杂传导渠道。Boivin等(2013)使用递归模型对信贷冲击对经济的一组动态影响因素建模，这些因素来源于美国大型宏观经济数据面板的主成分分解。Koopman等(2011)通过实证验证动态因子模型在企业债券违约率预测中的合理性，认为潜在共同因子在不同时间可以捕获到不同的信息量。

但是主成分分析法的动态因子模型存在依赖于渐近结果、高估因素的贡献、估计能力不足的缺陷。因此一些学者提出了主成分分析法与状态空间相结合的混合方法，这种方法结合了主成分分析法的稳健性和状态空间法的估计能力，进一步改进了动态因子模型。混合因子估计方法的基本思路为：首先使用主成分或者广义主成分估计共同因子，其次使用估计的共同因子来估计未知参数。但是主成分分析法与状态空间相结合的混合估计方法在处理多层次因素时具有明显的不足。

除了频域和时域的估计方法以外，动态因子模型的参数和共同因子还可以通过贝叶斯方法来进行估计，主要是基于马尔可夫链蒙特卡洛(Markov Chain Monte Carlo，MCMC)方法，计算非线性和非高斯潜变量模型的后验分布，如Otrok和Whiteman(1996)首次提出的通过马尔可夫链蒙特卡洛方法分析参数和潜在因子的后验分布，并通过潜在因子的当前和预测分布的后验平均值确定共同因子。Kryshko(2011)用贝叶斯方法提高了模型的运行速度。Zhang等(2021)使用贝叶斯方法估计动态因子模型中的潜在因子。当变量未事先分配组别时，贝叶斯方法还可以处理多层次因素。Jackson等(2016)提出对于具有多个层级的模型，贝叶斯状态空间法效果更好。

我们通过文献分析了各动态因子模型估计方法的优势和缺陷，首先是高维宏观经济变量带来的挑战：状态空间法无法破解宏观经济变量高维对其参数估计带来的挑战，主成分分析法也对本书高维宏观经济变量的估计能力不足。其次是多维动态因子的估计难题：由于本书事先设置了六个共同因子，主成分分析法与状态空间结合的估计方法对于宏观变量的多层次因素估计无法得到很好的结果；另外贝叶斯方法在估计单因素动态因子模型时具有良好的估计能力，但不符合本书的多维宏观因子要求。最后是考虑到贝叶斯方法的良好估计能力和状态空间法对于共同因素没有限制的优势，本书选择结合贝叶斯方法和状态空间法对宏观经济变量进行动态因子模型估计，获得需要的共同因子。

3.3.4 宏观特征动态因子模型的贝叶斯状态空间估计

本节首先遵循 Kim 和 Nelson (1998) 的研究成果，估计式(3.29)和式(3.30)中的共同因子 F_t^m，构建基于贝叶斯状态空间方法的动态因子模型。这种方法使用卡尔曼滤波器的高效算法进行因子提取，同时还能处理多层次因素，适用于宏观经济系统变量 F_t^m 的估计。

常规的动态因子模型如下：

$$Y_t = \beta F_t + \Gamma_t, \tag{3.33}$$

$$\Gamma_t = \psi(L)\Gamma_{t-1} + U_t \tag{3.34}$$

式中，$E_t(U_t U'_t) = \Omega$；

$$F_t = \Phi(L)F_{t-1} + V_t \tag{3.35}$$

式中，$E_t(V_t V'_t) = I_M$，M 表示共同因子的数量；Γ_t 表示一个 $N\times1$ 的特质性冲击向量，可以捕捉时间序列的波动，假设每个 Γ_t 元素遵循一个独立的 $AR(q)$ 过程；$\psi(L)$表示块对角滞后项矩阵；Ω 表示对角协方差矩阵；V_t 表示 t 时刻可观测的宏观经济和金融变量的向量；F_t 表示 $M\times1$ 动态隐性因子向量，动态遵循 $AR(p)$过程；β 是 $N\times M$ 因子载荷矩阵，表示可观测变量对每个因子的灵敏度，通过估计因子和因子载荷可以确定观测变量中的哪些变量是共同因子。

对于单因素动态因子模型，一般设置 β 是一个长度为 M 的向量，表示观测变量中的所有变量均对该因子敏感；对于多因素模型，通常对 β 施加一个 0 约束，以对各因素做出经济解释，因此本书需要对 β 施加一个 0 约束，以对行业周期因子 F_t^{bs}、宏观指数因子 F_t^{cd}、收益率曲线风险因子 F_t^{yc}、信用风险因子 F_t^{cr}、资产收益率因子 F_t^{ar} 和市场波动率因子 F_t^{av} 做出经济解释。

式(3.33)至式(3.35)是一个状态空间系统，其中式(3.33)是测量方程，式(3.34)和式(3.35)是状态转移方程，本书使用 Kim 和 Nelson (1998) 的方法，结合状态空间结构利用高斯抽样方法，通过两个步骤估计参数和共同因子。

第一步：状态空间模型搭建。F_t 包含所有宏观经济变量共同因子的同期值和滞后值，通过式(3.35)中的因子滞后值描述每个因子的动态过程。设置 M 为最终的因子数，经过前文的分析，我们设置六类共同因子 $F_t=\{F_t^{bs}, F_t^{cd}, F_t^{yc}, F_t^{cr}, F_t^{ar}, F_t^{av}\}$，设定 $M=6$，设置 p 为每个因子遵循的自回归阶数值，然后设定状态向量维数为 $k=Mp$，F_t 是未观测因子及其滞后期的 $k\times1$ 阶向量，$\Phi(L)$ 是控制这些共同因子动态演变的滞后多项式矩阵。

至此，宏观经济变量动态因子模型的状态空间形式已经表述完，接下来需要对状态空间参数进行估计。常用的是最大似然估计，状态空间参数估计往往使用条件分布采样。然而使用条件分布采样存在两个问题：①高维自回归的状态结构问题；②特殊动态因子模型的状态维数选择问题。

对于问题①，由于宏观因子状态是马尔可过程，可以选择一步向前的序列条件分布，比如，对于 T 条件分布($F_j \mid F_1, F_2, \cdots, F_{j-1}, F_{j+1}, \cdots, F_T$)，如果 F_j 服从一阶自回归过程，那么只有相邻的值在条件分布中起到重要作用，那么取样将很简单；如果 F_j 服从高阶(p^*)自回归过程，那么 p^* 维状态 $X_t=[F_t, F_{t-1}, \cdots, F_{t-p^*-1}]$，可以看出它服从一维向量自回归过程，因此在对因子的分布进行采样时不同的采样顺序可能会出现问题，$X_t(X_t \mid X_{t-1}, X_{t+1})$具有确定性，那么事实上从序列条件中采样仅涉及因子在数据集中最后的数据，那么这种"单向移动"(single move)的条件分布的抽样方法并不适用于状态空间(同时考虑观测值及其滞后项)的参数估计，Gibbs 抽样是一种迭代算法，并且相应的变量会在迭代的过程中交替使用，因此更适合宏观经济变量动态因子模型参数估计。

问题②产生的原因是通过多模式采样器解决"big-T"问题后，可能会引起新的"big-T"问题，原因是算法中的矩阵计算可能与状态向量的维数相同，当特异性冲击 u_t 存在自回归结构时，状态向量的维度是将宏观共同因子及其滞后项与误差的同期值和滞后值相加，例如，每个宏观观测变量用一个服从 $AR(p)$过程的共同因子和一个服从 $AR(q)$过程的误差替代，那么动态因子模型状态向量的维度将是 $p+Nq$，对于较大的 N 可能会存在问题。

Quah 和 Sargent(1993)提出通过分离观测方程中的特异性冲击，可以有效地避免"big-T"问题。根据 Kim 和 Nelson(1999)提出的动态因子模型表达式，

假设有 N 个宏观特征观测变量，记为 y_n，其中 $n=1, 2, \cdots, N$，存在 M 个待提取的宏观共同因子，记为 f_m，其中 $m=1, 2, \cdots, M$，观测时间序列表达式如下：

$$y_{n,t}=a_n+b_nf_t+\gamma_{nt} \tag{3.36}$$

式中，

$$\gamma_{nt}=\psi_{n1}\gamma_{n,t-1}+\psi_{n2}\gamma_{n,t-2}+\cdots+\psi_{nq}\gamma_{n,t-q}+u_{nt} \tag{3.37}$$

式中，$u_{nt}\sim N(0, \sigma_n^2)$，共同因子服从独立的 $AR(p)$ 过程：

$$f_{mt}=\phi_{m1}f_{m,t-1}+\phi_{m2}f_{m,t-2}+\cdots+\phi_{mp}f_{m,t-p}+v_{mt} \tag{3.38}$$

式中，$v_{mt}\sim N(0, 1)$，为了简便书写，本书假设 $M=1$（实际 $M=6$），$q\geqslant p$，那么存在“big-T”问题的状态空间公式转换为

$$Y_t=A+HF_t \tag{3.39}$$

$$F_t=BF_{t-1}+E_t \tag{3.40}$$

式中，$Y_t=(y_{1,t}, y_{2,t}, \cdots, y_{n,t})'$，$A=(a_1, a_2, \cdots, a_n)'$，

$$E_t=(u_t, 0, \cdots, 0, u_{1,t}, 0, \cdots, 0, u_{2,t}, 0, \cdots, 0)' \tag{3.41}$$

$$F_t=[f_t, f_{t-1}, \cdots, f_{t-p+1}, \gamma_{1,t}, \gamma_{1,t-1}, \cdots, \gamma_{n,t}, \gamma_{n,t-1}, \gamma_{n,t-q+1}]' \tag{3.42}$$

$$B=\begin{pmatrix} \varphi_1 & \cdots & \varphi_p & & 0_{1\times N} & \\ & & & \psi_{11} & \cdots & \psi_{1n} \\ & 0_{N\times p} & & \vdots & \ddots & \vdots \\ & & & \psi_{n1} & \cdots & \psi_{nn} \end{pmatrix} \tag{3.43}$$

$$H=\begin{pmatrix} b_1 & 1 & \cdots & 0 \\ b_2 & 0 & \cdots & 0 \\ \vdots & \vdots & \ddots & \vdots \\ b_n & 0 & \cdots & 1 \end{pmatrix} \tag{3.44}$$

另外，将式(3.36)的两端同时乘以$(1-\psi_{n1}L-\psi_{n2}L^2-\cdots-\psi_{nq}L^q)$，得

$$y_{n,t}^*=a_n^*+b_n(1-\psi_{n1}L-\psi_{n2}L^2-\cdots-\psi_{nq}L^q)f_t+u_{nt} \tag{3.45}$$

式中，$y_{n,t}^*=y_{n,t}-\psi_{n,1}y_{n,t-1}-\cdots-\psi_{nq}y_{n,t-q}$，$a_n^*=(1-\psi_{n1}-\psi_{n2}-\cdots-\psi_{nq})a_n$，可以表示为状态空间系统：

$$Y_t^*=A+H^*F_t^*+U_t \tag{3.46}$$

$$F_t^*=B^*F_{t-1}^*+E_t^* \tag{3.47}$$

式中，$Y_t^* = (y_{1,t}^*,\ y_{2,t}^*,\ \cdots,\ y_{n,t}^*)'$，$A = (a_1^*,\ a_2^*,\ \cdots,\ a_n^*)'$，$E_t^* = (e_t,\ 0,\ 0,\ \cdots,\ 0)'$，$U_t = (u_{1t},\ u_{2t},\ \cdots,\ u_{nt})'$，$F_t^* = (f_t,\ f_{t-1},\ \cdots f_{t-p})'$，

$$H^* = \begin{pmatrix} b_1 & -\psi_{11}b_1 & -\psi_{12}b_1 & \cdots & -\psi_{1q}b_1 \\ b_2 & -\psi_{21}b_2 & -\psi_{22}b_2 & \cdots & -\psi_{2q}b_2 \\ \vdots & \vdots & \vdots & \ddots & \vdots \\ b_n & -\psi_{n1}b_n & -\psi_{n2}b_n & \cdots & -\psi_{nq}b_n \end{pmatrix} \tag{3.48}$$

$$B^* = \begin{pmatrix} \varphi_1 & \varphi_2 & \cdots & \varphi_q & 0_{1\times(q-p+1)} \\ & I_{p\times q} & & & 0_{p\times(q-p+1)} \end{pmatrix} \tag{3.49}$$

此时，N 不再影响宏观经济变量动态因子模型的状态向量维数，即将动态因子模型通过状态空间法可以有效地避免“big-T”问题。

第二步：贝叶斯估计。贝叶斯估计常用吉布斯抽样（Gibbs-Sampling）进行参数估计。首先假设扩散的先验分布参数符合下述方程形式：

$$\begin{cases} p(\Lambda,\ \sum_e) = p(\Lambda)p(\sum_e) = \prod_{i=1}^{N} p(\Lambda_i) \prod_{i=1}^{N} p(\sigma_{ei}^2) \\ p(\Lambda_i) = \text{constant} \\ p(\sigma_{ei}^2) \propto \dfrac{1}{\sigma_{ei}^2} \end{cases} \tag{3.50}$$

式中，i 表示宏观经济变量动态因子模型中第 i 个观测变量，Λ_i 表示 Λ 中的第 i 行，σ_{ei}^2表示第 i 个方程残差的方差。对于先验的具体形式，我们利用了 $\sum_e$ 的对角结构和 Λ 中没有交叉方程限制。式（3.30）中的转移矩阵（transition matrix）$\Phi^m(L)$，采用常数先验分布形式 $p[\Phi^m(L)]=\text{constant}$，虽然目前的研究表明，非正态分布的动态因子模型可以用最大似然估计，然而最大似然估计在高阶时间序列中的计算复杂度过高，很难快速收敛。为了克服这个问题，我们选择使用基于数据增强的 MCMC 方法进行估计。MCMC 方法采样有以下三个步骤。

（1）基于 Λ，$\sum_e$ 和 $\Phi^m(L)$ 的条件概率对共同因子 F_t^m 进行采样。对于高斯状态空间，使用卡尔曼滤波器进行前向传递和后向传递的模拟采样。卡尔曼滤波器初始化的依据是动态因子的平稳分布：$F_0^m \sim N(0,\ P^m)$，$vec(P^m) = [I_{(Kp)^2} - \Phi^m \otimes \Phi^m]^{-1} vec(I_k)$。

(2)基于共同因子 F_t^m，对转移矩阵 $\Phi^m(L)$ 进行采样。由于 $\eta_t \sim N(0, I_K)$，转移矩阵 $\Phi^m(L)$ 的采样过程如下：

$$\begin{cases} p(\Phi_k^m \mid .) \sim N(\hat{\phi}_k^m, \hat{\Phi}_k^m) \\ \hat{\Phi}_k^m = [(\tilde{F}^m)'\tilde{F}^m]^{-1} \\ \hat{\phi}_k^m = \hat{\Phi}_k^m[(\tilde{F}^m)'\tilde{F}^m] \end{cases} \tag{3.51}$$

式中，k 为第 k 个因子，$F^m = [F_1^m, F_2^m, \cdots, F_T^m]'$，$\tilde{F}^m = [\tilde{F}_1^m, \tilde{F}_2^m, \cdots, \tilde{F}_T^m]'$，$\tilde{F}_t^m = [F_t^m, F_{t-1}^m, \cdots, F_{t-p+1}^m]'$。式(3.51)描述了扩散先验和随机过程残差的单位方差假设。

(3) 由于 $\sum_e$ 是对角阵，没有交叉等式限制，采样可以遵循方程的先后顺序。对于每一个变量 i，在式(3.50) 的扩散先验假设下，从后验概率中随机抽取载荷 Λ_i 和方差 σ_{ei}^2：

$$\begin{cases} p(\Lambda_i \mid .) \sim N(\hat{\lambda}_i, \hat{\Lambda}_i) \\ \hat{\Lambda}_i = [(F^m)'F^m]^{-1} \\ \hat{\lambda}_i = \hat{\Lambda}_i[(F^m)'F^m] \\ \sigma_{ei}^2 \sim invGamma[0.5 \cdot T, 0.5 \cdot \sum_{t=1}^{T}(X_{it} - \Lambda_i F_t^m)^2] \end{cases} \tag{3.52}$$

式中，共同因子行业周期因子 F_t^{bs}、宏观指数因子 F_t^{cd}、收益率曲线风险因子 F_t^{yc}、信用风险因子 F_t^{cr}、资产收益率因子 F_t^{ar} 和市场波动率因子 F_t^{av} 从式(3.51)获取。

然后我们通过 Gibbs 采样估计企业债券违约和企业债券违约恢复动态因子模型的参数，Gibbs 在前人的文献中几乎没有在企业债券违约和企业债券违约恢复评估领域应用过。采样方案基于使用隐性变量 D_{it}^{h*} 增强二项式方程，在此条件下，式(3.29)可以重新假设为遵循条件正态分布。对于条件正态分布，状态和参数都存在完全条件分布的解析解形式。本节参考 Frühwirth-Schnatter 等(2009)的研究，使用的隐性变量 D_{it}^{h*} 增强二项式方程如下：

$$D_{it}^{h*} = Z_{it}^h + \varepsilon_{it}^{h*}, \ \varepsilon_{it}^{h*} \sim Logistic(0, 1) \tag{3.53}$$

式中，$Z_{it}^h = \alpha_{i,h} + \beta_{i,h}^m(L)F_t^m + \beta_{i,h}^d f_{it}^*$，$f_{it}^*$ 表示企业债券违约或企业债券违约恢复

的脆弱性因子。且残差项的对数分布可以表示为负 log-Gamma 分布，即 $\varepsilon_{it}^{h*}=-\log\xi_{it}^{h*}$，其中，$\xi_{it}^{h*}\sim Gamma(N_{it}, 1)$。每个 ξ_{it}^{h*} 都可以由一组有限的正态分布组合而成，即高斯混合模型，而组合系数 r_{it}^{h*} 则是模型增强系数之一。高斯混合模型的正态分布数量 $R_{it}^{h*}(N_{it})$，混合权重 $\varpi_{r_{it}^{h*}}(N_{it})$，混合均值 $\mu_{r_{it}^{h*}}(N_{it})$，以及混合方差 $\sigma^2_{r_{it}^{h*}}(N_{it})$，都由模型中每个行业 i 在季度 t 时刻的企业债券违约总数 N_{it} 决定。基于组合系数 r_{it}^{h*}，式(3.53)可以简化为以下线性正态模型：

$$D_{it}^{h*}=Z_{it}^{h}+\mu_{r_{it}^{h*}}(N_{it})+\varepsilon_{it}^{h*},\quad \varepsilon_{it}^{h*}\mid r_{it}^{h*}\sim N[0,\ \sigma^2_{r_{it}^{h*}}(N_{it})] \tag{3.54}$$

所有混合模型参数参考 Frühwirth-Schnatter 等(2009)的研究通过最小化混合近似值和原始负对数伽马密度之间的 Kullback-Leibler 收敛度获得。基于式(3.54)以及其相应的初始状态，Gibbs 采样方案由一系列下述迭代步骤组成：

(1)基于 $\alpha_{i,h}$、$\beta_{i,h}^{m}(L)$、$\beta_{i,h}^{d}$、f_{it}^{*}、D_{it}^{h} 对 D_{it}^{h*} 和 r_{it}^{h*} 由以下步骤采样：

步骤1：基于宏观特征 Z_{it}^{h} 和初始隐性变量 D_{it}^{h}，对隐性变量 D_{it}^{h*} 基于式(3.55)采样：

$$D_{it}^{h*}=-\log\left(\frac{U_{it}}{1+e_{it}^{h}}+\frac{V_{it}^{h}}{e^{Z_{it}^{h}}}\right) \tag{3.55}$$

式中，随机变量 $U_{it}\sim Gamma(N_{it}, 1)$，$V_{it}\sim Gamma(N_{it}-D_{it}^{h}, 1)$ 分别独立采样。

步骤2：根据式(3.56)对组合系数 r_{it}^{h*} 采样：

$$\Pr(r_{it}^{h*}=r_{i}^{h*}\mid D_{it}^{h*},\ D_{it}^{h},\ Z_{it}^{h})\propto\frac{\varpi_{r_{it}^{h*}}(N_{it})}{\sigma^2_{r_{it}^{h*}}(N_{it})}e^{-0.5\left[\frac{D_{it}^{h*}-Z_{it}^{h}-\mu_{r^{*}}(N_{it})}{\sigma_{r^{*}}(N_{it})}\right]^2} \tag{3.56}$$

式中，$r^{*}=\{1,\ \cdots,\ R_{it}^{*}(N_{it})\}$。

(2)基于隐性变量 D_{it}^{h*}、组合系数 r_{it}^{h*}、共同因子 F_{t}^{m} 和脆弱性因子 f_{it}^{*} 对 $\alpha_{i,h}$、$\beta_{i,h}^{m}(L)$ 和 $\beta_{i,h}^{d}$ 采样。我们假定模型参数服从正态分布的先验概率分布，即 $p(\alpha_{i,h})\propto N(\alpha_{i,h}^{0},\ \sigma^2_{\alpha_{i,h}^{0}})$，$p(\beta_{i,h}^{m}(L))\propto N(\beta_{i,h}^{m,0}(L),\ \sigma^2_{\beta_{i,h}^{m,0}(L)})$，$p(\beta_{i,h}^{d})\propto N(\beta_{i,h}^{d,0},\ \sigma^2_{\beta_{i,h}^{d,0}})$。先验概率分布决定了共轭贝叶斯线性回归的后验概率形式，即

$$\begin{cases} p(b\mid .)\sim N(b_1,\ B_1) \\ B_1=\left(B_0^{-1}+\dfrac{X'X}{\sigma^2}\right)^{-1} \\ b_1=B_1\left(B_0^{-1}b_0+\dfrac{X'Y}{\sigma^2}\right) \end{cases} \tag{3.57}$$

式中，$X=vec([1_T, LF^m, f_i^{d,h}])$ 是协变量的向量化形式，LF^m 是 F^m 的特定的滞后结构；$Y=vec(D_i^{h*})$，$b_0=[\alpha_{i,h}^0, \beta_{i,h}^{m,0}(L), \beta_{i,h}^{d,0}]$ 是先验混合均值向量；$B_0=diag\{[\sigma_{\alpha_{i,h}^0}^2, \sigma_{\beta_{i,h}^{m,0}(L)}^2, \sigma_{\beta_{i,h}^{m,0}}^2]\}$ 是先验方差为对角元素的对角矩阵。

(3)基于隐性变量 D_{it}^{h*}、$\alpha_{i,h}$、$\beta_{i,h}^m(L)$ 和 $\beta_{i,h}^d$ 对脆弱性因子 f_{it}^* 采样。基于条件正态分布，即 $\tilde{D}_{it}^{h*}=D_{it}^{h*}-\alpha_{ih}-\beta_{ih}^m(L)F_t^m$，对脆弱性因子 f_{it}^* 的采样可以根据 Carter 和 Kohn(1994)提出的前向滤波后向采样多移动采样算法完成。该采样本质上是对残差项的概率分布进行采样，并且使用卡尔曼滤波器前向滤波和卡尔曼滤波器的后向滤波，其中卡尔曼滤波器通过分布 $N(0, P^{d,h})$ 初始化 f_{it}^*。

至此已完成企业债券违约和企业债券违约恢复动态因子模型的估计。最后我们可以得到企业债券违约和企业债券违约恢复的六个共同因子和脆弱性因子。

3.4 本章小结

本章介绍了企业债券违约的宏观特征选择和动态因子模型的建立及估计过程。首先是企业债券违约的宏观特征选择，我们联合过滤法中冗余性更小的最大相关最小冗余法，包装法中更直观的基于线性回归的递归特征消除法及嵌入法中可以更清晰展示宏观经济特征重要性的 Boruta 算法、算法复杂度更低的 LightGBM 算法、可以有效避免过拟合的 Adaptive Lasso 算法构建了一个集成的宏观特征选择器，从初始宏观经济特征中筛选出影响企业债券违约的关键特征。发现筛选后的宏观特征最优子集依旧维度很高，因此，通过使用动态因子模型进行宏观特征共同因子和脆弱性因子的提取，降低特征的维度。在动态因子建模过程中，我们首先根据相关文献，确定影响企业债券违约和企业债券违约恢复的宏观经济特征变量分为行业周期因子、宏观指数因子、收益率曲线风险因子、信用风险因子、资产收益率因子和市场波动率因子，以反映宏观经济变量关于企业债券违约和企业债券违约恢复的共同信息，同时为了验证共同因子的合理性，本书还通过主成分分析法得到了六个静态因子，然后将这六个静态因子作为观测数据建立 VAR 模型，得到估计残差，对残差的协方差矩阵做奇异谱分解得到动态因子个数为 6；之后发现企业债券违约和企业债券违约恢复中还存在一种隐性因子，无法被动态因子模型提取，因此提出根据共同因子和企业债券违约、企业债券违约恢复数据估计企业债券违约、企业债券违约恢复的脆弱性因子，以反映共同因子无法观测到的宏观经济变量关于企业债券违约和企业债券违约恢复的信息；得到的共同因子和脆弱性因子反映了宏观经济变量对企业债券违约和企业债券违约恢复的整体性影响。另外在动态因子模型建立过程中我们提出施加强约束条件，尽可能避免一个宏观经济特征变量同属多种共同因子的情况，可以有效降低因子之间的冗余度。在估计动态因子模型时，我们使用的是贝叶斯状态空间法，既拥有贝叶斯方法较好的估计能力，还可以通过状态空间法处理多维因素的参数估计问题。首先将宏观经济特征的动态因子模型转换为状态空间的表达形式，可以有效解决采样过程中的“big-T”问题，对于状态空间参数的采样使用同步移动的采样形式，避免采样过程中仅采集到数据集最后的数据的问题；其次通过贝叶斯方法的 Gibbs 抽样，可以有效避免状态空间条件分布采样过程中仅采集到数据集最后的数据的问题。得到企业债券违约和企业债券违约恢复的共同因子后，结合共同因子和企业债券违约的参数估计结果可以得到企业债券违约的脆弱性因子，同理可以确定企业债券违约恢复的脆弱性因子。

第4章

企业债券违约预测模型

第 3 章我们进行了企业债券违约的宏观因子特征选择，本章我们将从信用风险模型引入，详细介绍本书的企业债券违约模型，在进行宏观特征选择后结合动态因子模型构建动态的企业债券违约预测模型。

首先，对某一企业债券违约进行预测，不仅需要花费大量的数据整理时间和预测模型运行时间，还可能因为企业债券违约数据存在大量的缺失值，导致企业债券违约预测误差，因此本书将从行业角度出发，进行行业整体企业债券违约的相关研究。

企业债券违约模型涉及两大类因子：行业宏观系统性因子和行业脆弱性因子。其中行业宏观系统性因子是从行业企业债券违约宏观影响因素中提取的潜在共同因子，即一系列影响特征中，存在对某一行业企业债券违约造成特定的影响的特征子集可以被划分为一类因子，该类因子包含宏观特征子集的所有信息量，行业宏观系统性因子就是本书在第 3. 3. 1 节定义的六类共同因子：行业周期因子、宏观指数因子、收益率曲线风险因子、信用风险因子、资产收益率因子和市场波动率因子。行业脆弱性因子是无法直观观测、隐性的企业债券违约影响因子，该因子可以通过违约数据进行估计。行业宏观系统性因子和行业脆弱性因子代表着行业企业债券违约的共同影响成分和隐性影响因素。

同时，本章构建了行业企业债券违约率的预测模型。其中，第 4. 2 节是计量模型中的向量自回归模型(VAR)，用来分析行业周期因子 F_t^{bs}、宏观指数因子 F_t^{cd}、收益率曲线风险因子 F_t^{yc}、信用风险因子 F_t^{cr}、资产收益率因子 F_t^{ar} 和市场波动率因子 F_t^{av} 如何影响企业债券违约；第 4. 3 节介绍了机器学习模型中的循环神经网络(RNN)模型及其改进模型长短期记忆网络(LSTM)和门控循环神经网络(GRU)模型，循环神经网络模型因其强大的预测能力在时间序列预测中得以广泛应用，可以从理论角度阐释模型的预测原理；最后，在第 4.4 节我们结合 VAR 和 GRU 模型构建了本书使用的企业债券违约率预测模型 VAR-GRU 模型。

4.1 企业债券违约模型

本章首先进行企业债券违约模型的研究，重点推演行业宏观系统性因子和行业脆弱性因子如何影响企业债券违约，提供企业债券违约可预测性的理论基础。

本书遵循 Merton(1974)引入的信用风险公司价值方法，后由 Black 和 Cox (1976)扩展、定义，当企业 i 的价值 V_{it} 在时间 t 变为负值时，被认为发生违约。

假设企业的价值是资产 A_{it} 和负债 B_{it} 之间的差值，则企业违约可以表示为当 $A_{it}<B_{it}$ 或等价于 $\log A_{it}<\log B_{it}$ 时发生的事件。我们讨论的重点不是特定企业的债券违约判定过程，而是行业所有企业债券和信贷违约概率系统性变动的影响因素以及影响因素如何影响行业企业债券违约的变动。因此，本节中我们强加了适当的假设，假设特定的债券违约概率 PD_{it} 是系统性和周期性驱动因素 F_t 的函数。

本书假设，特定公司的资产为 A_{it}，为了减少 A_{it} 的异方差，定义其对数回报，即 $A_{it}^* = \log A_{it} - \log A_{it-1}$，并假设对数回报 A_{it}^* 分解为两部分，一个是影响所有公司的资产价值的系统性成分 $F_t^{A_{it}^*}$，另一个是特定公司的特殊成分 $\varepsilon_{i,t}^*$，公式可表示如下：

$$A_{it}^* = \log(A_{it}) - \log(A_{it-1}) = \omega_i F_t^{A^*} + \varpi_i \varepsilon_{i,t}^*,\ \varepsilon_{i,t}^* \sim N(0,\ 1) \tag{4.1}$$

式中，ω_i 是系统性成分的敏感度(也称载荷，loading，或者 *beta* 值)，ϖ_i 则是特殊因素的敏感度。

我们进一步假设系统性成分 $F_t^{A^*}$ 是整个经济波动 F_t 和未观察到的信贷周期特定变动的线性组合：

$$F_t^{A^*} = \beta^{A^*}(L) F_t + b^{A^*}(L) f_t^{A^*} \tag{4.2}$$

式中，$f_t^{A^*}$ 是行业脆弱性因子的集合，$\beta^{A^*}(L)$ 和 $b^{A^*}(L)$ 分别是对宏观系统性因

子 F_t 和行业脆弱性因子 f_t^{A*} 的敏感性的向量滞后多项式。其中，我们假设宏观系统性因子 F_t 和行业脆弱性因子 f_t^{A*} 都遵循正态分布。

通过这样的模型结构，行业脆弱性因子 f_t^{A*} 捕获宏观经济和金融总量无法解释的资产价值中的额外的相关性因素。企业债券违约的额外相关性因素可以归因于推动公司资产负债表共同流动的隐性变量。这样的额外相关性因素在相关文献中往往被归为“脆弱性因子”，其还可能来自某企业的违约风险对其余相关企业的传导/多米诺骨牌效应。在实践中，很难从传染效应中稳定地分解脆弱性因子。特别是对于企业违约的传染性，详细的资产负债表和交易数据可以捕获存在业务联系的违约企业间的相关性及违约企业的脆弱性。由于这样的数据几乎不太可能获得，本节中，我们选择把所有额外的相关性因素解释为脆弱性因子。

对于负债 B_{it}，本节不对其做任何额外的波动规律假设。由于企业债券违约受宏观经济的影响，在不失去普遍性的情况下，我们假设 t 时刻的杠杆比率 $Lev_{it}=\log\left(\frac{B_{it}}{A_{it-1}}\right)$，即 t 期企业的资产负债率对数值，其波动规律是宏观经济共同因子（包含滞后项）的确定性函数：

$$Lev_{it}=\log\left(\frac{B_{it}}{A_{it-1}}\right)=\mu_i^{Lev}+\beta^{Lev}(L)F_t \tag{4.3}$$

式中，μ_i^{Lev} 是杠杆率的长期均衡值，F_t 是一系列宏观系统性因子，而 $\beta^{Lev}(L)$ 则是对系统因子 F_t 的 t 时刻敏感性向量滞后多项式。在 $\beta^{Lev}(L)$ 没有滞后项的情况下，宏观经济环境对 Lev_{it} 只有同期的影响。如前文所述，F_t 是一组周期性的、静止的系统因子。我们遵循 Collin-Dufresne 和 Goldstein 进行的离散化版本的公司债券随机过程，债券 k_t 的对数 $\log(k_t)$ 遵循一个随机微分方程：$dk_t=\lambda(y_t-v-k_t)dt$，其中 y_t 是债券 k_t 的对数 $\log(k_t)$ 值的长期均衡值，在式（4.3）中我们假定其随机微分方程中的 $\lambda=1$，即调整杠杆比率（企业资产负债率）至长期均衡水平 μ_i^{Lev}。式（4.3）通过将杠杆比率作为固定经济驱动因素的函数，隐含地假设了企业资产负债率符合均值回归的规律，即均值会逐步恢复到企业的目标杠杆比率。式（4.3）把残余周期性走势即宏观系统性因子 F_t 也添加到杠杆比率中。式（4.3）也可以扩展包含一个随机的脆弱因子项，但为了便于推导债券违约概率 PD_{it} 的方程，并且鉴于实证分析是基于简化形式模型，我们暂时没有包含脆弱因子项。

本节中，我们定义债券违约概率 PD_{it} 为企业 i 在 t 时刻的违约余额（t 时刻之前没有违约发生）。我们进一步在信息流（filtration）F_t 定义企业债券违约概率 PD_{it}，即 $\mathcal{F}_t=\{F_1, F_2, \cdots, F_t, f_1^{A*}, f_2^{A*}, \cdots f_t^{A*}\}$，则基于式（3.27）中定义的资产价格以及式（4.2）中的杠杆率，企业债券违约概率 PD_{it} 由下式给出：

$$\begin{aligned} PD_{it} &= P[\log(A_{it})<\log(B_{it}) \mid F_t, A_{ij}>=B_{ij}, \ \forall j=1, \cdots, t-1] \\ &= P[A_{it}^* <\log(B_{it})-\log(A_{it-1}) \mid .] \\ &= P(A_{it}^* <\mathrm{Lev}_{it} \mid .) \\ &= P\left\{\varepsilon_{it}^* < \frac{\mu_i^{Lev}+\beta^{Lev}(L)F_t-\omega_i[\beta^{A*}(L)F_t+b^{A*}(L)f_t^{A*}]}{\varpi}\right\} \\ &= P[\varepsilon_{it}^* <\mu_i+\beta^d(L)F_t+\rho_i^d f_t^{A*} \mid .] \\ &= \boldsymbol{\Phi}[\mu_i+\beta^d(L)F_t+\rho_i^d f_t^{A*}] \end{aligned} \tag{4.4}$$

式中，$\mu_i=\frac{\mu_i^{Lev}}{\varpi}$ 是均值 $\Phi^{-1}(PD_{it})$ 的简化形式，$\beta^d(L)=\frac{\beta^{Lev}(L)-\omega_i\beta^{A*}(L)}{\varpi}$ 是企业违约概率对动态经济因素的敏感性的简化形式，$\rho_i^d=-\frac{\omega_i b^{A*}(L)}{\varpi}$ 是对脆弱性因子敏感性的简化形式，$\Phi(\cdot)$ 和 $\Phi^{-1}(\cdot)$ 是标准正态分布的累积函数和逆累积函数。

由于本书目标是预测各行业企业的动态债券违约过程，因此我们使用简化形式的式（4.4），不需要把 $\beta^d(L)$ 与资产的个体效应分开。

本节提出的企业债券违约风险估计模型的框架遵循 Merton（1974）提出的信用风险均值回归模型，之后被 Morgan（1997）、Vasicek（2002）等扩展为多因子的均值回归模型，有效地将单因子均值回归模型改进为多因子均值回归模型。本书的企业债券违约模型便是多因素版本的均值回归模型，在因子选择阶段，我们使用动态因子模型，构建更具合理性的因子，对模型进行优化。我们在式（3.27）和式（4.2）中使用随机因子 $\tilde{F}_t^{A*}$、$\tilde{F}_t$ 和 $\tilde{f}_t^{A*}$ 的标准正态版本，资产价值随机过程可以重写为

$$A_{it}^* = \log(A_{it})-\log(A_{it-1})$$

$$=\omega_i(\beta_i^{A*}F_t+b_i^{A*}f_t^{A*})+\varpi_i\varepsilon_{it}^*$$

$$=\sigma_i[\sqrt{r_i}(\tilde{\beta}_i^{A*}\tilde{F}_t+\tilde{b}_i^{A*}\tilde{f}_t^{A*})+\sqrt{1-r_i}\varepsilon_{it}^*] \tag{4.5}$$

式中，$\tilde{\beta}_i^{A*}\tilde{F}_t+\tilde{b}_i^{A*}\tilde{f}_t^{A*}$ 的限制条件 $\tilde{\beta}_i^{A*}(\tilde{\beta}_i^{A*})'+\tilde{b}_i^{A*}(\tilde{b}_i^{A*})'=1$，为了使其有单位方差。$\sigma_i$ 是资产价值 A_{it}^* 的随机过程的波动率。

在多因子模型中，两个不同公司 i 和 i^* 的资产价值的相关性则可以表示为

$$\text{Asset Correlation}=\sqrt{r_i}\sqrt{r_{i*}}(\tilde{\beta}_i^{A*}(\tilde{\beta}_{i*}^{A*})'+\tilde{b}_i^{A*}(\tilde{b}_{i*}^{A*})') \tag{4.6}$$

两个同质化的公司，即 $r_i=r_{i*}$，$\tilde{\beta}_i^{A*}=\tilde{\beta}_{i*}^{A*}$，$\tilde{b}_i^{A*}=\tilde{b}_{i*}^{A*}$，则上述表达式可简化为

$$\text{Asset Correlation}=r_i \tag{4.7}$$

由于本节的重点是各行业企业债券违约模型的建立，因此，本节的模型中不包含任何单个公司特定的信息。为了估计式(4.4)的简化形式的参数，本节使用 D_{jt} 来表示行业 j、时间 t 月所观察到的企业债券违约的数据。基于时间 t 的已知信息流，我们假设企业债券违约数量符合独立且二项分布：

$$D_{jt}\mid\mathcal{F}_t\sim Binom(PD_{jt},\ N_{jt}) \tag{4.8}$$

式中，N_{jt} 是 t 月开始时，行业 $j\in S$ 中所有发行的债券额；PD_{jt} 是 t 月时，行业 i 的整体债券违约概率。PD_{jt} 与系统因子 F_t 和行业特有的脆弱性因子 f_{jt}^d 的相关性如下：

$$\Phi^{-1}(PD_{jt})=\alpha_{jt}+\beta_j^d(L)F_t+\rho_jf_{jt}^d \tag{4.9}$$

式中，α_{jt} 是行业 j 的特定截距(intercept)，$\beta_j^d(L)$ 是该行业对行业宏观系统性因子的敏感度，ρ_j 则是该行业对行业特定脆弱性因子的敏感度。行业宏观系统性因子 F_t 的组成和随机演化已经在第 3.3 节进行了详细的阐述。行业特有的脆弱性因子 $f_{it}^{d,h}$ 在模型中则被假设为一个相互独立的一阶自回归[$AR(1)$]随机变量，其简化的随机过程如下：

$$f_{jt}^d=\vartheta_j^d\cdot f_{jt-1}^d+e_{jt}^d,\ e_{jt}^d\sim N(0,\ 1),\ \forall j\in S \tag{4.10}$$

式中，ϑ_j^d 是 $AR(1)$ 的系数，取值范围为 $\vartheta_j^d\in(-1,\ 1)$，$\forall j\in S$，以保证其平稳性。残差项的方差 e_{jt}^d 被设为单位 1。每一个行业特有的脆弱性因子 f_{jt}^d 都从下述无条件分布中初始化：

$$f_{j0}^{d} \sim N\left(0,\ \frac{1}{1-(\vartheta_j^d)^2}\right) \tag{4.11}$$

经过以上的理论介绍，宏观系统性因子和行业脆弱性因子与企业债券违约之间存在着影响关系，那么可以确定行业企业债券违约率可以通过宏观系统性因子和行业脆弱性因子进行预测。

4.2 基于计量模型的企业债券违约预测模型

向量自回归模型(VAR)刻画了观测变量与所有变量滞后项的回归关系，若观测变量是一个 k 维的时间序列向量，记为 $y_t=(y_{1t},\ y_{2t},\ \cdots,\ y_{kt})'$，$t=1$，2，…，$T$，假定观测变量服从 VAR($p$)的过程，则 VAR 模型可以表现为以下形式：

$$y_t=c+\alpha_1 y_{t-1}+\alpha_2 y_{t-2}+\cdots++\alpha_p y_{t-p}+\mu_t \tag{4.12}$$

式中，$\mu_t \sim iidN(0,\ \sigma^2)$，是 $k\times1$ 维白噪声序列，c 为 $k\times1$ 维常数向量，α_i 是 $k\times k$ 维自回归系数矩阵。$\alpha(L)=I_k-A_1L-A_2L^2-\cdots-A_pL^p$，其中 L 是滞后算子，且 $y_{t-j}=L^j y_t$。

VAR 模型主要研究变量之间的相互作用关系，适用于拟合前文中构建的六个宏观因子(行业周期因子、宏观指数因子、收益率曲线风险因子、信用风险因子、资产收益率因子、市场波动率因子)和企业债券违约之间的动态关系。为了便于书写，本节首先讨论了双变量的 VAR 模型的构建：

$$y_{1t}=c_1+\alpha_{11}y_{2t}+\alpha_{12}y_{1,t-1}+\alpha_{13}y_{2,t-1}+\mu_{1t} \tag{4.13}$$

$$y_{2t}=c_2+\alpha_{21}y_{1t}+\alpha_{22}y_{1,t-1}+\alpha_{23}y_{2,t-1}+\mu_{2t} \tag{4.14}$$

式中，y_{1t}和 y_{2t}均为平稳时间序列，$\mu_{1t} \sim iidN(0,\ \sigma_1^2)$，$\mu_{2t} \sim iidN(0,\ \sigma_2^2)$，且 μ_{1t}和 μ_{2t}不相关。从式(4.13)和式(4.14)中可以看出，y_{1t}表达式中含有 y_{2t}，y_{2t}表达式中也含有 y_{1t}，这说明 y_{1t}和 y_{2t}存在同期相关关系。

接下来是 VAR 模型的估计过程，常用的是 OLS 估计，而 OLS 估计的前提是自变量和误差之间相互独立，这与上文中“y_{1t}和 y_{2t}存在同期相关关系”冲突。如当 μ_{1t}发生变化时，会引起 y_{1t}的变化，而 y_{1t}的变化又会导致 y_{2t}发生变化，这时需要对方程进行转换，以满足 OLS 估计的前提条件。

联立式(4.13)和式(4.14)，并将其改写为以下矩阵形式：

$$\begin{pmatrix} 1 & -\alpha_{11} \\ -\alpha_{21} & 1 \end{pmatrix}\begin{pmatrix} y_{1t} \\ y_{2t} \end{pmatrix}=\begin{pmatrix} c_1 \\ c_2 \end{pmatrix}+\begin{pmatrix} \alpha_{12} & \alpha_{13} \\ \alpha_{22} & \alpha_{23} \end{pmatrix}\begin{pmatrix} y_{1,t-1} \\ y_{2,t-1} \end{pmatrix}+\begin{pmatrix} \mu_{1t} \\ \mu_{2t} \end{pmatrix} \tag{4.15}$$

在式(4.15)两边同时乘$\begin{pmatrix} 1 & -\alpha_{11} \\ -\alpha_{21} & 1 \end{pmatrix}^{-1}$，则有

$$\begin{pmatrix} y_{1t} \\ y_{2t} \end{pmatrix}=\begin{pmatrix} 1 & -\alpha_{11} \\ -\alpha_{21} & 1 \end{pmatrix}^{-1}\begin{pmatrix} c_1 \\ c_2 \end{pmatrix}+ \begin{pmatrix} 1 & -\alpha_{11} \\ -\alpha_{21} & 1 \end{pmatrix}^{-1}\begin{pmatrix} \alpha_{12} & \alpha_{13} \\ \alpha_{22} & \alpha_{23} \end{pmatrix}\begin{pmatrix} y_{1,t-1} \\ y_{2,t-1} \end{pmatrix}+\begin{pmatrix} 1 & -\alpha_{11} \\ -\alpha_{21} & 1 \end{pmatrix}^{-1}\begin{pmatrix} \mu_{1t} \\ \mu_{2t} \end{pmatrix} \tag{4.16}$$

将式(4.16)展开后，不存在同期项，即可以使用 OLS 估计。

为了简化书写，令

$$\begin{pmatrix} 1 & -\alpha_{11} \\ -\alpha_{21} & 1 \end{pmatrix}^{-1}\begin{pmatrix} c_1 \\ c_2 \end{pmatrix}=\begin{pmatrix} b_1 \\ b_2 \end{pmatrix} \tag{4.17}$$

$$\begin{pmatrix} 1 & -\alpha_{11} \\ -\alpha_{21} & 1 \end{pmatrix}^{-1}\begin{pmatrix} \alpha_{12} & \alpha_{13} \\ \alpha_{22} & \alpha_{23} \end{pmatrix}=\begin{pmatrix} \beta_{11} & \beta_{12} \\ \beta_{21} & \beta_{22} \end{pmatrix} \tag{4.18}$$

$$\begin{pmatrix} 1 & -\alpha_{11} \\ -\alpha_{21} & 1 \end{pmatrix}^{-1}\begin{pmatrix} \mu_{1t} \\ \mu_{2t} \end{pmatrix}=\begin{pmatrix} e_{1t} \\ e_{2t} \end{pmatrix} \tag{4.19}$$

则式(4.16)可以表达为以下形式：

$$\begin{pmatrix} y_{1t} \\ y_{2t} \end{pmatrix}=\begin{pmatrix} b_1 \\ b_2 \end{pmatrix}+\begin{pmatrix} \beta_{11} & \beta_{12} \\ \beta_{21} & \beta_{22} \end{pmatrix}\begin{pmatrix} y_{1,t-1} \\ y_{2,t-1} \end{pmatrix}+\begin{pmatrix} e_{1t} \\ e_{2t} \end{pmatrix} \tag{4.20}$$

将式(4.20)展开可得

$$y_{1t}=b_1+\beta_{11}y_{1,t-1}+\beta_{12}y_{2,t-1}+e_{1t} \tag{4.21}$$

$$y_{2t}=b_2+\beta_{21}y_{1,t-1}+\beta_{22}y_{2,t-1}+e_{2t} \tag{4.22}$$

在这里我们遵循陈普(2012)的研究，将式(4.13)和式(4.14)联立的方程组定义为结构方程组，反映变量之间的真实关系，定义式(4.21)和式(4.22)的联立方程组为诱导方程组，是经过变换后变量之间的关系。结合式(4.17)、

式(4.18)和式(4.19)，可以看出，只要知道$\begin{pmatrix} 1 & -\alpha_{11} \\ -\alpha_{21} & 1 \end{pmatrix}^{-1}$，那么残差$\begin{pmatrix} e_{1t} \\ e_{2t} \end{pmatrix}$和结构方程的系数均可以获得。即对式(4.19)两端同时取协方差矩阵：$\begin{pmatrix} 1 & -\alpha_{11} \\ -\alpha_{21} & 1 \end{pmatrix}^{-1}\begin{pmatrix} \mu_{1t} \\ \mu_{2t} \end{pmatrix}(\mu_{1t} \quad \mu_{2t})\begin{pmatrix} 1 & -\alpha_{21} \\ -\alpha_{11} & 1 \end{pmatrix}^{-1}=\begin{pmatrix} e_{1t} \\ e_{2t} \end{pmatrix}(e_{1t} \quad e_{2t})$，由于假设中的误差项$\mu_{1t}$和$\mu_{2t}$不相关，则

$$\begin{pmatrix} 1 & -\alpha_{11} \\ -\alpha_{21} & 1 \end{pmatrix}^{-1}\begin{pmatrix} \sigma_1^2 & 0 \\ 0 & \sigma_2^2 \end{pmatrix}\begin{pmatrix} 1 & -\alpha_{21} \\ -\alpha_{11} & 1 \end{pmatrix}^{-1}=\begin{bmatrix} Var(e_{1t}) & Cov(e_{1t}, e_{2t}) \\ Cov(e_{1t}, e_{2t}) & Var(e_{2t}) \end{bmatrix} \tag{4.23}$$

式中，*Var* 表示序列方差，*Cov* 表示两个序列之间的协方差，由于$\begin{pmatrix} 1 & -\alpha_{11} \\ -\alpha_{21} & 1 \end{pmatrix}^{-1}\begin{pmatrix} \sigma_1^2 & 0 \\ 0 & \sigma_2^2 \end{pmatrix}\begin{pmatrix} 1 & -\alpha_{21} \\ -\alpha_{11} & 1 \end{pmatrix}^{-1}$未知，$\begin{bmatrix} Var(e_{1t}) & Cov(e_{1t}, e_{2t}) \\ Cov(e_{1t}, e_{2t}) & Var(e_{2t}) \end{bmatrix}$已知，基于矩阵元素之间的一一对应关系，存在四个方程，但$\begin{bmatrix} Var(e_{1t}) & Cov(e_{1t}, e_{2t}) \\ Cov(e_{1t}, e_{2t}) & Var(e_{2t}) \end{bmatrix}$是一个对称矩阵，实际只有三个方程，存在四个未知数，因此若不另外增加一个约束，就无法从上述过程中得到原始方程[式(4.13)和式(4.14)]中的参数和残差。而如何施加一个合理的约束就成为研究的重点。

4.2.1　约束条件

首先考虑两个变量间没有同期约束，即施加一个0约束，现在假设我们施加一个$\alpha_{21}=0$的约束，那么可以通过对式(4.23)求解得到α_{11}、σ_1和σ_2：

$$\begin{pmatrix} \sigma_1^2 & 0 \\ 0 & \sigma_2^2 \end{pmatrix}=\begin{pmatrix} 1 & -\alpha_{11} \\ 0 & 1 \end{pmatrix}\begin{bmatrix} Var(e_{1t}) & Cov(e_{1t}, e_{2t}) \\ Cov(e_{1t}, e_{2t}) & Var(e_{2t}) \end{bmatrix}\begin{pmatrix} 1 & 0 \\ -\alpha_{11} & 1 \end{pmatrix} \tag{4.24}$$

即

$$\begin{pmatrix} \sigma_1^2 & 0 \\ 0 & \sigma_2^2 \end{pmatrix}=\begin{bmatrix} Var(e_{1t})-2\alpha_{11}Cov(e_{1t}, e_{2t})+\alpha_{11}^2Var(e_{2t}) & Cov(e_{1t}, e_{2t})-\alpha_{11}Var(e_{2t}) \\ Cov(e_{1t}, e_{2t})-\alpha_{11}Var(e_{2t}) & Var(e_{2t}) \end{bmatrix} \tag{4.25}$$

解得

$$\alpha_{11}=\frac{Cov(e_{1t}, e_{2t})}{Var(e_{2t})} \tag{4.26}$$

即 α_{11}是 e_{1t}对 e_{2t}的回归系数。将 $\alpha_{21}=0$ 代入结构方程组可得

$$\begin{cases} y_{1t}=c_1+\alpha_{11}y_{2t}+\alpha_{12}y_{1,t-1}+\alpha_{13}y_{2,t-1}+\mu_{1t} \\ y_{2t}=c_2+\alpha_{22}y_{1,t-1}+\alpha_{23}y_{2,t-1}+\mu_{2t} \end{cases} \tag{4.27}$$

说明 y_{1t}与 y_{2t}没有同期影响。将 $\alpha_{21}=0$ 代入式(4.19)，可以清楚看出

$$\begin{pmatrix} \mu_{1t} \\ \mu_{2t} \end{pmatrix}=\begin{pmatrix} 1 & -\alpha_{11} \\ 0 & 1 \end{pmatrix}\begin{pmatrix} e_{1t} \\ e_{2t} \end{pmatrix} \tag{4.28}$$

展开得

$$\begin{cases} \mu_{1t}=e_{1t}-\alpha_{11}e_{2t} \\ \mu_{2t}=e_{2t} \end{cases} \tag{4.29}$$

从式(4.29)中可以看出，y_{2t}在结构方程组中的误差项 μ_{2t}即诱导方程组中的 e_{2t}；y_{1t}在结构方程组中的误差项 μ_{1t}是诱导方程组中误差项 e_{1t}和 e_{2t}建立回归关系后得到的。

4.2.2 企业债券违约率的 VAR 预测模型

根据前文构建的六个宏观系统性因子(行业周期因子、宏观指数因子、收益率曲线风险因子、信用风险因子、资产收益率因子、市场波动率因子)，构建企业债券违约率的 VAR 预测模型。接下来阐述本书中涉及的六个宏观系统性因子变量的 *VAR*(1)框架，为方便表达，记：

$$A=\begin{pmatrix} \sigma_1^2 & 0 & 0 & 0 & 0 & 0 \\ 0 & \sigma_2^2 & 0 & 0 & 0 & 0 \\ 0 & 0 & \sigma_3^2 & 0 & 0 & 0 \\ 0 & 0 & 0 & \sigma_4^2 & 0 & 0 \\ 0 & 0 & 0 & 0 & \sigma_5^2 & 0 \\ 0 & 0 & 0 & 0 & 0 & \sigma_6^2 \end{pmatrix} \tag{4.30}$$

$$B=\begin{pmatrix} 1 & -\alpha_{11} & -\alpha_{12} & -\alpha_{13} & -\alpha_{14} & -\alpha_{15} \\ -\alpha_{21} & 1 & -\alpha_{22} & -\alpha_{23} & -\alpha_{24} & -\alpha_{25} \\ -\alpha_{31} & -\alpha_{32} & 1 & -\alpha_{33} & -\alpha_{34} & -\alpha_{35} \\ -\alpha_{41} & -\alpha_{42} & -\alpha_{43} & 1 & -\alpha_{44} & -\alpha_{45} \\ -\alpha_{51} & -\alpha_{52} & -\alpha_{53} & -\alpha_{54} & 1 & -\alpha_{55} \\ -\alpha_{61} & -\alpha_{62} & -\alpha_{63} & -\alpha_{64} & -\alpha_{65} & 1 \end{pmatrix} \tag{4.31}$$

$$C=\begin{pmatrix} Var(e_{1t}) & Cov(e_{1t},\ e_{2t}) & Cov(e_{1t},\ e_{3t}) & Cov(e_{1t},\ e_{4t}) & Cov(e_{1t},\ e_{5t}) & Cov(e_{1t},\ e_{6t}) \\ Cov(e_{1t},\ e_{2t}) & Var(e_{2t}) & Cov(e_{2t},\ e_{3t}) & Cov(e_{2t},\ e_{4t}) & Cov(e_{2t},\ e_{5t}) & Cov(e_{2t},\ e_{6t}) \\ Cov(e_{1t},\ e_{3t}) & Cov(e_{2t},\ e_{3t}) & Var(e_{3t}) & Cov(e_{3t},\ e_{4t}) & Cov(e_{3t},\ e_{5t}) & Cov(e_{3t},\ e_{6t}) \\ Cov(e_{1t},\ e_{4t}) & Cov(e_{2t},\ e_{4t}) & Cov(e_{3t},\ e_{4t}) & Var(e_{4t}) & Cov(e_{4t},\ e_{5t}) & Cov(e_{4t},\ e_{6t}) \\ Cov(e_{1t},\ e_{5t}) & Cov(e_{2t},\ e_{5t}) & Cov(e_{3t},\ e_{5t}) & Cov(e_{4t},\ e_{5t}) & Var(e_{5t}) & Cov(e_{5t},\ e_{6t}) \\ Cov(e_{1t},\ e_{6t}) & Cov(e_{2t},\ e_{6t}) & Cov(e_{3t},\ e_{6t}) & Cov(e_{4t},\ e_{6t}) & Cov(e_{5t},\ e_{6t}) & Var(e_{6t}) \end{pmatrix} \tag{4.32}$$

根据式(4.24)可得

$$A=BCB^T \tag{4.33}$$

从式(4.30)至式(4.32)，我们知道存在矩阵 A 中的未知变量 σ_1^2、σ_2^2、σ_3^2、σ_4^2、σ_5^2、σ_6^2 和矩阵 B 中的未知变量 α_{11}、α_{12}、α_{13}、α_{14}、α_{15}、α_{21}、α_{22}、α_{23}、α_{24}、α_{25}、α_{31}、α_{32}、α_{33}、α_{34}、α_{35}、α_{41}、α_{42}、α_{43}、α_{44}、α_{45}、α_{51}、α_{52}、α_{53}、α_{54}、α_{55}、α_{61}、α_{62}、α_{63}、α_{64}、α_{65}，共 36 个未知变量，但只有对称矩阵 C 中的 21 个约束：$Var(e_{1t})$、$Var(e_{2t})$、$Var(e_{3t})$、$Var(e_{4t})$、$Var(e_{5t})$、$Var(e_{6t})$、$Cov(e_{1t},\ e_{2t})$、$Cov(e_{1t},\ e_{3t})$、$Cov(e_{2t},\ e_{3t})$、$Cov(e_{1t},\ e_{4t})$、$Cov(e_{2t},\ e_{4t})$、$Cov(e_{3t},\ e_{4t})$、$Cov(e_{1t},\ e_{5t})$、$Cov(e_{2t},\ e_{5t})$、$Cov(e_{3t},\ e_{5t})$、$Cov(e_{4t},\ e_{5t})$、$Cov(e_{1t},\ e_{6t})$、$Cov(e_{2t},\ e_{6t})$、$Cov(e_{3t},\ e_{6t})$、$Cov(e_{4t},\ e_{6t})$、$Cov(e_{5t},\ e_{6t})$，根据矩阵之间的一一对应关系，我们需要额外添加 15 个约束[$\frac{n(n-1)}{2}$，其中 n 为变量数]。

根据两个变量施加约束的情形，我们假设宏观指数因子、收益率曲线风险因子、信用风险因子、资产收益率因子、市场波动率因子对行业周期因子不施加同期影响，收益率曲线风险因子、信用风险因子、资产收益率因子、市场波动率因子对宏观指数因子没有同期影响，信用风险因子、资产收益率因子、市场波动率因子对收益率曲线风险因子没有同期影响，资产收益率因子、市场波动率因子对信用风险因子没有同期影响，市场波动率因子对资产收益率因子没有同期影响，那么我们施加约束 $\alpha_{21}=\cdots=\alpha_{61}=\alpha_{32}=\cdots=\alpha_{62}=\alpha_{43}=\cdots=\alpha_{63}=\alpha_{54}=\alpha_{64}=\alpha_{65}=0$，即将矩阵 B 下三角元素值设为 0，那么通过建立变量之间相等的关系式，可以得到矩阵 B 下三角元素的值，其中 α_{11} 是 e_{1t} 对 e_{2t} 的回归系数，α_{12} 是 e_{1t} 对 e_{3t} 的回归系数（α_{ij} 是 e_{it} 对 $e_{j+1,t}$ 的回归系数）。将施加的约束代入式（4.19）可以得到六个宏观系统性因子变量的特异性波动情况：

$$\begin{cases}\mu_{1t}=e_{1t}-\alpha_{11}e_{2t}-\alpha_{12}e_{3t}-\alpha_{13}e_{4t}-\alpha_{14}e_{5t}-\alpha_{15}e_{6t}\\ \mu_{2t}=e_{2t}-\alpha_{22}e_{3t}-\alpha_{23}e_{4t}-\alpha_{24}e_{5t}-\alpha_{25}e_{6t}\\ \mu_{3t}=e_{3t}-\alpha_{33}e_{4t}-\alpha_{34}e_{5t}-\alpha_{35}e_{6t}\\ \mu_{4t}=e_{4t}-\alpha_{44}e_{5t}-\alpha_{45}e_{6t}\\ \mu_{5t}=e_{5t}+\alpha_{55}e_{6t}\\ \mu_{6t}=e_{6t}\end{cases}\tag{4.34}$$

同理，市场波动率因子 y_{6t} 在诱导方程组中的特异性冲击 e_{6t} 即结构性方程组中的 μ_{6t}、资产收益率因子 y_{5t} 在结构方程组中的特异性冲击 μ_{5t} 反映了诱导方程组中资产收益率因子特异性误差 e_{5t} 和市场波动率因子特异性误差 e_{6t} 的回归关系；信用风险因子 y_{4t} 在结构方程组中的特异性冲击 μ_{4t} 反映了诱导方程组中信用风险因子特异性误差 e_{4t}、资产收益率因子特异性误差 e_{5t} 和市场波动率因子特异性误差 e_{6t} 之间的回归关系；收益率曲线风险因子 y_{3t} 在结构方程组中的特异性冲击 μ_{3t} 实际上是诱导方程组中收益率曲线风险因子特异性误差 e_{3t}、信用风险因子特异性误差 e_{4t}、资产收益率因子特异性误差 e_{5t} 和市场波动率因子特异性误差 e_{6t} 之间的回归关系；宏观指数因子 y_{2t} 在结构方程组中的特异性冲击 μ_{2t} 实际上是诱导方程组中宏观指数因子特异性误差 e_{2t}、收益率曲线风险因子特异性误差 e_{3t}、信用风险因子特异性误差 e_{4t}、资产收益率因子特异性误差 e_{5t} 和市场波动率因子特异性误差 e_{6t} 之间的回归关系；行业周期因子 y_{1t} 在结构方程组中的特异性冲击 μ_{1t} 是通过建立诱导方程组中行业周期因子特异性误差 e_{1t}、宏观指数因子特异性误差 e_{2t}、收益率曲线风险因子特异性误差 e_{3t}、信用风险因子特异性误差 e_{4t}、资产收益率因子特异性误差 e_{5t} 和市场波动率因子

特异性误差 e_{6t}之间的回归关系获取的。

同理，我们可以根据两个变量的思路，得到以下结构性方程组。为了简便书写，将模型 $VAR(1)$ 中的六个宏观系统性因子变量的滞后项记为 $y_{kt,t-1}=\beta_{k1}y_{1,t-1}+\beta_{k2}y_{2,t-1}+\beta_{k3}y_{3,t-1}+\beta_{k4}y_{4,t-1}+\beta_{k5}y_{5,t-1}+\beta_{k6}y_{6,t-1}$，其中 k 表示第 k 个变量（$k=1$，2，…，6）：

$$\begin{cases} y_{1t}=c_1+\alpha_{11}y_{2t}+\alpha_{12}y_{3t}+\alpha_{13}y_{4t}+\alpha_{14}y_{5t}+\alpha_{15}y_{6t}+y_{1t,t-1}+\mu_{1t} \\ y_{2t}=c_2+\alpha_{22}y_{3t}+\alpha_{23}y_{4t}+\alpha_{24}y_{5t}+\alpha_{25}y_{6t}+y_{2t,t-1}+\mu_{2t} \\ y_{3t}=c_3+\alpha_{33}y_{4t}+\alpha_{34}y_{5t}+\alpha_{35}y_{6t}+y_{3t,t-1}+\mu_{3t} \\ y_{4t}=c_4+\alpha_{44}y_{5t}+\alpha_{45}y_{6t}+y_{4t,t-1}+\mu_{4t} \\ y_{5t}=c_5+\alpha_{55}y_{6t}+\beta_{51}y_{1,t-1}+y_{5t,t-1}+\mu_{5t} \\ y_{6t}=c_6+y_{6t,t-1}+\mu_{6t} \end{cases} \tag{4.35}$$

从式(4.35)中可以看出，变量行业周期因子 y_{1t}、宏观指数因子 y_{2t}、收益率曲线风险因子 y_{3t}、信用风险因子 y_{4t}、资产收益率因子 y_{5t}对变量市场波动率因子 y_{6t}没有同期影响；变量行业周期因子 y_{1t}、宏观指数因子 y_{2t}、收益率曲线风险因子 y_{3t}、信用风险因子 y_{4t}对变量资产收益率因子 y_{5t}没有同期影响；变量行业周期因子 y_{1t}、宏观指数因子 y_{2t}、收益率曲线风险因子 y_{3t}对变量信用风险因子 y_{4t}没有同期影响；变量行业周期因子 y_{1t}、宏观指数因子 y_{2t}对变量收益率曲线风险因子 y_{3t}没有同期影响；变量行业周期因子 y_{1t}对变量宏观指数因子 y_{2t}没有同期影响。即变量市场波动率因子 y_{6t}的变化会引起变量行业周期因子 y_{1t}、宏观指数因子 y_{2t}、收益率曲线风险因子 y_{3t}、信用风险因子 y_{4t}、资产收益率因子 y_{5t}的改变；资产收益率因子 y_{5t}的变化会引起行业周期因子 y_{1t}、宏观指数因子 y_{2t}、收益率曲线风险因子 y_{3t}、信用风险因子 y_{4t}的改变；信用风险因子 y_{4t}的变化会引起行业周期因子 y_{1t}、宏观指数因子 y_{2t}、收益率曲线风险因子 y_{3t}改变；收益率曲线风险因子 y_{3t}发生变化时，行业周期因子 y_{1t}、宏观指数因子 y_{2t}也会发生变化；宏观指数因子 y_{2t}仅能引起行业周期因子 y_{1t}的改变，且只要这种关系符合实际情况，那么这种识别就是合理的。

我们考虑的是对诱导方程组中变量间同期影响系数矩阵中的下三角元素施加 0 约束，以式(4.30)为例，若我们不约束 α_{21}，而是假定 $\alpha_{12}=0$，那么矩阵 A 将变为下式：

$$A_1=\begin{pmatrix} 1 & -\alpha_{11} & 0 & -\alpha_{13} & -\alpha_{14} & -\alpha_{15} \\ -\alpha_{21} & 1 & -\alpha_{22} & -\alpha_{23} & -\alpha_{24} & -\alpha_{25} \\ 0 & 0 & 1 & -\alpha_{33} & -\alpha_{34} & -\alpha_{35} \\ 0 & 0 & 0 & 1 & -\alpha_{44} & -\alpha_{45} \\ 0 & 0 & 0 & 0 & 1 & -\alpha_{55} \\ 0 & 0 & 0 & 0 & 0 & 1 \end{pmatrix} \tag{4.36}$$

这同样可以得出系数值、特异性冲击的关系以及变量之间的回归关系。同理，不施加 0 约束，例如，假设 $\alpha_{12}=1$ 也可以得到以上的关系，那么如何合理地选择约束，需要进一步进行研究。

在这里，我们首先对 Cholesky 分解进行简单说明，对于一个对称正定矩阵 A，可以分解为以下形式：

$$A=LL^* \tag{4.37}$$

式中，L 是具有实对角元和正对角元的下三角矩阵，L^* 是 L 的共轭转置矩阵，因此每个对称正定矩阵具有唯一的 Cholesky 分解。若矩阵是 A 一个半正定矩阵，那么 A 仍然可以进行 Cholesky 分解，但 L 中的对角元可以为 0，因此 Cholesky 分解不具有唯一性，但如果矩阵 A 的秩为 r，存在唯一的下三角矩阵 L，其正对角线元素为 r，剩余的 $n-r$ 列元素均为 0。或者，找到一个对角阵以确保分解的唯一性，通常，若 A 是 $n\times n$ 的一个秩为 r 的半正定矩阵，那么至少存在一个矩阵 P，可以使 $PAP^T=LL^*$ 成立，$L=\begin{bmatrix} L_1 & 0 \\ L_2 & 0 \end{bmatrix}$，其中 L_1 是具有正对角线的 $r\times r$ 的下三角矩阵。LDL 分解形式如下：

$$A=LDL^* \tag{4.38}$$

式中，L 是主对角线元素为 1 的下三角矩阵，矩阵 D 是一个对角线元素为正的对角矩阵，LDL 分解的优点是可以避免平方根的提取。

$$A=LDL^*=LD^{\frac{1}{2}}D^{\frac{1}{2}}L^*=LD^{\frac{1}{2}}(LD^{\frac{1}{2}})^* \tag{4.39}$$

令 $P=LD^{\frac{1}{2}}$，则：

$$A=PP^* \tag{4.40}$$

仔细观察式(4.30)至式(4.33)，不难发现在对式(4.31)中的矩阵 B 施加下三角元素为 0 的约束后，式(4.33)就是对矩阵 A 的 Cholesky 分解。前文提到过，约束不仅仅是假设为 0 的短期约束，具体添加的约束需要考虑研究的问题符合什么经济理论，考虑到前文为降低数据的冗余性，在宏观系统性因子估计时添加的强约束条件，本章假设宏观系统性因子间没有同期影响，即设置约束为短期约束(0 约束)。

4.2.3 企业债券违约率方差分解

方差分解是对预测误差的方差进行分解，可以分析某一变量的波动有多少是来自其自身的冲击，有多少是来自其他变量的冲击，即分析每个宏观系统性因子对债券违约率的影响程度。那么首先需要定义预测误差，考虑一阶 VAR 模型的诱导公式为

$$x_t = A_0 + A_1 x_{t-1} + e_t \tag{4.41}$$

假设参数 A_0、A_1 已知，且 x_t 为观测值，对未来 $t+j$ 期进行预测，那么，将式(4.41)向后修正一期得

$$E_t x_{t+1} = A_0 + A_1 x_t \tag{4.42}$$

预测误差为 $x_{t+1} - E_t x_{t+1} = e_{t+1}$。类似地：

$$\begin{aligned} x_{t+2} &= A_0 + A_1 x_{t+1} + e_{t+2} \\ &= A_0 + A_1 (A_0 + A_1 x_t + e_{t+1}) + e_{t+2} \\ &= A_0 + A_1 A_0 + A_1^2 x_t + A_1 e_{t+1} + e_{t+2} \end{aligned} \tag{4.43}$$

向后修正两期可得

$$E_t x_{t+2} = A_0 + A_0 A_1 + A_1^2 x_t \tag{4.44}$$

那么两部预测的误差为

$$x_{t+1} - E_t x_{t+1} = A_1 e_{t+1} + e_{t+2}$$

则，提前 n 步的预测值为

$$E_t x_{t+n} = A_0 + A_0 A_1 + \cdots + A_0 A_1^{n-1} + A_1^n x_t \tag{4.45}$$

对应的预测误差为

$$e_{t+n} + A_1 e_{t+n-1} + \cdots + A_1^{n-1} e_{t-1} \tag{4.46}$$

由于结构误差是正交的，因此用结构误差项 $\varepsilon_t = P e_t$ 来表达 n 步预测误差：

$$x_{t+n} - E_t x_{t+n} = P' \varepsilon_{t+n} + A_1 P' \varepsilon_{t+n-1} + \cdots + A_1^n P' \varepsilon_{t+1} \tag{4.47}$$

则 n 步预测误差的方差为

$$Var(x_{t+n}-E_t x_{t+n})=P'Var(\varepsilon)P+A_1P'Var(\varepsilon)PA_1+\cdots+A_1^nP'Var(\varepsilon)PA_1^n \tag{4.48}$$

矩阵 $Var(x_{t+n}-E_t x_{t+n})$ 的对角线元素为 VAR 模型的方差。为了更直观了解，令 $P=\begin{pmatrix} p_{11} & p_{12} \\ p_{21} & p_{22} \end{pmatrix}$，$\varepsilon=\begin{pmatrix} \varepsilon_1 \\ \varepsilon_2 \end{pmatrix}$，那么式（4.48）的第一项为 $P'Var(\varepsilon)P=\begin{pmatrix} p_{11} & p_{21} \\ p_{12} & p_{22} \end{pmatrix}\begin{pmatrix} \varepsilon_1^2 & 0 \\ 0 & \varepsilon_2^2 \end{pmatrix}\begin{pmatrix} p_{11} & p_{12} \\ p_{21} & p_{22} \end{pmatrix}$，其对角线元素为 $p_{11}^2\varepsilon_1^2+p_{21}^2\varepsilon_2^2$、$p_{12}^2\varepsilon_1^2+p_{22}^2\varepsilon_2^2$；同理，其每一项的对角线元素都是 ε_1^2 和 ε_2^2 的组合，最终 $Var(x_{t+n}-E_t x_{t+n})$ 的对角线元素也是 ε_1^2 和 ε_2^2 的组合，即 x_t 的前 n 步预测误差的方差。

同理，对于本书中的六个宏观系统性因子，其前 n 步预测误差的方差由 ε_1^2、ε_2^2、ε_3^2、ε_4^2、ε_5^2 和 ε_6^2 组合而成，并且每一部分都代表该因子结构冲击在预测误差方差中所占的比重，在实际问题分析中，具有较强的经济意义。因此在实际 VAR 模型中，本书通过方差分解可以了解每个宏观系统性因子的冲击对企业债券违约率变化的贡献度，可以更好地解释宏观系统性因子对企业债券违约率的影响，提高模型的可解释性。

4.3 基于机器学习的债券违约预测模型

随着时间的推移，用来做企业债券违约预测的宏观系统性因子数据越来越庞大，此时的 VAR 模型可能会力不从心，而可以处理海量数据的机器学习模型被广泛应用于各个场景（网站用户点击预测、股票成交额、收益率预测、语音识别等），因此本书考虑引入机器学习模型进行企业债券违约预测，以提高模型的预测能力。机器学习大致可以分为四类：监督学习、无监督学习、半监督学习和强化学习。

（1）监督学习

监督学习的数据包含特征和目标值两部分，主要学习特征值和目标值之间的映射，常用于回归和分类预测的场景。监督学习一般需要对数据进行人工贴标签，工作量比较庞大，如何给大量数据贴标签是监督学习面临的一道难题。但对于本书中的债券违约率预测，其目标标签较为简单（目标值为企业债券违约率，通过对每个行业违约企业数和行业企业总数进行数据运算可以得出），因此考虑采用监督学习的方法进行预测。

监督学习的目的是在特征空间（Feature）X 映射到目标空间（Target）Y 的关系 $Y=\{F: X \to Y\}$ 中找到对应于分布 D 最优的模型 F^*，其中分布 D 表明 X 与 Y 的关系，F^* 是最能体现这种关系的模型。一般用损失函数来定义模型的优劣：

$$F^* = \min \varepsilon(F: D) \tag{4.49}$$

式中，$\varepsilon(F: D)$ 是模型 F 在分布 D 上的误差。

$$\varepsilon(F: D) = E(x, p-1)\{L[y, F(x)]\} \tag{4.50}$$

在机器学习过程中，通过数据集估计分布 D，$D=\{(x_i, y_i)\}_{i=1}^{length(D)}$ 包含 $length(D)$ 个 D 上的独立采样点，每个特征 $x_i \in X$ 都对应一个目标 $y_i \in Y$。监督学习在训练集（training set）上对模型进行拟合，目标函数为

$$\varepsilon(F: D^{train}) = \frac{1}{N}\sum_{i=1}^{N} L[y_i; F(x_i)] \tag{4.51}$$

然后在测试集（D^{test}）上评估模型拟合结果的泛化能力。

（2）无监督学习

相较于监督学习，无监督学习的数据仅包含特征值，不包含带有标签的数据，因此不再适用于回归和预测场景，较适用于聚类的场景。

（3）半监督学习

半监督学习是对部分数据打标签的算法，主要是调和监督学习庞大的工作量及无监督学习在分类和回归场景中应用不足的问题。

（4）强化学习

强化学习是一种不断与外界进行交互，获取信息后调整自身的一种算法，其难度较大，现常用于无人驾驶等领域。

本节结合企业债券违约率预测问题，介绍时间序列预测常用的循环神经网络模型，并选择合适的预测模型，进行合理的优化。

4.3.1 循环神经网络

在传统神经网络中，同一层的节点是无法连接的，当需要用到序列前一时刻的信息时，传统神经网络无法完成工作。循环神经网络的提出弥补了传统神经网络的不足。循环神经网络是 Rumelhart 等（1986）提出的，引入了定向

循环，可以处理输入之间前后连接的问题，能够从序列和时序数据中学习特征和长期依赖关系，具有记忆功能。

RNN 的隐藏层是循环的，这意味着 RNN 不仅接受新的时序信息，还接受上一时刻的输出信息。RNN 在处理时间序列时，按照顺序依次处理每个基本特征点。通常称 RNN 处理基本特征点的顺序单位为时步(time step)。RNN 用固定长度的状态向量(state vector) $s \in \mathbb{R}^{N_s}$ 对序列中的有效信息进行编码，在每一个时间步上，RNN 接受序列中当前时间步的基本特征点 $x_t \in \mathbb{R}^{N_x}$ 和上一时刻的状态向量 s_{t-1}，得到当前时刻的输出 $y_t \in \mathbb{R}^{N_y}$ 以及当前时刻的新的状态向量 s_t，其中，N_x、N_y 和 N_s 分别表示输入、输出和状态空间的维度：

$$(y_t, s_t) = R(x_t, s_{t-1}) \tag{4.52}$$

通常在每个时间步上，首先会产生一个状态向量：

$$s_t = T(x_t, s_{t-1}) \tag{4.53}$$

然后利用状态向量 s_t 计算出 t 时刻的输出：

$$y_t = O(s_t) \tag{4.54}$$

式(4.53)和式(4.54)构成了最基本的 RNN 模型，其中，$T(\cdot)$ 表示基本 RNN 的状态转移函数(state transition function)，$O(\cdot)$ 表示基本 RNN 的输出函数(output function)。当然，输出函数也可以直接用到基本特征点 x_t 的信息：

$$y_t = O(s_t, x_t) \tag{4.55}$$

若令 $\tilde{s}_t = \tilde{T}(x_t, s_{t-1}) = \begin{bmatrix} x_t \\ T(x_t, s_{t-1}) \end{bmatrix}$，则有 $y_t = O(\tilde{s}_t) = O(x_t, s_t)$。因此仍可归为基本 RNN 模型，并且与基本 RNN 模型能力相同。简单基本 RNN 模型的状态转移函数和输出函数都可以表现为感知算子形式：

$$s_t = \mathbb{Q}_T(x_t, s_{t-1}; \phi_T) \tag{4.56}$$

$$y_t = \mathbb{Q}_O(s_t; \phi_O) \tag{4.57}$$

由式(4.56)和式(4.57)构成的 RNN 模型称为 SRN(Simple Recurrent Network)，称感知算子 $\mathbb{Q}_T$ 和 $\mathbb{Q}_O$ 为循环感知算子。

RNN 模型中状态转移函数和输出函数的激活函数常用的是挤压函数(squashing function)，包括 sigmoid 函数、tanh 函数和 Relu 函数。

（1）sigmoid 函数

$\sigma(x)=\frac{1}{1+e^{-x}}$，sigmoid 函数可以将输入变为 0 和 1 之间的输出，但在 RNN 模型中存在反向传播过程，若 RNN 模型存在大量的隐藏层，每层梯度值会减小至上一层的 0.25 倍，因此梯度在多层之后会非常接近 0，出现梯度消失的现象；同时，sigmoid 函数的输出是非 0 均值（zero-centered）的，容易出现收敛缓慢的问题；而且 sigmoid 函数中存在幂计算，对于庞大的 RNN 模型，其对计算机的计算能力要求较高，训练时间会大量增加。

（2）tanh 函数

$\tanh(x)=\frac{e^{x}-e^{-x}}{e^{x}+e^{-x}}$，相较于 sigmoid 函数，tanh 函数可以得到 0 均值的输出，提高了模型的收敛速度，但仍然存在梯度消失和训练时间过长的问题。

（3）Relu 函数

$Relu=\max(0, x)$，相较于 sigmoid 函数和 tanh 函数，Relu 函数收敛速度快，由于只需要判断输入是否大于 0，其计算速度也远快于 sigmoid 函数和 tanh 函数，同时，在输入变量 $x>0$ 时，解决了梯度消失的问题；但 Relu 函数也存在缺点，其输出也是非 0 均值的，若参数初始化存在问题或者学习率（learning rate）过大，会导致某些神经元不被激活，自然相应的参数也不会更新。

图 4-1 是 RNN 模型对事件序列 $[x_1, x_2, \cdots, x_N]$ 的处理过程展开图。可以看出，RNN 单元从序列中提取的有效信息 s_t 通过状态转移方程 T 根据时间顺序前馈，通过输出函数得到每个时间步的输出值 y_t，根据损失函数 L 计算模型的预测误差 ε_t。循环神经网络在空间结构上的层数较浅（如 SRN 中在仅包含一个隐藏层 $\mathbb{Q}_T$），RNN 在时间结构上可以很深，主要由实际序列的长度 N 决定。

若 RNN 模型网络节点参数向量为 θ，需要从其初始值 θ_0 出发，用数值优化的方法逐步逼近其最优值 θ^*，这个过程可以分为两个步骤：梯度计算和参数更新。

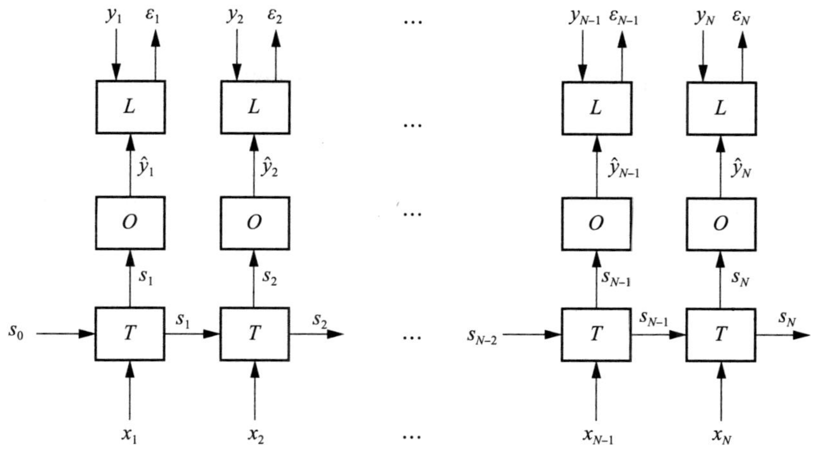

图 4-1 RNN 模型展开图

(1)梯度计算

梯度计算通常使用反向传播算法(back propagation)，允许代价函数(预测误差)的信息反向流动。记神经网络节点为$\{f_{\theta^1}^1, f_{\theta^2}^2, \cdots, f_{\theta^N}^N\}$，计算每个节点的误差 ε 相对于参数的梯度，需要计算其相对于网络每个节点的梯度$\nabla_{\theta^i}\varepsilon^T$：

$$\nabla_{\theta^i}\varepsilon^T = \frac{\partial\varepsilon}{\partial\theta^i} = \frac{\partial\varepsilon}{\partial f_{\theta^i}^i}\cdot\frac{\partial f_{\theta^i}^i}{\partial\theta^i},\ i=1,\ 2,\ \cdots,\ N \tag{4.58}$$

要计算$\nabla_{\theta^i}\varepsilon^T$，需要分别计算$\frac{\partial\varepsilon}{\partial f_{\theta^i}^i}$和$\frac{\partial f_{\theta^i}^i}{\partial\theta^i}$，假设节点$f_{\theta^i}^i$的后继节点为$\{f^{i,1}, f^{i,2}, \cdots, f^{N_i}\}$，则：

$$\frac{\partial\varepsilon}{\partial f_{\theta^i}^i} = \sum_{j=1}^{N_i}\frac{\partial\varepsilon}{\partial f^{i,j}}\frac{\partial f^{i,j}}{\partial f_{\theta^i}^i} \tag{4.59}$$

由于$f_{\theta^i}^i$的输出是其后继节点的输入，$\frac{\partial f^{i,j}}{\partial f_{\theta^i}^i}$就是节点$f^{i,j}$的 Jacobian 矩阵(一阶偏导数以一定形式排列的矩阵)。

(2)参数更新

神经网络常用的参数更新算法是沿时反向传播(Back-Propagation Through Time，BPTT)算法，通过对 RNN 模型展开式的梯度计算，优化模型网络的参数。

在输入的时间序列中，每个基本特征点都对应着一个目标值，因此每个时间步都会产生预测误差，图 4-2 展示了 RNN 模型训练误差信息的传播，RNN 模型在每个时间步的预测误差均会在空间和时间维度反向传播。

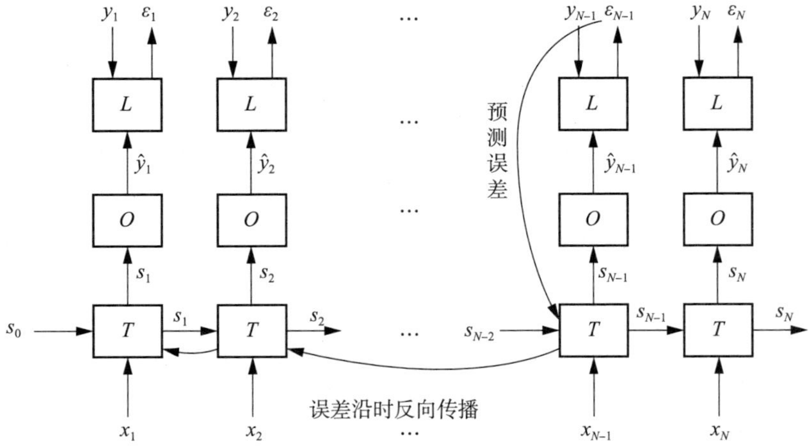

图 4-2　RNN 模型训练误差信息传播

$$\nabla_{\theta}\varepsilon^{T} = \sum_{i=1}^{N} \frac{\partial \varepsilon_i}{\partial \theta} \tag{4.60}$$

式中，θ 是 RNN 模型的参数集合向量，ε_i 是 i 时刻 RNN 模型的训练误差。$\frac{\partial \varepsilon_i}{\partial \theta} = \sum_{t \leqslant i} \frac{\partial \varepsilon_i}{\partial \theta^t}$，$\theta^t$ 是时步 t 的模型参数。

RNN 模型的有效信息沿着状态转移函数前馈，其误差信息沿着状态转移函数反向传播，RNN 关键是通过状态转移函数节点 T 传递信息的，式(4.53)中状态转移函数关于 s_{t-1} 的 Jacobian 矩阵为$\frac{\partial s_t}{\partial s_{t-1}}$，若计算 i 时刻误差信息沿时间反向传播至 t 时刻，则记其相应的误差信息为 $\varepsilon_{i \to t}$：

$$\varepsilon_{i \to t} = \frac{\partial \varepsilon_i}{\partial s_i} \frac{\partial s_i}{\partial s_t} \tag{4.61}$$

式中，$\frac{\partial s_i}{\partial s_t} = \prod_{t \leqslant j \leqslant i} \frac{\partial s_j}{\partial s_{j-1}}$，由此可以看出，状态转移 Jacobian 矩阵决定了误差信息能否有效传递到较长的时间之前。

RNN 模型理论上支持任意长度的时间序列，但在债券违约预测的实际应用中会出现两个问题：一是在优化过程中，随着循环次数的增加会出现梯度消失或者梯度爆炸的情况；二是循环神经网络的长期依赖问题，即使假设模型参数是稳定的，且不存在梯度消失或梯度爆炸的情况，由于需要许多 Jacobian 相乘，为模型识别远距离的特征带来了挑战，因此 RNN 模型无法有效地处理本书的债券违约影响因子数据。

4.3.2 长短期记忆网络

当 RNN 序列过长，预测时间间隔过大时，会出现梯度消失或者梯度爆炸的问题，丧失对远距离特征点的信息学习能力，所以基本的 RNN 模型很难处理时间维度高的金融时间序列。Hochreiter 和 Schmidhuber（1997）改进了 RNN 模型，构建了长短期记忆网络（Long Short-Term Memory，LSTM）模型，通过自循环，可以产生梯度长时间持续流动的路径，解决 RNN 模型的梯度消失或者梯度爆炸的问题，通过门控单元有选择性地选择序列信息，解决 RNN 模型的长期依赖问题。LSTM 的优势在于，其对序列信息接收的权重是动态改变而不是固定的。

4.3.2.1 LSTM 模型

LSTM 模型主要由三个门控单元（遗忘门、输入门、输出门）和一个状态细胞构成，LSTM 模块见图 4-3。接下来将叙述 LSTM 模型的主要步骤。

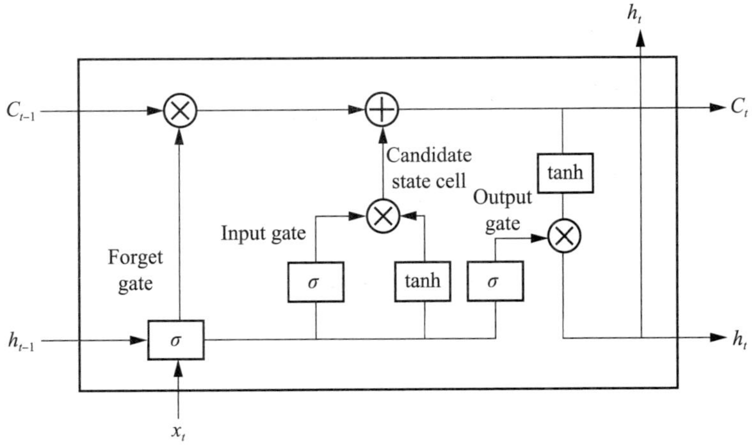

图 4-3 LSTM 模型

注：图中→表示信息输入，←表示信息输出，$\boxed{\sigma}$表示 sigmoid 神经网络层，$\boxed{\text{tanh}}$表示 tanh 神经网络层，⊗和⊕分别表示乘法和加法操作。

（1）遗忘门

图 4-3 展示的是 LSTM 模型的几个门控单元，左侧是遗忘门（Forget gate），也是 LSTM 模型的第一步，遗忘门是根据上一时刻的状态 h_{t-1} 和当前时刻的特征信息 x_t，通过 sigmoid 输出 0 到 1 之间的值，作为遗忘或保留上一时刻状态细胞 C_{t-1} 的部分信息的依据，0 表示全部遗忘 C_{t-1}，1 表示全部保留 C_{t-1}，遗忘门在一定程度上可以避免梯度爆炸和梯度消失的问题。遗忘门公式表示如下：

$$f_t=\sigma(W_f[h_{t-1},\ x_t]+b_f) \tag{4.62}$$

（2）输入门

输入门与 RNN 模型的状态转移函数具有相同的功能，是用来接收上一时刻的状态 h_{t-1} 和当前时刻的特征信息 x_t，即输入门主要确定我们将要存储并更新的信息。从图 4-3 可以看出，输入门也是通过上一时刻的状态 h_{t-1} 和当前时刻的特征信息 x_t 输入 sigmoid 函数，得到的结果确定我们要更新哪些信息。输入门更新公式如下：

$$i_t=\sigma(W_i[h_{t-1},\ x_t]+b_i) \tag{4.63}$$

（3）状态细胞更新

接下来需要对状态细胞进行更新，通过 tanh 神经网络层，对上一时刻的状态 h_{t-1} 和当前时刻的特征信息 x_t 进行筛选，构建备选状态细胞 $\tilde{C}_t$，然后根据 $t-1$ 时刻状态细胞保留的信息和 t 时刻备选状态细胞输入的信息更新 t 时刻的状态细胞。状态细胞更新公式如下：

$$\tilde{C}_t=\tanh(W_C[h_{t-1},\ x_t]+b_C) \tag{4.64}$$

$$C_t=f_t\times C_{t-1}+\tilde{C}_t\times i_t \tag{4.65}$$

从式（4.65）可以看出，C_t 和 C_{t-1} 之间存在着线性关系，而不是 RNN 模型中的乘积关系，因此在反向梯度算法中不再存在连乘的关系，即某些细胞为 0 并不会引起全部细胞为 0，可以保证有很长的记忆性，不会产生梯度消失的问题，但相加的操作并不能保证梯度爆炸的问题不会产生，即存在细胞无限大时，全部细胞状态会变为无限大。

（4）输出门

输出门功能是确定 t 时刻输出的状态，输出主要包括两部分：第一部分通过 sigmoid 神经网络层得到输出的信息量信号 o_t；第二部分将更新后的状态细

胞 C_t 通过 tanh 神经网络层，然后将 $\tanh(C_t)$ 与输出信号 o_t 相乘，即可以得到 t 时刻的输出：

$$o_t=\sigma(W_o[h_{t-1},\ x_t]+b_o) \tag{4.66}$$

$$h_t=o_t\times\tanh(C_t) \tag{4.67}$$

式(4.62)至式(4.67)就构成了 t 时刻 LSTM 模型对信息的输入、更新和输出过程，其中 W_* 是各神经网络层的权重，b_* 是各神经网络层的偏置。

4.3.2.2 LSTM 反向传播算法

LSTM 模型反向传播算法与 RNN 模型的思想类似，通过梯度下降算法对参数进行更新，但 RNN 模型仅有一个隐含层状态（状态转移函数 s_t），LSTM 模型有两个隐藏层状态（h_t 和 C_t），需要定义两个反向传播函数：

$$\delta_h^t=\frac{\partial L}{\partial h_t} \tag{4.68}$$

$$\delta_C^t=\frac{\partial L}{\partial C_t} \tag{4.69}$$

式中，L 为损失函数，由于其在空间上也反方向传播，对于式(4.68)根据反向传播，我们可以得到：

$$\delta_h^t=\frac{\partial L}{\partial h^{t+1}}\frac{\partial h^{t+1}}{\partial h^t}=\delta_h^{t+1}\frac{\partial h^{t+1}}{\partial h^t} \tag{4.70}$$

由于 o_{t+1}、$\widetilde{C}_{t+1}$、i_{t+1}、f_{t+1} 均为关于 h_t 的函数，那么：

$$\delta_h^{t+1}\frac{\partial h^{t+1}}{\partial h^t}=\delta_h^{t+1}\left(\frac{\partial h^{t+1}}{\partial o^{t+1}}\frac{\partial o^{t+1}}{\partial h^t}+\frac{\partial h^{t+1}}{\partial \widetilde{C}^{t+1}}\frac{\partial \widetilde{C}^{t+1}}{\partial h^t}+\frac{\partial h^{t+1}}{\partial i^{t+1}}\frac{\partial i^{t+1}}{\partial h^t}+\frac{\partial h^{t+1}}{\partial f^{t+1}}\frac{\partial f^{t+1}}{\partial h^t}\right) \tag{4.71}$$

由导数的链式法则可以得到：

$$\begin{cases}\dfrac{\partial o^{t+1}}{\partial h^t}=o_{t+1}(I-o_{t+1})W_{oh}\\[2ex]\dfrac{\partial \widetilde{C}^{t+1}}{\partial h^t}=(I-\widetilde{C}^{t+1}\cdot\widetilde{C}^{t+1})W_{Ch}\\[2ex]\dfrac{\partial i^{t+1}}{\partial h^t}=i_{t+1}(I-i_{t+1})W_{ih}\\[2ex]\dfrac{\partial f^{t+1}}{\partial h^t}=f_{t+1}(I-f_{t+1})W_{fh}\end{cases}$$

式中，W_{*h}表示 o_{t+1}、$\widetilde{C}_{t+1}$、i_{t+1}、f_{t+1} 式子中 h_{t+1} 的权重。结合式(4.67)和式(4.65)，可以得到

$$\begin{cases}\dfrac{\partial h^{t+1}}{\partial o^{t+1}}=\tanh(C_{t+1})\\[2ex]\dfrac{\partial h^{t+1}}{\partial \widetilde{C}^{t+1}}=o_{t+1}(I-C_{t+1}\cdot C_{t+1})\,i_{t+1}\\[2ex]\dfrac{\partial h^{t+1}}{\partial i^{t+1}}=o_{t+1}(I-C_{t+1}\cdot C_{t+1})\,\widetilde{C}^{t+1}\\[2ex]\dfrac{\partial h^{t+1}}{\partial f^{t+1}}=o_{t+1}(I-C_{t+1}\cdot C_{t+1})\,C_{t+1}\end{cases}$$

至此可以看出根据 $t+1$ 时刻的 δ_h^{t+1} 能够得到 t 时刻的 δ_h^t。同理可以得到

$$\delta_C^t=\frac{\partial L}{\partial C^{t+1}}\frac{\partial C^{t+1}}{\partial C^t}=\delta_C^{t+1}\frac{\partial C^{t+1}}{\partial C^t}=\delta_C^{t+1}f_t \tag{4.72}$$

相较于 RNN 模型，LSTM 模型有了很大的改进，可以保证债券违约预测因子序列的长记忆性，并且理论上不会产生梯度消失的问题，但在本书的债券违约预测的实际应用中 LSTM 模型也存在一定的缺陷，LSTM 模型参数数量较多，每个门控循环单元和候选状态细胞更新均包含权重和偏置参数，而且每个 LSTM 模型单元里均包含四个全连接层，这样在预测过程中将会花费很大的计算机算力，运算消耗时间会很长，因此我们需要寻求更优的方法进行债券违约预测。

4.3.3 GRU 神经网络

门控循环神经网络(Gate Recurrent Unit)是循环神经网络的一种，和 LSTM 模型一样均是为了解决长期依赖和梯度消失、梯度爆炸问题而提出的。GRU 模型与 LSTM 模型的主要区别：GRU 模型仅有两个门控循环单元(更新门和重置门)，因此 GRU 模型的优势是其参数比 LSTM 模型少、结构简单，更容易训练，可以大大减少模型的运算时间。GRU 模型单元如图 4-4 所示。

GRU 模型主要包括以下三个步骤：

(1)与 LSTM 模型中的输入门相似，重置门 r_t 主要功能是通过查看上一时刻的状态 h_{t-1} 和当前时刻的特征信息 x_t 得到重置信号，根据重置信号决定保留

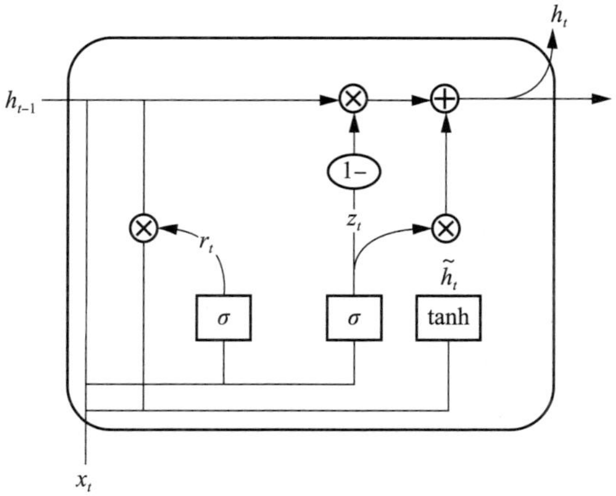

图 4-4　GRU 模型单元

多少上一时刻的信息。重置门公式如下：

$$r_t = \sigma(W_r \cdot [h_{t-1}, x_t]) \tag{4.73}$$

（2）通过更新门 z_t 对序列信息进行更新，其作用是将 LSTM 模型中的遗忘门与输出门结合，更新门主要将上一时刻的状态 h_{t-1} 和当前时刻的特征信息 x_t 通过一个 sigmoid 神经网络层得到 0 到 1 之间的更新信号，然后再通过更新信号决定对上一时刻信息部分保留或丢弃。

$$z_t = \sigma(W_z \cdot [h_{t-1}, x_t]) \tag{4.74}$$

（3）候选状态细胞更新。GRU 模型也需要对候选状态细胞进行更新，与 LSTM 模型相同，通过 tanh 神经网络层，对上一时刻的状态 h_{t-1} 和当前时刻的特征信息 x_t 进行筛选，构建备选状态细胞 $\tilde{C}_t$。然后根据更新信号 z_t 通过 $t-1$ 时刻状态细胞保留的信息和 t 时刻备选状态细胞输入的信息更新 t 时刻的状态细胞。状态细胞更新公式如下：

$$\tilde{h}_t = \tanh(W_{h_t} \cdot [r_t \cdot h_{t-1}, x_t]) \tag{4.75}$$

$$h_t = (1-z_t) \times h_{t-1} + z_t \times \tilde{h}_t \tag{4.76}$$

结合图 4-4 和上述公式可以看出，与 LSTM 模型相比，GRU 模型的门控单元结构简单且减少了偏置参数，这大大降低了模型的复杂度。

GRU 模型反向传播算法与 LSTM 模型的思想相同，通过梯度下降算法对参数进行更新，GRU 模型也存在两个隐藏层状态（h_t 和 $\tilde{h}_t$），同理需要定义两个反向传播函数，若 L 为损失函数，则

$$\delta_h^t = \frac{\partial L}{\partial h_t} \tag{4.77}$$

$$\delta_{\tilde{h}}^t = \frac{\partial L}{\partial \tilde{h}_t} \tag{4.78}$$

根据导数的链式法则，我们可以得到

$$\delta_h^t = \frac{\partial L}{\partial h_{t+1}} \frac{\partial h_{t+1}}{\partial h_t} = \delta_h^{t+1} \frac{\partial h_{t+1}}{\partial h_t} \tag{4.79}$$

$$\delta_{\tilde{h}}^t = \frac{\partial L}{\partial \tilde{h}_{t+1}} \frac{\partial \tilde{h}_{t+1}}{\partial \tilde{h}_t} = \delta_{\tilde{h}}^{t+1} \frac{\partial \tilde{h}_{t+1}}{\partial \tilde{h}_t} \tag{4.80}$$

结合式(4.77)至式(4.80)，跟 LSTM 模型反向传播算法类似，我们很容易可以求得$\frac{\partial h_{t+1}}{\partial h_t}$和$\frac{\partial \tilde{h}_{t+1}}{\partial \tilde{h}_t}$。

GRU 模型在债券违约预测中有着明显的优势，首先相较于 RNN 模型，GRU 模型可以通过门控循环单元保留时间序列中的重要信息，解决了债券违约预测因子序列长期依赖和可能的梯度消失、梯度爆炸问题；其次相较于 LSTM 模型，GRU 模型结构更为简单，参数较少，模型复杂度低，可以减少模型的运算时间。因此本书选择 GRU 模型作为债券违约预测模型。

4.4 基于 VAR-GRU 的企业债券违约预测模型

通过向量自回归模型(VAR)理论基础的阐述，单一的 VAR 模型可以通过方差分解很好地解释行业周期因子 F_t^{bs}、宏观指数因子 F_t^{cd}、收益率曲线风险因子 F_t^{yc}、信用风险因子 F_t^{cr}、资产收益率因子 F_t^{ar} 和市场波动率因子 F_t^{av} 对企业债券违约的影响。然而 Hushani(2019)、Munkhdalai 等(2020)的研究表明 VAR 模型的残差中还包含着重要的特征信息，即 VAR 模型并不能充分挖掘出各因子中包含的信息。因此，本书将 VAR 模型的残差通过 GRU 模型再次建模，进一步挖掘因子的剩余信息，最后将 VAR 模型的预测结果和 GRU 模型的预测结果通过“与”门，得到最终的预测结果，实证结果证明混合模型可以提高模型的预测能力。具体模型构建如图 4-5 所示。

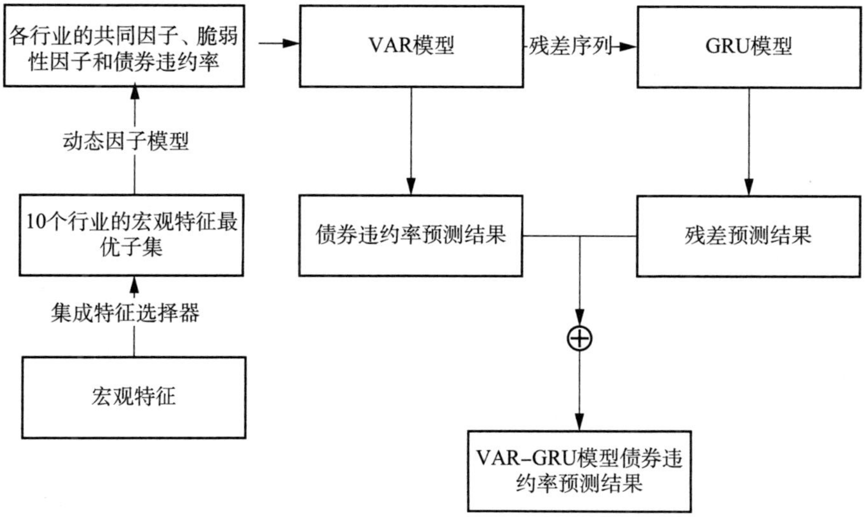

图 4-5 企业债券违约率预测流程

具体步骤：使用通过第 3 章获得的债券违约率的影响因子，包括宏观系统性变量 F_t^m 和脆弱性因子 $f_{it}^{d,h}$，首先我们构建 F_t^m、$f_{it}^{d,h}$ 与债券违约率之间的 VAR 模型，并对企业债券违约率进行预测，得到债券违约率的 VAR 模型预测序列；其次把 VAR 模型的残差通过 GRU 模型进行预测，得到残差序列的预测值；最后我们将债券违约率的预测值和残差序列的预测值通过“与”门，得到 VAR-GRU 模型的预测结果。同时，在 VAR 模型中，我们还可以获得债券违约率的方差分解表，以分析 F_t^m、$f_{it}^{d,h}$ 对债券违约率的影响情况。

在得到 VAR 模型预测结果后，我们可以通过 VAR 模型的方差分解，详细分析对企业债券违约产生重要影响作用的宏观经济因素共同因子，继而利用宏观经济共同因子的载荷矩阵，获取对企业债券违约产生重要影响作用的宏观经济因素。在实际操作中，我们建议行业企业和监管部门应着重关注行业重要的宏观经济因素，行业企业应及时判断宏观经济运行现状是否不利于其经营和发展，并根据该宏观经济运行状况，及时调整投资运行政策，以降低债券违约的概率，促进行业健康发展；监管部门可以就宏观经济运行现状对行业企业发展做出预警，同时调整税收等政策，降低企业的运营成本，从而降低行业企业债券违约的概率，促进行业稳健运行。

4.5 本章小结

本章首先阐明了企业债券违约预测是分行业而不是对具体企业进行的原因，一是企业债券违约数据缺失严重；二是中国债券市场企业众多，分企业预测将耗费大量的人力和计算机算力。其次介绍了企业债券违约模型，从理论角度阐释企业债券违约率的可预测性，债券违约模型服从多因子均值回归的过程，可以通过资产价值和杠杆率（企业资产负债率对数值）模型推导得到，涉及的因子分为行业宏观系统性因子和行业脆弱性因子两类。在了解企业债券违约机制后，需要对行业企业债券违约率预测模型进行阐述，首先详细介绍了行业企业债券违约率的向量自回归（VAR）预测模型，在构建了企业债券违约的 VAR 预测模型后，需要估计 VAR 模型的参数，常用的是 OLS 估计方法，而进行 OLS 估计的前提是添加合适的约束条件，在对 VAR 模型约束条件进行详细的推导后，本章根据行业宏观系统性因子之间的低冗余性，假设行业宏观系统性因子间没有同期影响，因此添加了短期约束（0 约束），最后介绍了 VAR 模型的方差分解函数，其功能是分解预测误差的方差，因此可以分析每个宏观系统性因子的冲击对企业债券违约率变化的贡献度，可以使模型具有可解释性；基本了解企业债券违约率 VAR 预测模型后，通过分析文献发现，VAR 模型并非没有缺陷，其预测误差中还包含着重要信息，有待进一步发掘，因此本章引入了预测能力更强，可以更充分挖掘行业宏观系统性因子和行业脆弱性因子的信息的门控循环神经网络（GRU），构建了企业债券违约率 VAR-GRU 预测模型。首先通过 VAR 模型对企业债券违约率进行预测，可以得到企业债券违约率的方差分解，了解各宏观系统性因子的重要度；其次将 VAR 模型的预测残差通过 GRU 模型，进一步挖掘宏观系统性因子和行业脆弱性因子的信息，将 VAR 模型和 GRU 模型的预测结果通过“与”门相结合，可以有效提高模型的预测能力。通过上述建模步骤，本章构建了企业债券违约率 VAR-GRU 预测模型，该模型的优势在于兼顾可解释性和强预测能力，可以为时间序列预测提供一种思路。

第5章

企业债券违约恢复预测模型

与第 4 章类似，本章首先定义企业债券违约恢复预测的角度，若从具体企业出发进行企业债券违约恢复预测，不仅需要花费大量的数据整理时间和预测模型的运行时间，还会因为企业债券违约数据存在大量的缺失值，导致企业债券违约恢复预测误差。另外，在分析实际行业债券违约恢复率数据后，发现行业债券违约恢复率数据也存在严重的缺失现象，若分行业进行企业债券违约恢复率预测，仍会存在较大的预测误差。因此本书将从债券市场的视角出发，进行市场整体企业债券违约恢复的相关研究。

其次是本章的企业债券违约恢复模型，在进行宏观特征选择后结合动态因子模型构建动态的企业债券违约恢复预测模型，该模型是一个均值回归模型，重点推演整体宏观系统性因子和整体脆弱性因子如何影响企业债券违约，可以为企业债券违约恢复可预测性提供理论基础。企业债券违约恢复模型也涉及两大类因子：整体宏观系统性因子和整体脆弱性因子。整体宏观系统性因子是从整体企业债券违约恢复宏观影响因素中提取的潜在共同因子，即一系列影响特征中，存在对债券市场整体企业债券违约造成特定的影响的特征子集被划分为一类因子，该类因子包含宏观特征子集的所有信息量，整体宏观系统性因子即本书在第 3.3.1 节定义的六类共同因子：行业周期因子、宏观指数因子、收益率曲线风险因子、信用风险因子、资产收益率因子和市场波动率因子。整体脆弱性因子是无法直观观测、隐性的企业债券违约恢复影响因素，该因素可以通过违约恢复数据进行估计。整体宏观系统性因子和整体脆弱性因子代表着债券市场企业债券违约的共同影响成分和隐性影响因素。

另外，本章构建了行业企业债券违约恢复率的预测模型。参考第 4 章的企业债券违约率预测模型构建过程，本章在第 5.2 节构建了企业债券违约恢复率预测模型，首先构建企业债券违约恢复率的向量自回归（VAR）预测模型。同理，考虑到整体宏观系统性因子之间的低冗余性，假设整体宏观系统性因子之间不存在同期影响，因此本书为企业债券违约恢复率的向量自回归(VAR)预测模型施加0约束，然后通过OLS估计得到模型参数，根据模型参数进行企业债券违约恢复率的预测，同时，通过企业债券违约恢复率的向量自回归(VAR)预测模型的方差分解函数分析整体宏观系统性因子和整体脆弱性因子对企业债券违约恢复率的冲击和对企业债券违约恢复率变化的贡献度；了解到VAR模型无法充分利用宏观系统性因子和整体脆弱性因子的信息，本书将企业债券违约恢复率的向量自回归(VAR)预测模型的残差通过预测能力更强的门控循环神经网络(GRU)，以充分挖掘宏观系统性因子和整体脆弱性因子的信息量，最后将企业债券违约恢复率的向量自回归(VAR)预测模型的预测结果和门控循环神经网络(GRU)的预测结果相结合，通过"与"门，得到最终的预测结果。

5.1 企业债券违约恢复模型

如果公司债务违约，那么违约债券的恢复，即负债的减少可以被认为是公司资产剩余价值的函数。为简单起见，本节通过违约债券偿还的信息，未曾有违约债券当月偿还的情况，因此我们假设债务面值的(部分)恢复发生在违约后一个月度(该假设可以扩展为更长的恢复期)。

我们使用第4章定义的变量符号，对于一个价值为 A_{it}，债务为 B_{it} 的公司，违约后恢复率 RR_{it} 可以表示为 $RR_{it}=\left.\frac{A_{it+1}}{B_{it}}\right| A_{it+1}<B_{it}$。根据第4章中提出的资产价值和杠杆率公式，式(4.1)、式(4.2)和式(4.3)，我们可以推导出违约后恢复率 RR_{it} 的计量模型：

$$
\begin{aligned}
\log(RR_{it}) &= \log(A_{it+1})-\log(B_{it}) \mid F_t,\ \forall i:\ A_{it}<B_{it} \\
&= \log(A_{it})+\omega_i F_{t+1}^{A*}+\varpi_i \varepsilon_{it+1}^{*}-\log(A_{it-1})-\mu_i^{Lev}-\beta^{Lev}(L)F_t \\
&= A_{it}^{*}+\omega_i F_{t+1}^{A*}+\varpi_i \varepsilon_{it+1}^{*}-\mu_i^{Lev}-\beta^{Lev}(L)F_t \\
&= \omega_i F_t^{A*}+\varpi_i \varepsilon_{it}^{*}+\omega_i F_{t+1}^{A*}+\varpi_i \varepsilon_{it+1}^{*}-\mu_i^{Lev}-\beta^{Lev}(L)F_t \\
&= \omega_i[\beta^{A*}(L)F_t+\beta^{A*}(L)F_{t+1}+b^{rr}(L)f_t^{rr}]-\mu_i^{Lev}-\beta^{Lev}(L)F_t+\varpi_i \varepsilon_{it}^{**} \\
&= \mu_i^{rr}+\beta^{rr}(L)F_t^{rr}+\rho_i^{rr}f_t^{rr}+\varepsilon_{it}^{rr},\ \varepsilon_{it}^{rr}\sim N(0,\ \varpi_i^2)
\end{aligned}
\tag{5.1}
$$

式中，$\mu_i^{rr}=-\mu_i^{Lev}$ 是对数恢复率 RR_{it} 的长期均值，$F_t^{rr}=[F_t, F_{t+1}]'$ 是系统因子 F_t 的简化形式，$\beta^{rr}(L)=[\omega_i\beta^{A*}(L)-\beta^{Lev}(L), \omega_i\beta^{A*}(L)]$ 是简化形式的宏观系统性因子的敏感度，$f_t^{rr}=f_t^{A*}+f_{t+1}^{A*}$ 是简化形式的脆弱性因子，$\rho_i^{rr}=\omega_i b^{rr}(L)$ 是脆弱性因子简化形式的敏感度，$\varepsilon_{it}^{rr}=\varpi_i\varepsilon_{it}^{**}=\varpi_i\varepsilon_{it}^{*}+\varpi_i\varepsilon_{it+1}^{*}$ 是简化形式的残差项。

从式(5.1)中可以非常明显地看出，如果企业的资产在其存在债券违约的情况下形成抵押品，那么企业债券违约概率与企业违约情况下的回收金额之间存在相关性关系。简单来讲，若企业存在债券违约情况，那么企业债券违约恢复就会依赖于企业债券违约。易于理解的是，若企业不存在债券违约，那么也就不存在债券违约恢复。

虽然本节是对企业债券违约恢复进行建模，但目的不是捕捉信贷风险组合中的尾部损失(在这种情况下，违约和违约恢复过程的相互依赖至关重要)，而是捕捉宏观经济环境对企业债券违约恢复的系统性影响。因此，本章将企业债券违约与企业债券违约恢复视为独立过程来简化计量经济学框架，即忽略企业债券违约对企业债券违约恢复的影响，并且企业债券违约模型使用式(5.1)的纯粹简化形式版本。

对于恢复率的分析，由于行业恢复率数据缺失严重，本节没有包括任何特定行业企业债券或特定企业债券的信息，仅对市场整体企业债券违约恢复率进行预测，因为本节建模的重点是回收的时间序列要素，而不是横截面关系，本节选择在违约偿还时间层面对债务回收率的系统性影响进行建模，仅定义企业债券违约恢复率 RR_{it}。

企业债券违约恢复率的简化形式可以表示为

$$\log(RR_{it})=\alpha^{rr}+\beta^{rr}F_t+\rho^{rr}f_t^{rr}+\varepsilon_t^{rr},\ \varepsilon_t^{rr}\sim N[0, (\sigma^{rr})^2] \tag{5.2}$$

式中，α^{rr} 是债券市场平均企业债券恢复率的对数值，β^{rr} 是整体宏观系统性因子 F_t^m 的敏感度，ρ^{rr} 是整体脆弱性因子 f_t^{rr} 的敏感度，ε_t^{rr} 是对 t 时刻企业债务违约恢复的残差项，残差项是有常数方差的正态分布随机变量。与企业债券违约概率随机过程的模型类似，我们假设整体脆弱性因子 f_t^{rr} 存在自相关的情况，符合下述独立的一阶自回归 $AR(1)$ 形式：

$$f_t^{rr}=\vartheta^{rr}\cdot f_{t-1}^{rr}+e_t^{rr},\ e_t^{rr}\sim N(0, 1) \tag{5.3}$$

式中，ϑ^{rr} 是一阶自回归 $AR(1)$ 的均值回归速度，残差 e_t^{rr} 被假设为单位方差，债券市场企业违约恢复的整体脆弱性因子f_t^{rr}则由下述独立分布初始化：

$$f_0^{rr} \sim N\left[0,\ \frac{1}{1-(\vartheta^{rr})^2}\right] \tag{5.4}$$

式(5.2)展示了宏观系统性因子和整体脆弱性因子与企业债券违约恢复率之间的关系，显而易见，可以认为企业债券违约恢复率是可预测的。

5.2 企业债券违约恢复率预测模型

整理债券市场企业债券违约恢复率数据后，发现若从具体企业出发进行企业债券违约恢复预测，不仅需要花费大量的数据整理时间和预测模型的运行时间，还会因为企业债券违约数据存在大量的缺失值，导致企业债券违约恢复预测出现严重的误差，甚至出现企业债券违约恢复率的不可预测性。那么参考企业债券违约率预测，对企业债券违约恢复率进行分行业预测，得到的行业债券违约恢复率数据依旧存在严重的缺失现象。若分行业进行企业债券违约恢复率预测，会存在较大的预测误差，因此本节将进行市场整体企业债券违约恢复率预测模型的相关研究。

首先通过第3章的集成特征选择器得到企业债券违约恢复率的最优宏观特征集合，然后通过动态因子模型获得整体宏观系统性因子F_t^m、整体脆弱性因子f_t^{rr}，在获得企业债券违约恢复率和企业债券违约恢复的整体宏观系统性因子F_t^m、整体脆弱性因子f_t^{rr}后，从第5.1节可以得到企业债券违约恢复率与整体宏观系统性因子和整体脆弱性因子之间的关系。根据式(5.2)，企业债券违约恢复率与整体宏观系统性因子F_t^m、整体脆弱性因子f_t^{rr}之间是一个多因子回归的过程，因此我们设计了企业债券违约恢复率的向量自回归(VAR)预测模型，通过OLS进行参数估计，然后根据参数估计结果进行企业债券违约恢复率的预测，同时根据VAR模型的方差分解结果分析整体宏观系统性因子F_t^m和整体脆弱性因子f_t^{rr}的冲击对企业债券违约恢复率变化的贡献度。与企业债券违约率向量自回归(VAR)预测模型相同，企业债券违约恢复率的向量自回归(VAR)预测模型也无法充分利用整体宏观系统性因子F_t^m和整体脆弱性因子f_t^{rr}的信息，因此本节通过时间序列预测表现更优的门控循环神经网络(GRU)模型预测企业债券违约恢复率的VAR预测模型的残差，充分利用整体宏观系统性

因子 F_t^m 和整体脆弱性因子 $f_t^{\prime\prime}$ 的信息，最后将企业债券违约恢复率 VAR 预测模型的预测结果和残差序列的门控循环神经网络（GRU）模型预测结果通过"与"门结合，获得最终的预测结果。本节构建的企业债券违约恢复率预测模型见图 5-1。

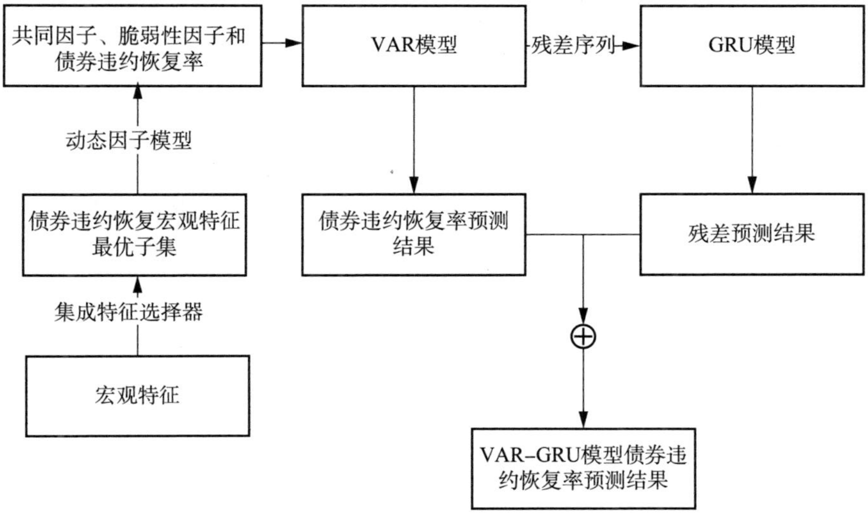

图 5-1　企业债券违约恢复率预测模型

具体步骤：首先通过共同因子 F_t^m、脆弱性因子 $f_t^{\prime\prime}$ 和债券违约恢复率构建 VAR 模型，探究共同因子 F_t^m、脆弱性因子 $f_t^{\prime\prime}$ 对债券违约恢复率的影响程度；其次充分挖掘 VAR 模型所没有利用的信息，将 VAR 模型的预测残差通过 GRU 模型进行预测；最后残差预测结果和 VAR 模型预测结果通过"与"门获得的综合值即为债券违约恢复率的预测值。

同理，在得到 VAR 模型预测结果后，我们可以通过 VAR 模型的方差分解，详细分析对企业债券违约恢复产生重要影响作用的宏观经济因素共同因子，继而利用宏观经济共同因子的载荷矩阵，获取对企业债券违约恢复产生重要影响作用的宏观经济因素，那么在实际操作中，我们建议行业企业和监管部门应着重关注重要的宏观经济因素，及时判断宏观经济运行现状是否有利于该企业的经营和发展，并根据该宏观经济运行状况，及时调整企业投资发展政策，以提高企业债券违约恢复的概率，促进行业健康发展。

5.3 本章小结

本章首先阐明了企业债券违约恢复进行市场整体性预测的原因，一是企业债券违约恢复数据缺失严重且中国债券市场企业众多，分企业预测将耗费大量的人力和计算机算力；二是行业企业债券违约恢复率数据依旧严重缺失，会给行业企业债券违约恢复率预测带来困难。其次介绍了企业债券违约恢复模型，从理论角度阐释企业债券违约恢复率的可预测性。企业债券违约模型服从多因子均值回归的过程，可以通过资产价值和杠杆率(企业资产负债率对数值)模型推导得到，涉及的因子分为整体宏观系统性因子和整体脆弱性因子两类。在了解企业债券违约恢复机制后，需要对整体企业债券违约恢复率预测模型进行阐述。同企业债券违约率向量自回归(VAR)预测模型相一致，本章构建了企业债券违约恢复率向量自回归(VAR)预测模型，在对整体企业债券违约恢复率进行预测的同时，可以通过 VAR 模型的方差分解函数分析整体宏观系统性因子对企业债券违约恢复率变化的贡献度，可以使模型具有可解释性；由于企业债券违约率向量自回归(VAR)预测模型的预测误差中还包含着重要信息，有待进一步发掘，因此本章引入了预测能力更强，可以更充分挖掘整体宏观系统性因子和整体脆弱性因子信息的门控循环神经网络(GRU)模型，构建了企业债券违约率 VAR-GRU 预测模型。首先通过 VAR 模型对企业债券违约率进行预测，可以得到企业债券违约率的方差分解，了解各宏观系统性因子的重要度；其次将 VAR 模型的预测残差通过 GRU 模型，进一步挖掘整体宏观系统性因子和整体脆弱性因子的信息，将企业债券违约恢复率预测结果和 VAR 模型残差的预测结果通过“与”门相结合，可以有效提高模型的预测能力。

第6章

企业债券违约预测应用研究

第3章使用动态因子模型进行了宏观经济特征的选择，第4章构建债券违约模型和债券违约率预测模型，本章将基于第3章和第4章内容进行债券违约率预测的实证分析。在实证分析中，我们将分行业对债券违约率进行相关宏观因子特征选择，并分行业进行动态因子分析，以得到各行业债券违约率的影响因子，最后用本书提出的VAR-GRU模型对各行业的企业债券违约率进行预测，并与VAR模型和GRU模型的预测结果进行对比。

6.1 数据来源及统计性分析

债券违约预测涉及的数据主要包括两大部分：一是宏观因子特征数据，此类数据通过国泰安宏观经济数据库获得；二是行业企业债券违约数据，此类数据通过Wind数据库获得。接下来我们将详细阐述各行业企业债券违约数据。

我们从Wind信用债研究（BCBA）中获取企业债券违约数据，选择债券余额违约率作为企业债券违约率的代理指标，根据Wind行业分类进行各行业债券余额违约率的统计，Wind行业分类包括工业、信息技术、材料、可选消费、日常消费、能源、公用事业、金融、房地产和医疗保健。

企业债券余额违约率的计算基于月度滑动窗滚动计算数据，在每个滑动时间窗内记录该时间窗开始时行业企业债券违约率。在研究企业债券违约时间序列时，为了尽可能完善数据，我们选择时间起点为2014年3月（中国债券违约数据开始于2014年3月），数据截止时间为2021年11月，采用滑动窗估计模型-测试模型的方法。

表6-1总结了本节使用的债券违约相关数据。从表6-1中可以看出，工

业行业平均违约企业数量最多，但其平均企业债券违约率仅有0.43%；医疗保健行业平均违约企业数量最少，为每年2起，但其平均企业债券违约率高达1.45%；信息技术行业更甚，平均每年违约企业数量虽仅13起，但其平均企业债券违约率是所有行业中最高的，达4.13%；与信息技术行业违约企业数量相差不大的能源行业，其平均企业债券违约率为1.21%。可以看出，各行业平均企业债券违约率存在差异性，这也是我们分行业进行企业债券违约率预测的主要原因。

表6-1 各行业债券违约数据摘要

行业	工业	信息技术	材料	可选消费	日常消费	能源	公用事业	金融	房地产	医疗保健
平均违约企业数量(起)	71	13	31	24	10	14	11	10	10	2
平均企业债券违约率(%)	0.43	4.13	1.47	1.76	2.42	1.21	0.54	0.07	0.45	1.45

从表6-1中我们还可以看出，行业债券违约率较低的是工业、房地产和公用事业，分别为0.43%、0.45%和0.54%，说明基础行业债券违约率较低，这可能是因为基础行业企业发行债券数量较多，需要进一步探索。金融行业这种高质量信用的行业债券违约率仅为0.07%，是最少的。

除了表6-1中提供的描述性统计概况，图6-1描述了分析中使用的10个行业部门中每个行业的历史月度债券违约率时间序列。从图6-1中可以看出，所有行业债券违约率整体呈上涨趋势，其中工业行业自2015年2月开始出现债券违约，在2015年2月至2021年4月整个时间区间内，债券违约率缓慢增加，之后变化不大；信息技术行业在2020年4月之前债券违约率整体较低且变化细微，在2020年5月之后债券违约率突然迅速增加，且之后一直呈上升的趋势；材料行业与工业行业债券违约率变化相似，但其在2017年4月至2019年4月之间变化不大，且在2020年4月存在降低的趋势；可选消费行业在2018年4月之后债券违约率大幅上涨，在2020年11月上涨幅度最大；日常消费行业与可选消费行业也存在相同的情况，但其债券违约率在2020年3月达到峰值后出现违约率下降的趋势；能源行业存在债券违约率先上涨后下降再上涨的变化趋势；公用事业行业债券违约率在2019年8月后存在较强的下降趋势；金融行业债券违约率与能源行业债券违约率变化趋势相似，但其变化更为显著；房地产行业和医疗保健行业的债券违约率变化趋势大致相同，均在出现债券违约后迅速增加，且至 2021 年 4 月均没有下降的趋势。

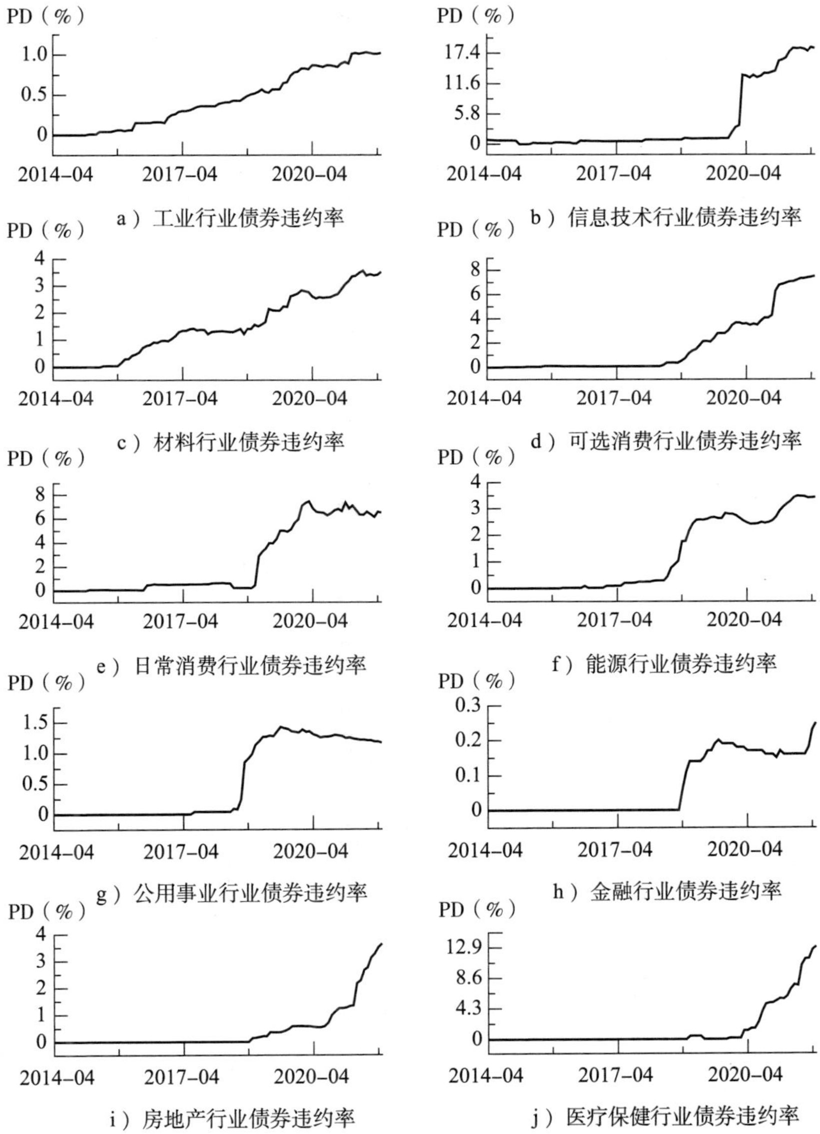

图 6-1　各行业月度债券违约率

从图 6-1 中我们还可以看出，公用事业行业、可选消费行业和日常消费行业等高周期性行业表现出明显的商业/经济周期依赖性，在样本中的衰退期

(2018—2019年)违约率增加。能源行业也表现出强烈的周期依赖性，在衰退期违约率较高。金融行业表现出两个主要的违约率峰值：第一个是在2019年新冠疫情暴发期间，第二个是在2021年经济持续低迷期间，可以理解为，随着经济/商业的低迷，金融行业的违约率会随之上涨。在2020年初，经济/商业依旧处于低迷的状态，信息技术行业也受到了严重打击。工业行业、材料行业、房地产行业和医疗保健行业表现出对商业/经济周期的轻微依赖，并不随商业/经济周期的改变而发生改变，违约率随着时间的推移呈上涨的趋势。

6.2 债券违约宏观因子特征选择实证

6.2.1 集成特征选择器参数设置

本书首先对国泰安数据库中的宏观特征数据进行整理，删除数据缺失严重的特征，整理后共得到489维宏观因子，由于宏观因子维数众多，且手动选择具有一定的主观性，因此使用前文构建的集成特征选择器进行选择，保证宏观因子指标的科学性和合理性。

首先通过集成过滤法的最大相关最小冗余法、包装法的递归特征消除法以及嵌入法的Boruta算法、LightGBM算法、Adaptive Lasso算法独立筛选宏观因子，在因子筛选之前需要对各特征进行归一化，以使各特征统一量级同时降低模型的运算时间(若使用原始数据，各因子选择模型运算时间会大大增加)。归一化公式如下：

$$X_{std}=\frac{X_{nor}-X_{\min}}{X_{\max}-X_{\min}} \tag{6.1}$$

式中，X_{std}是标准化后的因子值，X_{nor}是原始的因子特征值，$X_{\max}$、$X_{\min}$分别是该特征序列的最大值和最小值。

同时，给出本书所用特征选择算法的评价标准。本书所选的特征选择算法大多需要通过估计器进行，因此我们设置估计器模型的预测误差为模型的评价标准，从而对特征选择算法的结果进行评价，我们选取的模型预测误差是均方误差(MSE)：

$$MSE = \frac{1}{M}\sum_{m=1}^{M}(\hat{y}_m - y_m)^2 \tag{6.2}$$

式中，M 是预测的样本数量，$\hat{y}_m$ 是第 m 个样本的预测值，y_m 是第 m 个样本的真实值。

接下来，阐明各行业集成特征选择器中各特征选择算法的参数设置，为了避免重复，除非特意注明，所有行业(工业、信息技术、材料、可选消费、日常消费、能源、公用事业、金融、房地产和医疗保健)的参数设置如下：

(1)最大相关最小冗余法

实证中最大相关最小冗余法主要通过 Python 第三方库 pymrmr 工作，其中有两个重要的参数：一是对特征打分的方法，Hanchuan Peng 等提出了两种打分方法[互信息熵(MIQ)和互信息差(MID)]供选择，本书基于前文的分析选择了 MIQ 进行打分；二是定义选择特征值的数量，考虑手动设置的主观性，且 Boruta 算法、LightGBM 算法和 Adaptive Lasso 算法均可以自动得到特征值数量，为了尽可能减少因子选择主观性的误差，我们设置特征值数量 Boruta 算法、LightGBM 算法和 Adaptive Lasso 算法得到特征值数量中的最大值。

(2)递归特征消除法

本节所用包装法中的递归特征消除法主要通过 Python 机器学习库(scikit-learn)中的特征选择算法(feature-selection)REF 实现，有三个关键的参数设置，首先是估计器(estimator)的选择，由于本书的工作是回归预测，因此选择线性回归(linear regression)作为估计器更为合适；其次是最终选择的特征数量(n_features_to_select)的设置，参考最大相关最小冗余法特征选择方法，设置 n_features_to_select 为 Boruta、LightGBM 算法和 Adaptive Lasso 算法得到的特征值数量中的最大值；最后是每次迭代消除的特征数量(step)，489 维数据在机器学习算法中并不算太大，同时为了避免每次特征消除过多可能引起的误差，本书设置 step=1，每次仅消除一个特征。最后通过 support_标识(False 表示该特征被剔除，True 表示该特征被选择)得到最终选择的宏观因子特征。

(3)Boruta 算法

嵌入法中的 Boruta 算法与之前的两种算法相似，Boruta 算法是通过 Python 库中的 BorutaPy 实现的。首先定义一个随机森林 RF 算法作为 Boruta 算法中的估计器，其中随机森林算法的参数设置为模型复杂度参数 max_depth=4(经过多次实验，max_depth=4 时 RF 的模型评价结果最好，误差最小），同时设置 n_jobs=-1（表示多棵树一起工作），其他参数均为默认值。最终我们得到的接受区域（boruta. support_）的特征即 Boruta 算法挑选出来的重要特征。

（4）LightGBM 算法

LightGBM 算法也是嵌入法的一种，同理，通过 Python 库中的 LightGBM 算法实现。通过多次实验，本书确定了关于 LightGBM 算法的一些参数设置（见表 6-2），此时训练的准确率可以达到 99. 63%。

表 6-2　LightGBM 算法相关参数设置

参数	意义	参数值
boosting_type	训练方式	lgbt
objective	训练目的	regression
metric	损失函数	MSE，l2
max_depth	树的最大深度，深度越大模型越复杂，深度越小模型越简单	4
num_leaves	单棵树的叶子最大数量	16
learning_rate	学习率，影响模型的训练速度	0. 05
feature_fraction	每棵树随机选取的样本比例，可以有效防止模型过拟合	0. 7
bagging_fraction	训练采样的比例，可以有效防止模型过拟合	0. 7
bagging_freq	训练采样的频率，可以有效防止模型过拟合	5

除了以上参数，本书还设置模型训练迭代次数为 400，最终得到 LightGBM 算法选择的特征重要度不为 0 的特征集合。

（5）Adaptive Lasso 算法

Adaptive Lasso 特征选择主要通过 Python 机器学习库 scikit-learn 中的 Lasso 包进行，本书在 Lasso 包的基础上构建了 Adaptive Lasso 函数进行最终的特征选择。同理，Adaptive Lasso 函数也需要对参数进行设置，主要有迭代次数（iterations=100）、正则项系数值（alpha=0. 01），其他参数为默认值。最终系数不为 0 的特征构成最优宏观特征集合。

投票机制：本节首先通过投票机制的原理，构建了特征集（F_3、F_4、F_5），其中 F_3 表示有 3 个及以上特征选择算法（最大相关最小冗余法、Boruta 算法、递归特征消除法、LightGBM 算法和 Adaptive Lasso 算法）选择的特征集合，F_4

表示有 4 个及以上特征选择算法选择的特征集合，F_5 表示 5 个特征选择算法均选择的特征集合。其次需要比较 F_3、F_4、F_5 的优劣，通过特征选择器。最后通过 LightGBM 算法，确定最终的最优子集。

我们通过 LightGBM 算法对比 3 个特征集合的预测能力，由于此处的算法是对比 3 个特征集合的优劣，因此，这里 LightGBM 的参数设置与前文中的 LightGBM 略有不同，此处 feature_fraction = 0. 9，bagging_fraction = 0. 8，且将数据集分为训练集、验证集和测试集（各占数据集的 80%、10%和 10%），其他参数均参照特征选择算法中的 LightGBM 设置，以获得模型不同特征子集在测试集上不同的预测误差，进而选择预测误差更小的宏观因子特征作为最终的最优特征子集，其中预测误差通过均方根误差（*RMSE*）的公式计算：

$$RMSE = \sqrt{\frac{1}{M}\sum_{m=1}^{M}(\hat{y}_m - y_m)^2} \tag{6.3}$$

式中，M 是预测的样本数量，$\hat{y}_m$ 是第 m 个样本的预测值，y_m 是第 m 个样本的真实值。最终我们得到 F_3、F_4 和 F_5 的 *RMSE* 值，*RMSE* 值越小表明预测误差越小，*RMSE* 值最小的特征集合即最终选出的宏观特征。

6. 2. 2 工业行业宏观特征选择

工业行业 Boruta 算法选择了 222 个宏观特征，LightGBM 算法选择了 113 个宏观特征，Adaptive Lasso 算法选择了 73 个宏观特征，选择其中的最大值 222 作为最大相关最小冗余法和递归特征消除法选择特征值的数量。图 6-2 是 LightGBM 算法选择的工业行业前 10 个重要度值较高的宏观因子，图 6-3 是 Adaptive Lasso 算法选择的工业行业前 10 个系数不为 0 的宏观因子。

然后通过投票机制获得工业行业的 3 个待选特征子集 F_3、F_4、F_5，其中 F_5 为空集，即工业行业不存在所有特征选择算法均选择的宏观特征，那么仅需比较 F_3 和 F_4，通过选择器（LightGBM 算法）得到 F_3 的 *RMSE* 值为 0. 1596，而 F_4 的 *RMSE* 值为 0. 2087，前文提到 *RMSE* 值越小表明预测误差越小，因此选择 F_3 会得到更好的预测结果。

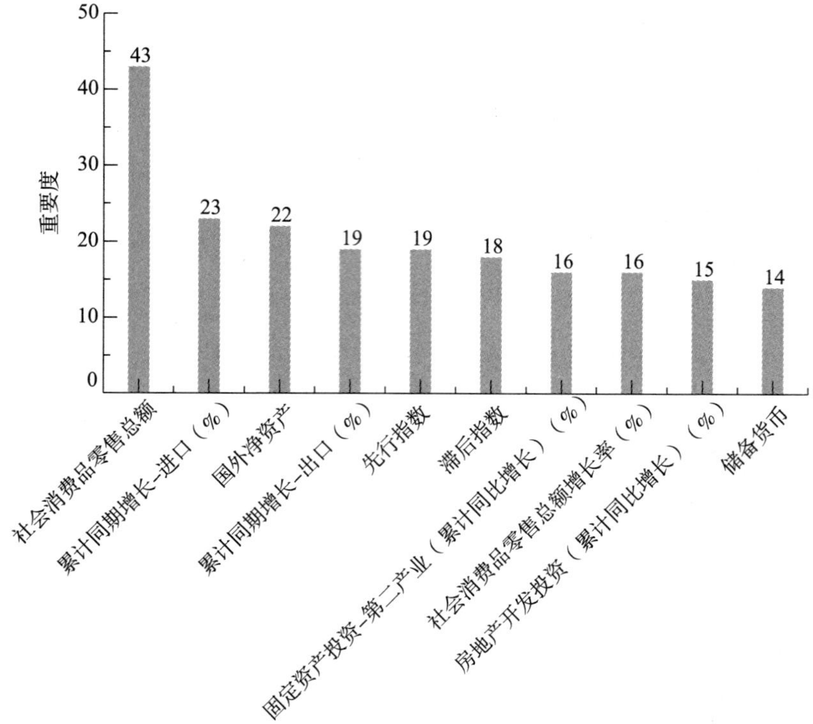

图 6-2 LightGBM 算法选择的工业行业前 10 个重要度值较高的宏观因子

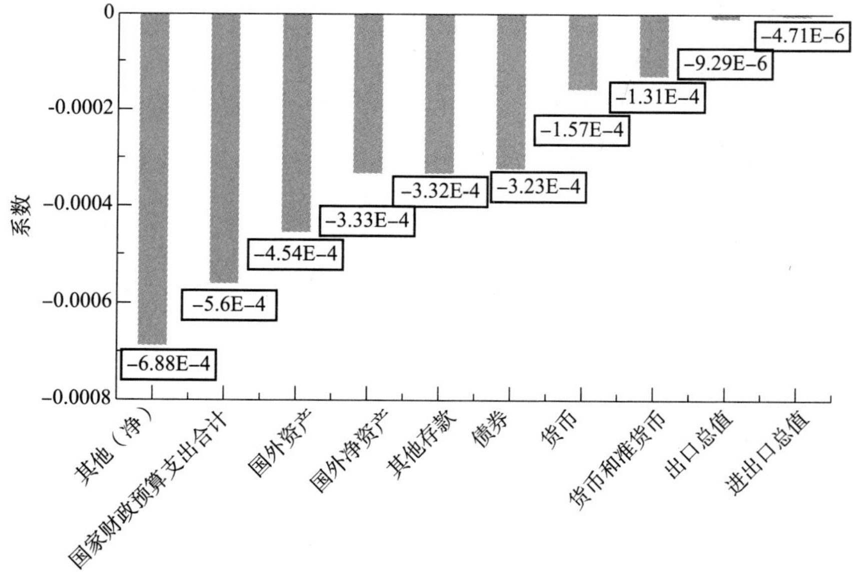

图 6-3 Adaptive Lasso 算法选择的工业行业前 10 个系数不为 0 的宏观因子

6.2.3 信息技术行业宏观特征选择

信息技术行业的 LightGBM 算法、Adaptive Lasso 算法和 Boruta 算法分别选择了 128 维、317 维、137 维宏观因子，图 6-4 和图 6-5 分别是 LightGBM 算法选择的信息技术行业前 10 个重要度值较高的宏观因子和 Adaptive Lasso 算法选择的信息技术行业前 10 个系数不为 0 的宏观因子。与工业行业一致，选择 3 个维数中最大的(317 维)作为递归特征消除法和最大相关最小冗余法选择特征数量的依据，然后通过投票机制得到信息技术行业的 3 个待选特征子集 F_3、F_4、F_5，之后将 3 个待选特征子集分别通过选择器(LightGBM)得到 3 个损失函数值，分别为 0.0275、0.0149 和 0.0154，最后我们选择损失函数值最小(0.0149)的特征子集 F_4 作为信息技术行业的最优特征子集。

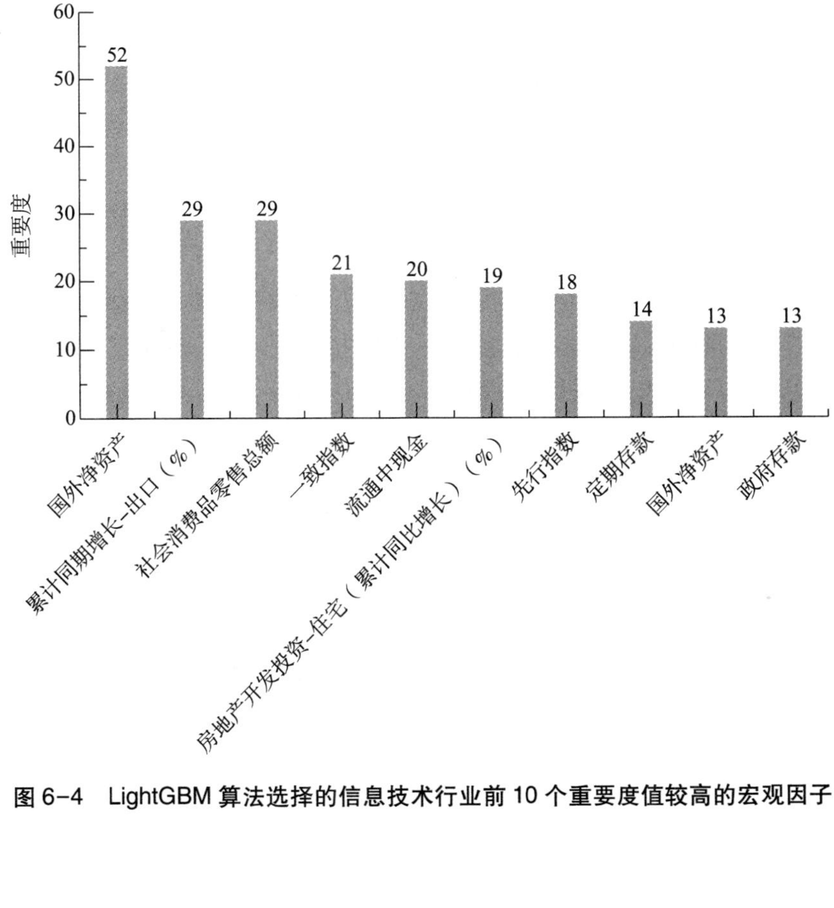

图 6-4 LightGBM 算法选择的信息技术行业前 10 个重要度值较高的宏观因子

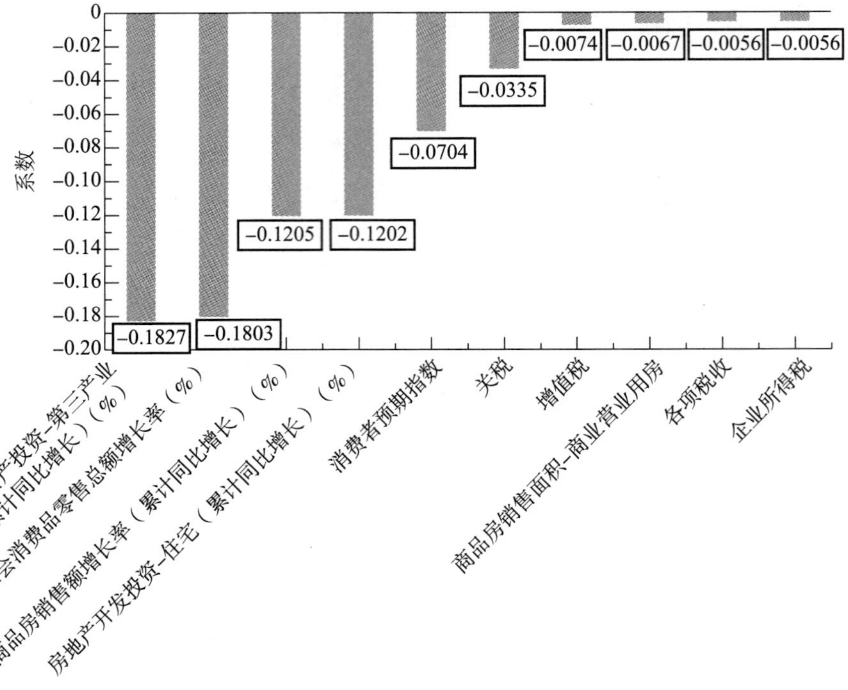

图 6-5　Adaptive Lasso 算法选择的信息技术行业前 10 个系数不为 0 的宏观因子

6.2.4　材料行业宏观特征选择

同理，材料行业通过 Boruta 算法、LightGBM 算法和 Adaptive Lasso 算法可得到 195 维、117 维和 156 维宏观因子特征，因此选择 195 维作为递归特征消除法和最大相关最小冗余法的特征选择数量。图 6-6 和图 6-7 分别是 LightGBM 算法选择的材料行业前 10 个重要度值较高的宏观因子和 Adaptive Lasso 算法选择的材料行业前 10 个系数不为 0 的宏观因子。然后通过投票机制获得材料行业的 3 个待选特征子集 F_3、F_4、F_5，之后将 3 个待选特征子集分别通过选择器（LightGBM）得到三个损失函数值，分别为 0.2100、0.2232 和 0.2579，最后我们选择损失函数值最小（0.2100）的特征子集 F_3，即材料行业的最优特征子集为 F_3。

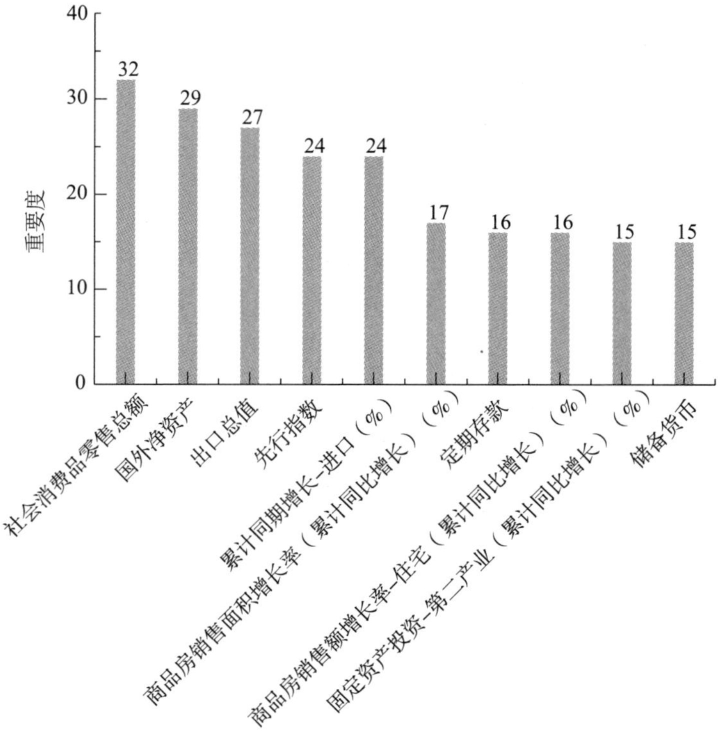

图 6-6　LightGBM 算法选择的材料行业前 10 个重要度值较高的宏观因子

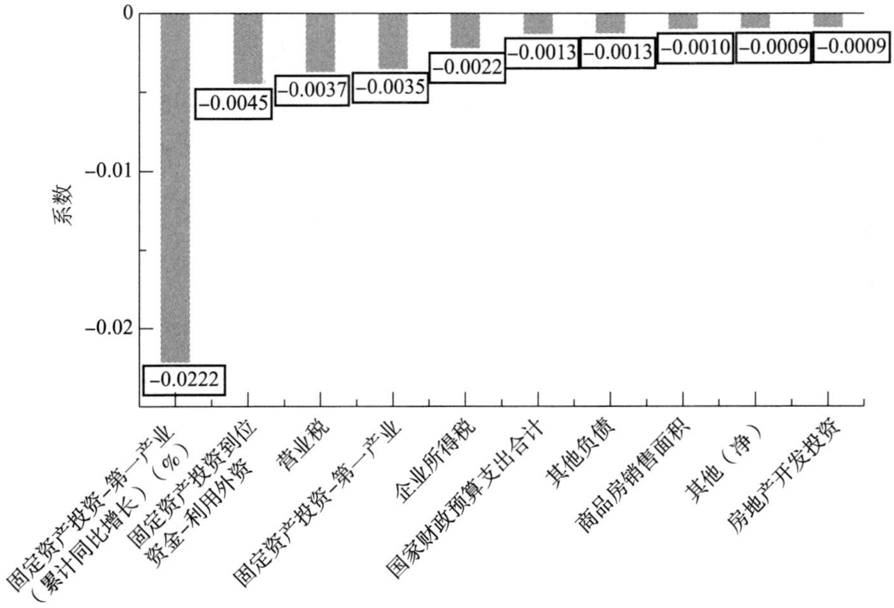

图 6-7　Adaptive Lasso 选择的材料行业前 10 个系数不为 0 的宏观因子

6.2.5 可选消费行业宏观特征选择

可选消费行业通过 Boruta 算法、LightGBM 算法和 Adaptive Lasso 算法可得到 149 维、117 维和 361 维宏观因子特征，因此选择 361 维作为递归特征消除法和最大相关最小冗余法的特征选择数量。图 6-8 和图 6-9 分别是 LightGBM 算法选择的可选消费行业前 10 个重要度值较高的宏观因子和 Adaptive Lasso 算法选择的可选消费行业前 10 个系数不为 0 的宏观因子。然后通过投票机制获得可选消费行业的 3 个待选特征子集 F_3、F_4、F_5，其中 F_3 为空集，因此将 F_3 和 F_4 分别通过选择器（LightGBM）得到对应的 2 个损失函数值，分别为 0.1318 和 0.1203，最后我们选择损失函数值较小（0.1203）的特征子集 F_4，即可选消费行业的最优特征子集为 F_4。

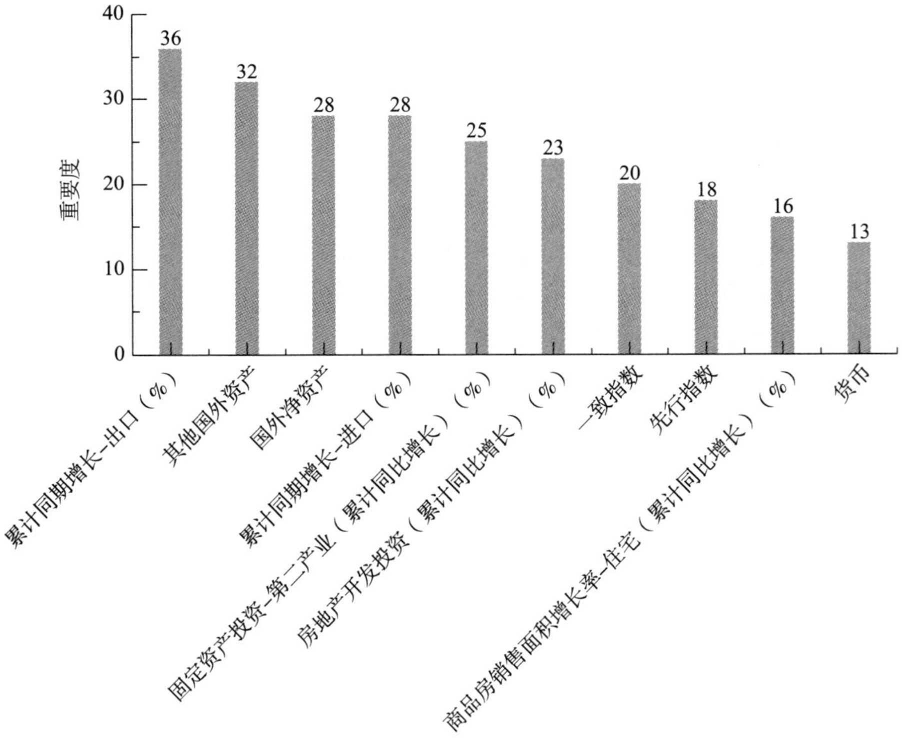

图 6-8 LightGBM 算法选择的可选消费行业前 10 个重要度值较高的宏观因子

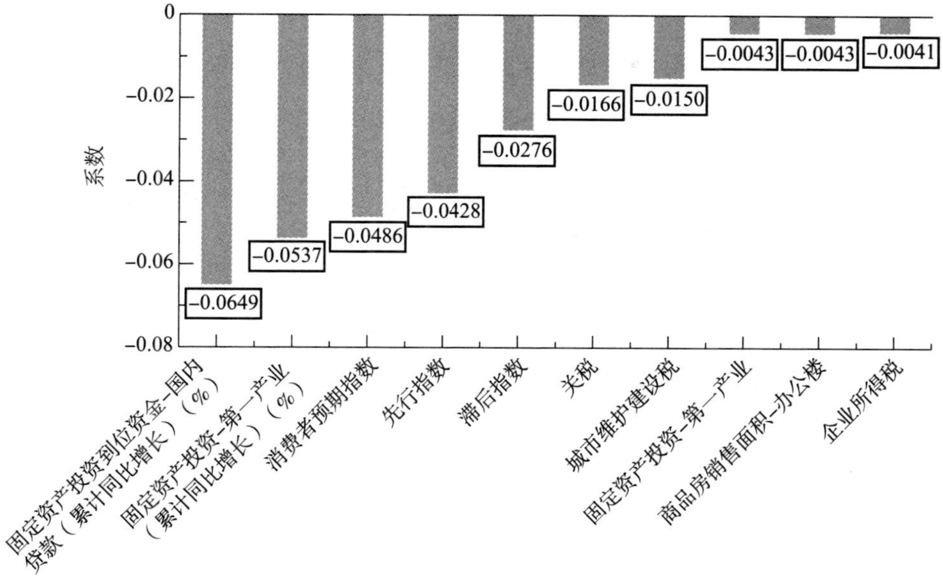

图 6-9 Adaptive Lasso 算法选择的可选消费行业前 10 个系数不为 0 的宏观因子

6.2.6 日常消费行业宏观特征选择

日常消费行业通过 Boruta 算法、LightGBM 算法和 Adaptive Lasso 算法可得到 128 维、131 维和 251 维宏观因子特征，因此选择 251 维作为递归特征消除法和最大相关最小冗余法的特征选择数量。图 6-10 和图 6-11 分别是 LightGBM 算法选择的日常消费行业前 10 个重要度值较高的宏观因子和 Adaptive Lasso 算法选择的日常消费行业前 10 个系数不为 0 的宏观因子。然后通过投票机制获得日常消费行业的 3 个待选特征子集 F_3、F_4、F_5，之后将 3 个待选特征子集分别通过选择器（LightGBM）得到 3 个损失函数值，分别为 0.0303、0.0632 和 0.0506，最后我们选择损失函数值最小（0.0303）的特征子集 F_3，即日常消费行业的最优特征子集为 F_3。

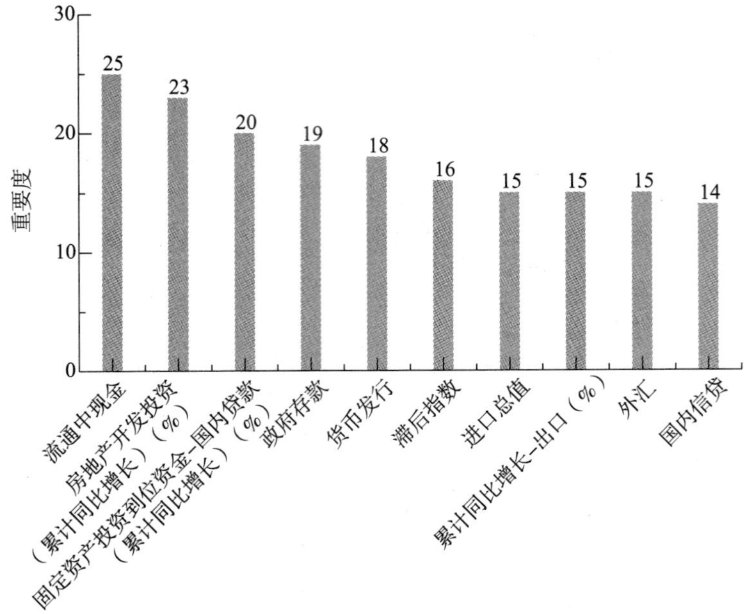

图 6-10　LightGBM 算法选择的日常消费行业前 10 个重要度值较高的宏观因子

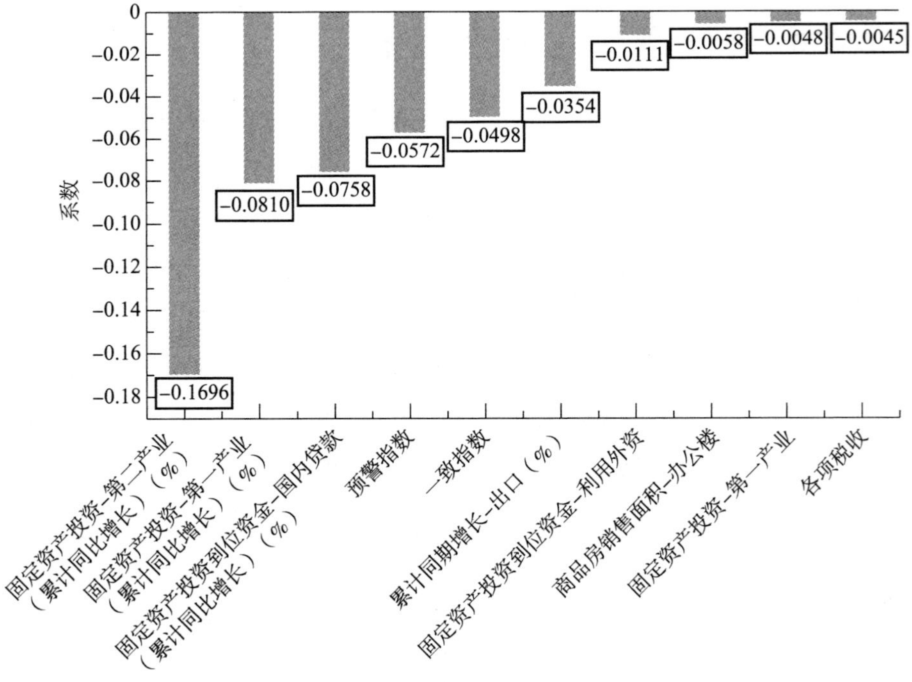

图 6-11　Adaptive Lasso 算法选择的日常消费行业前 10 个系数不为 0 的宏观因子

6. 2. 7 能源行业宏观特征选择

能源行业通过 Boruta 算法、LightGBM 算法和 Adaptive Lasso 算法可得到 116 维、122 维和 178 维宏观因子特征，因此选择 178 维作为递归特征消除法和最大相关最小冗余法的特征选择数量。图 6-12 和图 6-13 分别是 LightGBM 算法选择的能源行业前 10 个重要度值较高的宏观因子和 Adaptive Lasso 算法选择的能源行业前 10 个系数不为 0 的宏观因子。然后通过投票机制获得能源行业的 3 个待选特征子集 F_3、F_4、F_5，由于 F_5 为空，因此之后只需将 2 个待选特征子集（F_3、F_4）分别通过选择器（LightGBM）得到 2 个损失函数值，分别为 0. 0663 和 0. 0560，最后我们选择损失函数值较小（0. 0560）的特征子集 F_4，即能源行业的最优特征子集为 F_4。

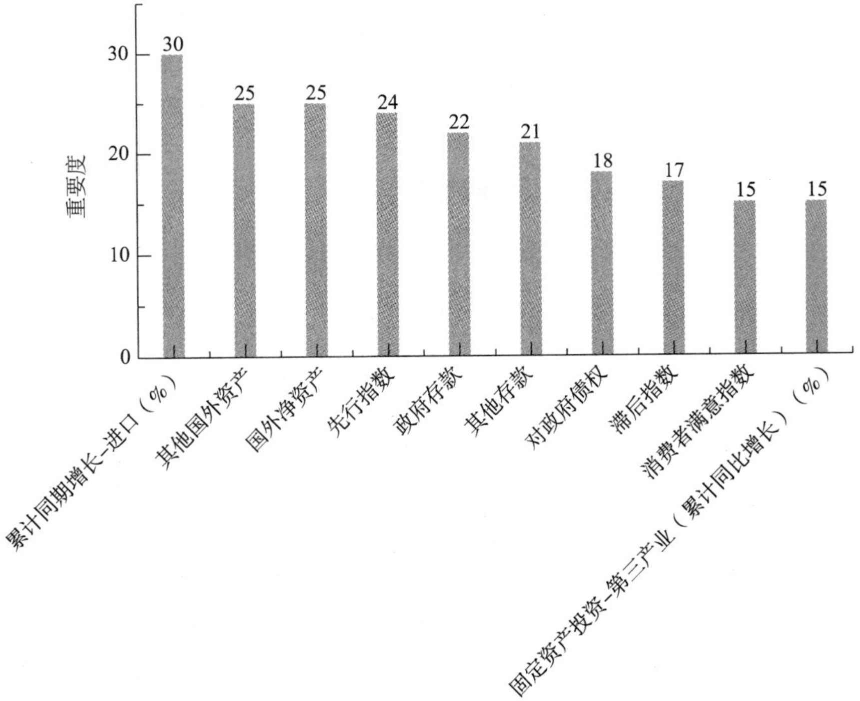

图 6-12　LightGBM 算法选择的能源行业前 10 个重要度值较高的宏观因子

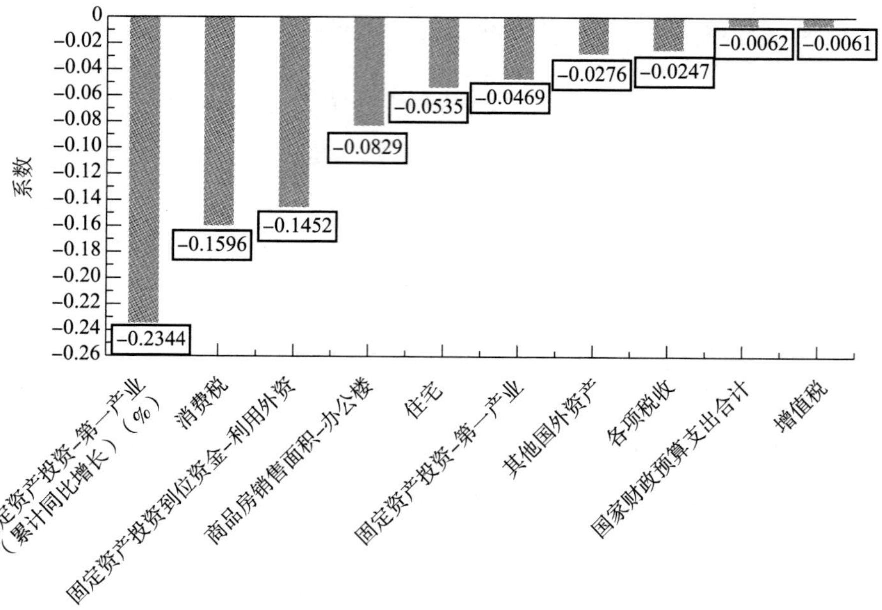

图 6-13　Adaptive Lasso 算法选择的能源行业前 10 个系数不为 0 的宏观因子

6.2.8　公用事业行业宏观特征选择

公用事业行业通过 Boruta 算法、LightGBM 算法和 Adaptive Lasso 算法可得到 118 维、126 维和 276 维宏观因子特征，因此选择 276 维作为递归特征消除法和最大相关最小冗余法的特征选择数量。图 6-14 和图 6-15 分别是 LightGBM 算法选择的公用事业行业前 10 个重要度值较高的宏观因子和 Adaptive Lasso 算法选择的公用事业行业前 10 个系数不为 0 的宏观因子。然后通过投票机制获得公用事业行业的 3 个待选特征子集 F_3、F_4、F_5，之后将这 3 个待选特征子集分别通过选择器（LightGBM）得到 3 个损失函数值，分别为 0.0067、0.0015 和 0.0062，最后我们选择损失函数值最小（0.0015）的特征子集 F_4，即公用事业行业的最优特征子集为 F_4。

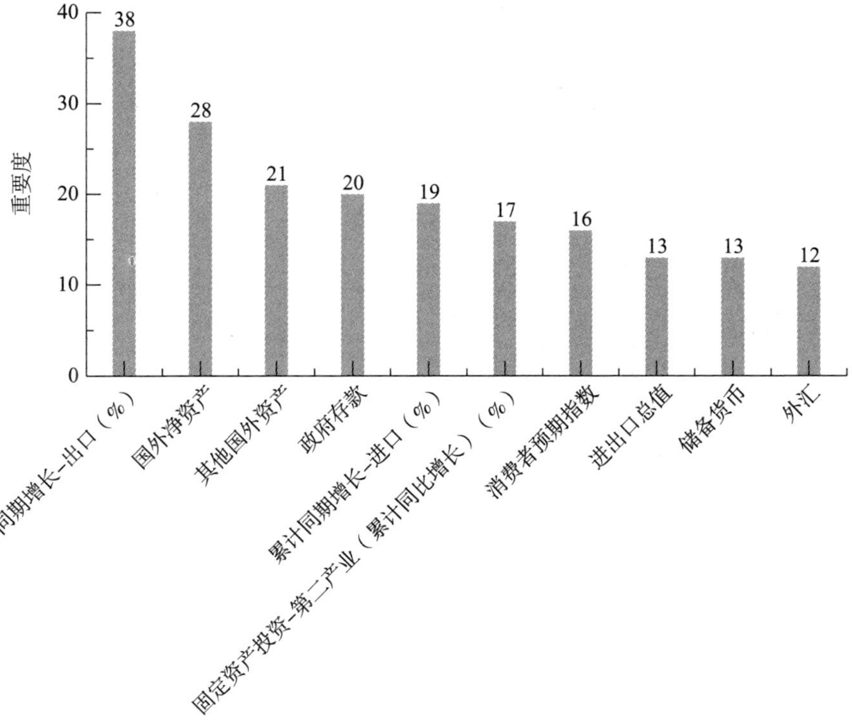

图 6-14　LightGBM 算法选择的公用事业行业前 10 个重要度值较高的宏观因子

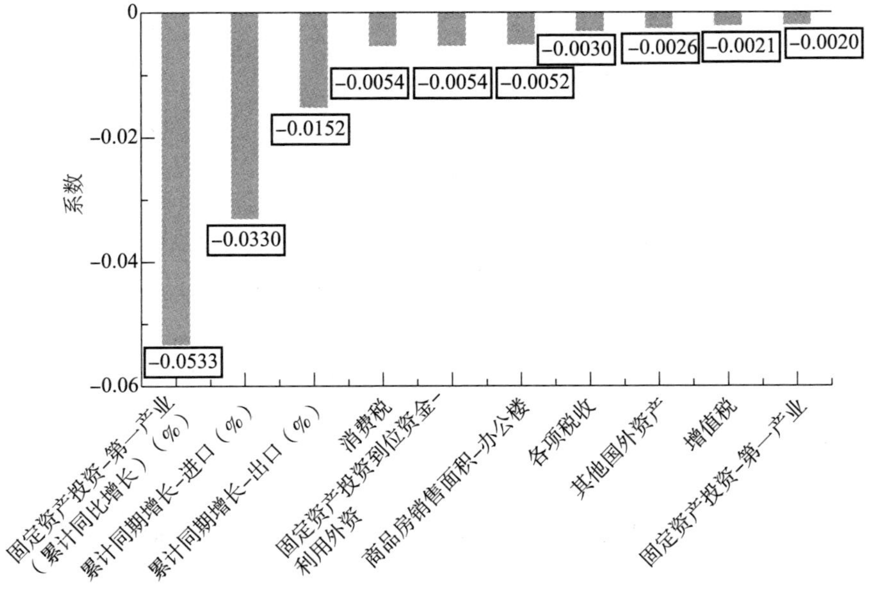

图 6-15　Adaptive Lasso 算法选择的公用事业行业前 10 个系数不为 0 的宏观因子

6.2.9 金融行业宏观特征选择

由于金融行业的特殊性及金融行业违约数据稀少，我们适当放宽金融行业宏观因子特征选择的参数，将 Adaptive Lasso 算法和选择器(LightGBM)的学习率(learning_rate)设置为 0.001，从而金融行业通过 Boruta 算法、LightGBM 算法和 Adaptive Lasso 算法可得到 97 维、125 维和 258 维宏观因子特征，因此选择 258 维作为递归特征消除法和最大相关最小冗余法的特征选择数量。图 6-16 和图 6-17 分别是 LightGBM 算法选择的金融行业前 10 个重要度值较高的宏观因子和 Adaptive Lasso 算法选择的金融行业前 10 个系数不为 0 的宏观因子。然后通过投票机制获得金融行业的 3 个待选特征子集 F_3、F_4、F_5，由于 F_5 为空集，因此之后只需将 2 个待选特征子集(F_3、F_4)分别通过选择器(LightGBM)得到 2 个损失函数值，分别为 0.0015 和 0.0121，最后我们选择损失函数值较小(0.0015)的特征子集 F_3，即金融行业的最优特征子集为 F_3。

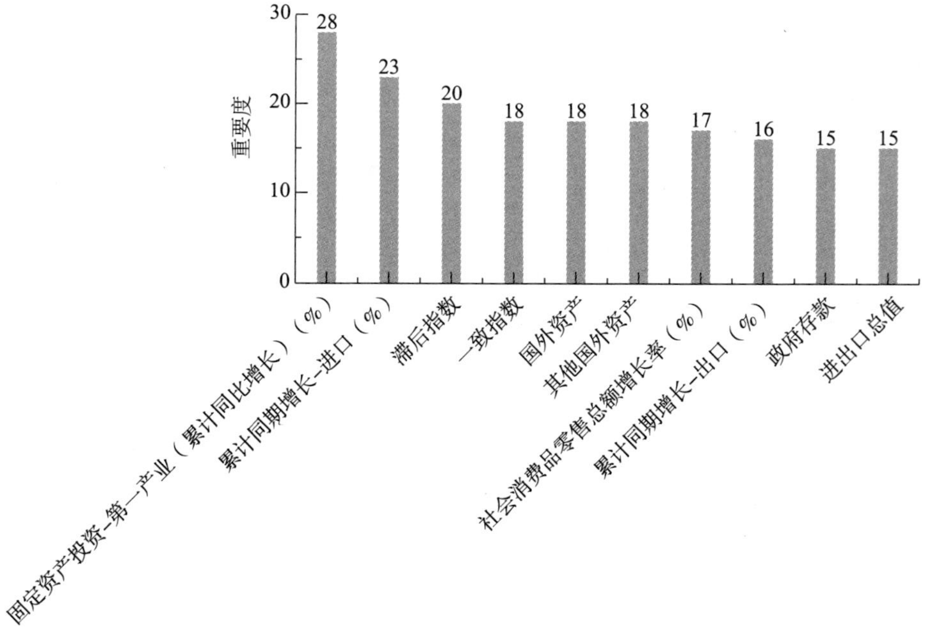

图 6-16 LightGBM 算法选择的金融行业前 10 个重要度值较高的宏观因子

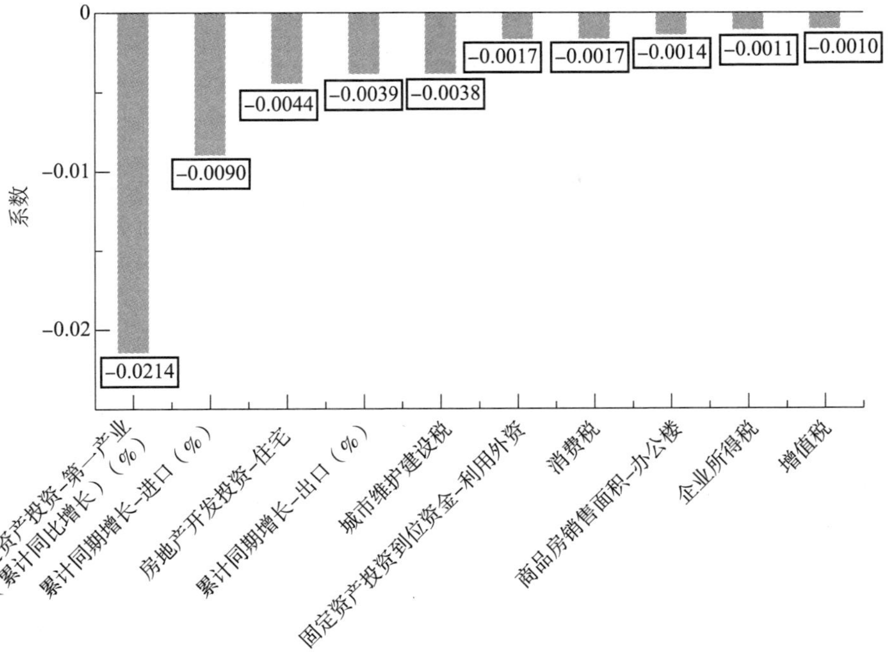

图 6-17 Adaptive Lasso 算法选择的金融行业前 10 个系数不为 0 的宏观因子

6.2.10 房地产行业宏观特征选择

房地产行业通过 Boruta 算法、LightGBM 算法和 Adaptive Lasso 算法可得到 114 维、120 维和 307 维宏观因子特征，因此选择 307 维作为递归特征消除法和最大相关最小冗余法的特征选择数量。图 6-18 和图 6-19 分别是 LightGBM 算法选择的房地产行业前 10 个重要度值较高的宏观因子和 Adaptive Lasso 算法选择的房地产行业前 10 个系数不为 0 的宏观因子。然后通过投票机制获得房地产行业的 3 个待选特征子集 F_3、F_4、F_5，由于 F_5 为空集，因此之后将 F_3 和 F_4 分别通过选择器(LightGBM)得到 2 个损失函数值，分别为 0.0837 和 0.0713，最后我们选择损失函数值较小(0.0713)的特征子集 F_4，即房地产行业的最优特征子集为 F_4。

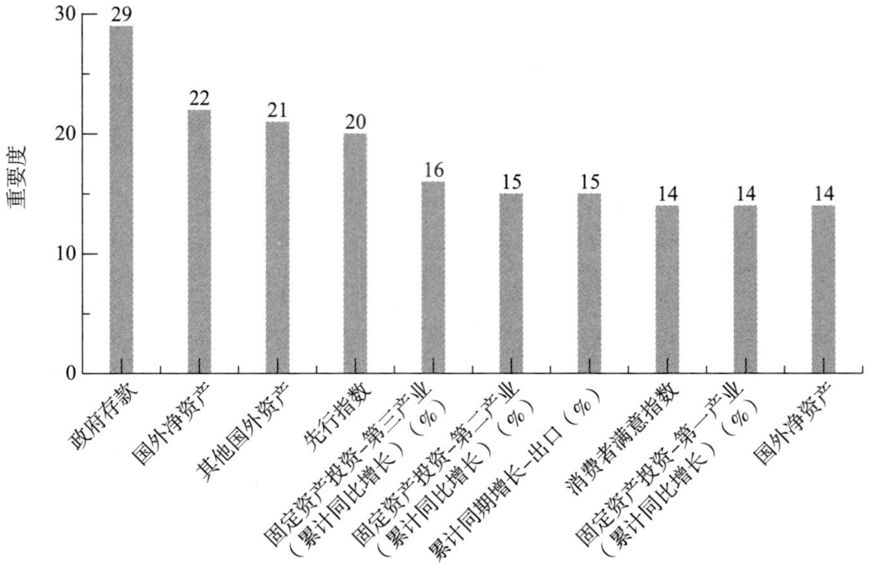

图 6-18 LightGBM 算法选择的房地产行业前 10 个重要度值较高的宏观因子

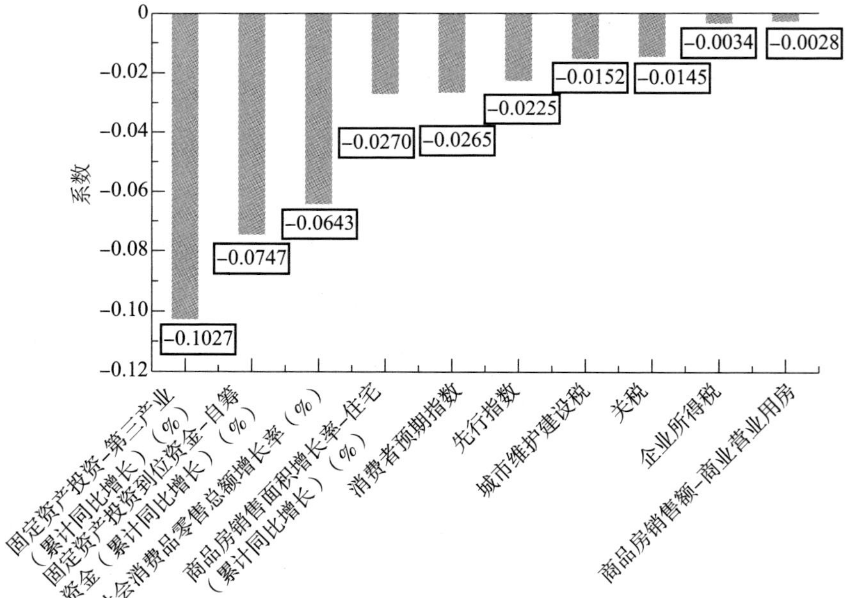

图 6-19 Adaptive Lasso 算法选择的房地产行业前 10 个系数不为 0 的宏观因子

6.2.11 医疗保健行业宏观特征选择

医疗保健行业通过 Boruta 算法、LightGBM 算法和 Adaptive Lasso 算法可得到 88 维、121 维和 273 维宏观因子特征，因此选择 273 维作为递归特征消除法和最大相关最小冗余法的特征选择数量。图 6-20 和图 6-21 分别是 LightGBM 算法选择的医疗保健行业前 10 个重要度值较高的宏观因子和 Adaptive Lasso 算法选择的医疗保健行业前 10 个系数不为 0 的宏观因子。然后通过投票机制获得医疗保健行业的 3 个待选特征子集 F_3、F_4、F_5，之后将 3 个待选特征子集分别通过选择器(LightGBM)得到 3 个损失函数值，分别为 0.1116、0.0578 和 0.1253，最后我们选择损失函数值最小(0.0578)的特征子集 F_4，即医疗保健行业的最优特征子集为 F_4。

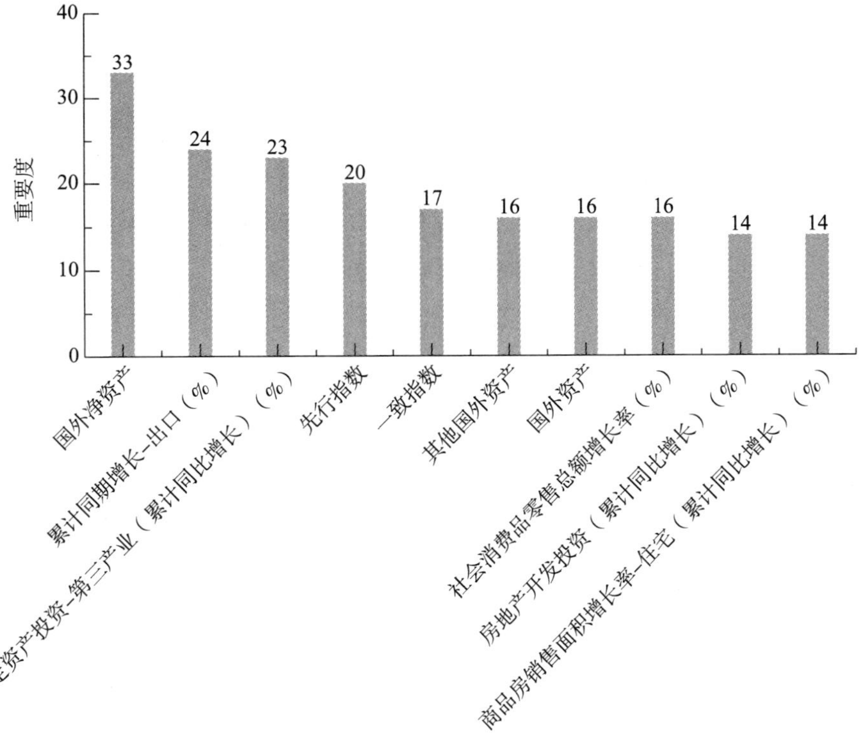

图 6-20 LightGBM 算法选择的医疗保健行业前 10 个重要度值较高的宏观因子

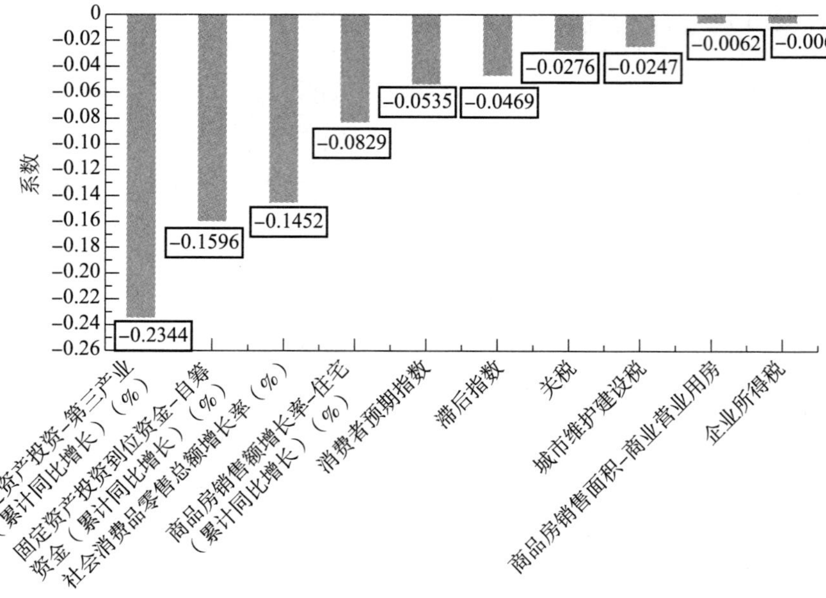

图 6-21　Adaptive Lasso 算法选择的医疗保健行业前 10 个系数不为 0 的宏观因子

最后我们得到了 10 个行业——工业行业、信息技术行业、材料行业、可选消费行业、日常消费行业、能源行业、公用事业行业、金融行业、房地产行业和医疗保健行业的最优特征子集，分别为 F_3^{ind}、F_4^{inf}、F_3^{mat}、F_4^{opt}、F_3^{dai}、F_4^{ene}、F_4^{uti}、F_3^{fin}、F_4^{est}、F_4^{med}。

6.3　企业债券违约动态因子实证

由于各行业通过集成特征选择器选出的宏观因子特征不一致，因此，我们考虑分行业进行接下来的动态因子选择以及行业企业债券违约率预测。以工业行业为例，经过集成宏观因子特征选择器后，我们得到了 91 维的宏观因子特征，特征维数依旧很高，因此我们通过动态因子模型将该 91 维宏观系统性因子归为理论部分的六大类(行业周期因子 F_t^{bs}、宏观指数因子 F_t^{cd}、收益率曲线风险因子 F_t^{yc}、信用风险因子 F_t^{cr}、资产收益率因子 F_t^{ar} 和市场波动率因子 F_t^{av})，通过六个宏观系统性因子与动态因子模型估计的参数对行业脆弱性因子进行卡尔曼滤波采样，最终得到行业脆弱性因子 f_t^d。

本节给出了基于状态空间的动态因子模型的贝叶斯估计结果，同特征选择部分一样，我们将分行业展示动态因子结果。在不丧失一般性的情况下，使用一个简单的一阶向量自回归模型 VAR(1)结构来表示式(3.35)中的因子随机演化，并将滞后因子多项式 Φ 进行展示，滞后因子多项式 Φ 的结构为一个 6×6 的矩阵。根据状态空间方程中独立同分布误差项的简化假设，*VAR* 及动态因子的估计必然存在偏差，因此本节通过贝叶斯 *MCMC* 的 *Gibbs* 抽样方案进行 6 万次抽样，并舍弃前 1 万次抽样(以确保抽样结果的一般性)，以进行载荷系数和 *VAR* 系数的估计。

6.3.1 工业行业动态因子模型实证结果

工业行业动态因子转移矩阵 VAR(1)估计结果如表 6-3 所示。图 6-22 给出了工业行业动态因子估计结果。表 6-4 是工业行业动态因子载荷矩阵结果，承载着可观测变量(宏观因子特征变量)与潜在共同因子(行业周期因子 F_t^{bs}、宏观指数因子 F_t^{cd}、收益率曲线风险因子 F_t^{yc}、信用风险因子 F_t^{cr}、资产收益率因子 F_t^{ar} 和市场波动率因子 F_t^{av})之间的关系。

表 6-3 工业行业动态因子转移矩阵 VAR(1)估计结果

	F_t^{bs}	F_t^{cd}	F_t^{yc}	F_t^{cr}	F_t^{ar}	F_t^{av}
F_t^{bs}	-0.00274	0.000374	0.001355	0.011787	0.049114	2.002342
F_t^{cd}	-1.35793	-0.00299	0.014364	0.012814	0.263073	1.085855
F_t^{yc}	-1.27601	-0.00255	-0.00854	-0.019	-0.04926	2.179872
F_t^{cr}	-0.21237	0.000008	0.001757	-0.00678	-0.05855	1.173643
F_t^{ar}	0.043609	-0.00472	0.003536	0.030297	-0.00805	-0.06134
F_t^{av}	0.125113	-0.00042	0.00615	0.001976	0.005373	-0.00793

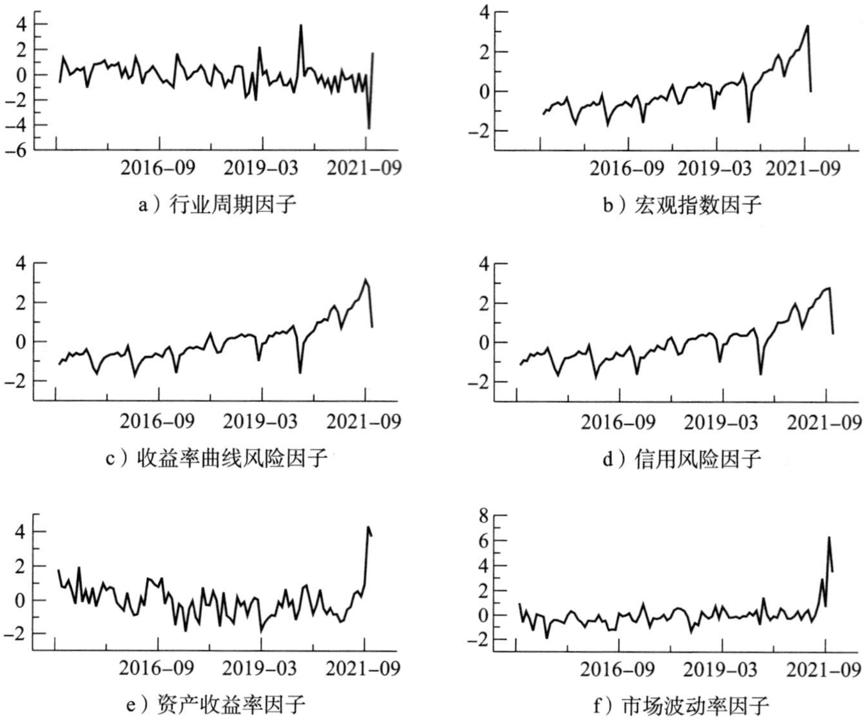

图 6-22　工业行业动态因子估计结果

表 6-4　工业行业动态因子载荷矩阵：金融业、固定资产投资、对外贸易、财政收支、景气指数

	F_t^{bs}	F_t^{cd}	F_t^{yc}	F_t^{cr}	F_t^{ar}	F_t^{av}
金融业						
货币和准货币	−1. 25758	−0. 17995	−0. 18027	−0. 17792	−0. 2661	2. 06183
货币	−1. 37211	−0. 13621	−0. 13636	−0. 13458	−0. 22374	2. 002999
准货币	−1. 20371	−0. 19965	−0. 20005	−0. 19743	−0. 28506	2. 085899
储备货币	−1. 32016	−0. 16645	−0. 16671	−0. 16527	−0. 21336	2. 031955
国外资产	1. 631943	0. 024247	0. 024159	0. 022971	0. 119014	−1. 82233
货币黄金	−1. 46925	−0. 10342	−0. 10341	−0. 10238	−0. 16624	1. 944688
外汇	1. 537476	0. 065363	0. 06527	0. 063987	0. 164355	−1. 89645
对非金融部门债权	−1. 21947	−0. 1938	−0. 19418	−0. 19165	−0. 27996	2. 079065
定期存款	−1. 2895	−0. 16876	−0. 16906	−0. 16672	−0. 25255	2. 046594

续表

	F_t^{bs}	F_t^{cd}	F_t^{yc}	F_t^{cr}	F_t^{ar}	F_t^{av}
其他存款	-1.33682	-0.15254	-0.15295	-0.15063	-0.22963	2.022578
储蓄存款	-1.12219	-0.22726	-0.22769	-0.22488	-0.31615	2.118176
国内信贷	-1.28393	-0.17014	-0.17042	-0.1682	-0.25655	2.049249
对政府债权(净)	-1.33223	-0.1518	-0.15205	-0.14991	-0.23874	2.024731
其他(净)	-1.33395	-0.15143	-0.15163	-0.14973	-0.23712	2.023858
债券	-1.2767	-0.17271	-0.17296	-0.17081	-0.25956	2.05274
固定资产投资						
固定资产投资-第一产业	1.37015	0.14899	0.14946	0.14973	0.18686	-2.005195
固定资产投资-第二产业	0.98531	0.3113	0.31271	0.31595	0.23764	-2.162909
对外贸易						
累计同期增长-进口(%)	-0.01045	-0.5086	-0.50874	-0.50628	-0.65588	2.189953
出口总值	0.4218	-0.61028	-0.61155	-0.60789	-0.65894	2.066861
财政收支						
消费税	0.694335	0.358631	0.359371	0.355122	0.452697	-2.22016
国家财政预算支出合计	-0.19793	0.559977	0.561944	0.552787	0.664368	-2.14115
景气指数						
滞后指数	-1.74137	0.029605	0.029786	0.031013	-0.06952	1.720488

表6-4展示的是工业行业宏观特征变量对宏观系统性因子的相关重要度，其绝对值越大，表明对应宏观系统性因子的宏观经济变量越重要。我们可以发现，每个宏观经济变量在六个宏观系统性变量上都存在载荷值，即所有工业行业宏观特征均或多或少地影响着六个系统性因子（行业周期因子 F_t^{bs}、宏观指数因子 F_t^{cd}、收益率曲线风险因子 F_t^{yc}、信用风险因子 F_t^{cr}、资产收益率因子 F_t^{ar} 和市场波动率因子 F_t^{av}）。

根据国泰安宏观经济数据库变量分类，工业行业共有金融业、固定资产投资、对外贸易、财政收支和景气指数五类宏观经济变量。从表6-4可以看出，市场波动率因子 F_t^{av} 具有最大的因子载荷绝对值，说明工业行业宏观经济变量与市场波动率因子 F_t^{av} 的相关度最高。另外，可以看出宏观指数因子 F_t^{cd}、收益率曲线风险因子 F_t^{yc} 和信用风险因子 F_t^{cr} 的载荷绝对值相差不大，且均远小于市场波动率因子 F_t^{av} 和行业周期因子 F_t^{bs}，这意味着市场波动率因子 F_t^{av} 和行业周期因子 F_t^{bs} 更依赖工业行业宏观经济变量。

金融业中的变量除了国外资产和外汇，均对市场波动率因子 F_t^{av} 产生正的载荷值，这意味着市场波动率因子 F_t^{av} 与除国外资产和外汇外的金融业变量存在正相关关系。另外，可以注意到市场波动率因子 F_t^{av} 的因子载荷值在除国外资产和外汇外的金融业变量上非常相似，这说明该因子在所有金融业变量中几乎相等。

固定资产投资变量规律性较强，行业周期因子 F_t^{bs}、宏观指数因子 F_t^{cd}、收益率曲线风险因子 F_t^{yc}、信用风险因子 F_t^{cr} 和资产收益率因子 F_t^{ar} 均为正载荷，市场波动率因子 F_t^{av} 的载荷为负。固定资产投资的载荷可以从直观的经济现象理解，随着经济状况的好转（F_t^{bs} 的正向变动），以及市场波动的降低，预计固定资产投资会受到鼓励。

同理，市场波动率因子 F_t^{av} 在对外贸易变量中也相差不大，对外贸易变量与市场波动率因子 F_t^{av} 显著正相关。相反，财政收支变量与市场波动率因子 F_t^{av} 显著负相关。

景气指数与行业周期因子 F_t^{bs} 负相关，和市场波动率因子 F_t^{av} 正相关，通过载荷值，可以得到其经济解释：若经济处于衰退期，且市场波动降低，预测景气指数就会被抑制。

6.3.2 信息技术行业动态因子模型实证结果

信息技术行业动态因子转移矩阵 VAR（1）估计结果如表 6-5 所示。图 6-23 给出了信息技术行业动态因子估计结果。表 6-6 是信息技术行业动态因子载荷矩阵结果，表示可观测变量（宏观因子特征变量）与潜在共同因子（行业周期因子 F_t^{bs}、宏观指数因子 F_t^{cd}、收益率曲线风险因子 F_t^{yc}、信用风险因子 F_t^{cr}、资产收益率因子 F_t^{ar} 和市场波动率因子 F_t^{av}）之间的影响关系。

表 6-5 信息技术行业动态因子转移矩阵 VAR(1) 估计结果

	F_t^{bs}	F_t^{cd}	F_t^{yc}	F_t^{cr}	F_t^{ar}	F_t^{av}
F_t^{bs}	−0.00945	0.069063	1.434796	−0.00099	−0.00381	0.002388
F_t^{cd}	−0.00315	0.018427	0.037363	0.000036	0.000177	−0.00219
F_t^{yc}	−0.05243	3.268281	−0.00854	0.000010	−0.00942	−0.00329
F_t^{cr}	−0.19147	−4.27053	5.088368	−0.00325	0.024767	0.080394
F_t^{ar}	0.023309	−0.75109	−0.87501	0.016598	−0.00314	0.08283
F_t^{av}	0.133968	1.741141	−2.69347	0.008701	0.012532	−0.0016

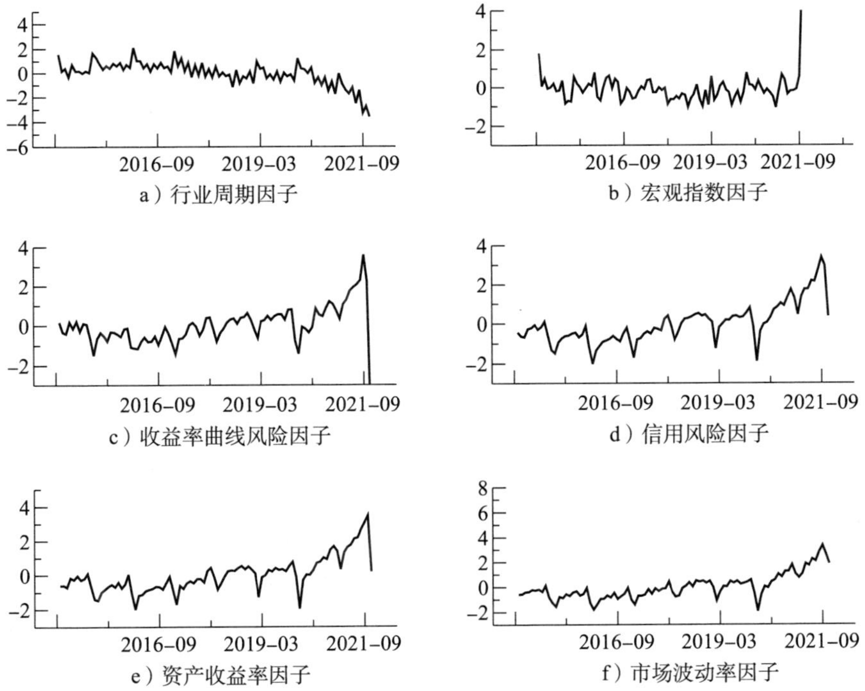

图 6-23 信息技术行业动态因子估计结果

表 6-6 信息技术行业动态因子载荷矩阵：金融业、固定资产投资、国际收支、国内贸易、对外贸易

	F_t^{bs}	F_t^{cd}	F_t^{yc}	F_t^{cr}	F_t^{ar}	F_t^{av}
金融业						
货币和准货币	0.167517	−2.18121	0.890143	0.359077	0.362625	0.401848

续表

	F_t^{bs}	F_t^{cd}	F_t^{yc}	F_t^{cr}	F_t^{ar}	F_t^{av}
货币	0. 228394	-2. 2093	0. 747805	0. 398603	0. 400827	0. 433671
准货币	0. 133728	-2. 16132	0. 966527	0. 336627	0. 340895	0. 383543
对非金融部门债权	0. 142281	-2. 16668	0. 947208	0. 342427	0. 346466	0. 388294
其他存款	0. 194267	-2. 18267	0. 893002	0. 352055	0. 355119	0. 388225
定期存款	0. 191405	-2. 19262	0. 839694	0. 372585	0. 376068	0. 412866
债券	0. 175164	-2. 18474	0. 875501	0. 363427	0. 366512	0. 404133
其他(净)	0. 254598	-2. 22274	0. 630178	0. 433274	0. 435758	0. 468927
储蓄存款	0. 080919	-2. 13363	1. 051129	0. 313915	0. 319072	0. 368593
固定资产投资						
商品房销售面积-办公楼	0. 290396	-2. 21446	0. 735141	0. 390965	0. 389608	0. 408351
商品房销售额	0. 282305	-2. 22858	0. 421504	0. 493866	0. 495738	0. 535167
固定资产投资	-0. 21785	-1. 27249	2. 055849	-0. 19416	-0. 19445	-0. 1769
固定资产投资-第一产业	0. 022427	-1. 8492	1. 600872	0. 070422	0. 069478	0. 085996
固定资产投资-第二产业	-0. 24758	-0. 99169	2. 161433	-0. 30683	-0. 30923	-0. 30611
固定资产投资-第三产业	-0. 2174	-1. 34085	2. 020697	-0. 16227	-0. 16169	-0. 13849
固定资产投资-第一产业(累计同比增长)(%)	-0. 29363	2. 210945	-0. 76168	-0. 37949	-0. 37999	-0. 39616
国际收支						
外汇	0. 40259	2. 193464	-0. 03756	-0. 57448	-0. 57576	-0. 60308
国内贸易						
社会消费品零售总额增长率(%)	0. 05455	1. 958486	-1. 44604	-0. 14279	-0. 14531	-0. 1698
对外贸易						
进出口总值	-0. 73692	0. 521075	2. 023537	-0. 62067	-0. 61571	-0. 57131
出口总值	-0. 75632	0. 950086	1. 791728	-0. 67657	-0. 67234	-0. 63658
累计同期增长-进口(%)	-1. 19527	1. 969607	0. 434376	-0. 45923	-0. 45068	-0. 2988

影响信息技术行业的宏观因子根据国泰安数据库中的宏观经济数据库，可以分为金融业、固定资产投资、国际收支、国内贸易、对外贸易五类变量。

与工业行业相同，从表6-6可以得出，六个因子（行业周期因子F_t^{bs}、宏观指数因子F_t^{cd}、收益率曲线风险因子F_t^{yc}、信用风险因子F_t^{cr}、资产收益率因子F_t^{ar}和市场波动率因子F_t^{av}）均会对信息技术行业选择的宏观因子特征变量造成一定的影响。

整体而言，信息技术行业各因子在变量上的载荷规律性不强，可以大致看出，信息技术行业宏观经济变量更依赖宏观指数因子F_t^{cd}。

在金融业变量中，可以看出，宏观指数因子F_t^{cd}与金融业变量显著负相关，且宏观指数因子F_t^{cd}载荷值几乎相同，说明宏观指数因子F_t^{cd}在金融业变量中相差不大。另外，金融业变量与行业周期因子F_t^{bs}、收益率曲线风险因子F_t^{yc}、信用风险因子F_t^{cr}、资产收益率因子F_t^{ar}和市场波动率因子F_t^{av}存在正相关关系。正的行业周期因子F_t^{bs}载荷值意味着随着经济状况的好转，信息技术行业的金融业变量会受到鼓励。

相较于金融业变量，固定资产投资变量规律性不强，大致可以得到的结论是，固定资产投资变量较依赖宏观指数因子F_t^{cd}和收益率曲线风险因子F_t^{yc}。另外，固定资产投资在行业周期因子F_t^{bs}上的载荷值较小，这意味着在信息技术行业，固定资产投资受到经济状况的影响较小。

国际收支变量和国内贸易变量与宏观指数因子F_t^{cd}显著正相关，与行业周期因子F_t^{bs}也存在正相关关系，可以认为，随着经济的好转，外汇会逐步增加，社会消费品零售总额增长率也会增长。

在对外贸易变量中，宏观指数因子F_t^{cd}和收益率曲线风险因子F_t^{yc}拥有较大的正载荷值，说明宏观指数因子F_t^{cd}和收益率曲线风险因子F_t^{yc}与对外贸易变量存在正相关关系；与行业周期因子F_t^{bs}、信用风险因子F_t^{cr}、资产收益率因子F_t^{ar}和市场波动率因子F_t^{av}的载荷值为负，即行业周期因子F_t^{bs}、信用风险因子F_t^{cr}、资产收益率因子F_t^{ar}和市场波动率因子F_t^{av}与对外贸易变量是负相关的。随着经济的好转，信息技术行业的对外贸易变量反而容易受到抑制。

6.3.3 材料行业动态因子模型实证结果

材料行业动态因子转移矩阵VAR(1)估计结果如表6-7所示。图6-24展示了材料行业动态因子估计结果。表 6-8 是材料行业动态因子载荷矩阵结果，即可观测变量(宏观因子特征变量)与潜在共同因子(行业周期因子 F_t^{bs}、宏观指数因子 F_t^{cd}、收益率曲线风险因子 F_t^{yc}、信用风险因子 F_t^{cr}、资产收益率因子 F_t^{ar} 和市场波动率因子 F_t^{av})之间的关系。

表 6-7　材料行业动态因子转移矩阵 VAR(1)估计结果

	F_t^{bs}	F_t^{cd}	F_t^{yc}	F_t^{cr}	F_t^{ar}	F_t^{av}
F_t^{bs}	-0. 00274	0. 000374	0. 001355	0. 011787	0. 049114	2. 002342
F_t^{cd}	-1. 35793	-0. 00299	0. 014364	0. 012814	0. 263073	1. 085855
F_t^{yc}	-1. 27601	-0. 00255	-0. 00854	-0. 019	-0. 04926	2. 179872
F_t^{cr}	-0. 21237	0. 000008	0. 001757	-0. 00678	-0. 05855	1. 173643
F_t^{ar}	0. 043609	-0. 00472	0. 003536	0. 030297	-0. 00805	-0. 06134
F_t^{av}	0. 125113	-0. 00042	0. 00615	0. 001976	0. 005373	-0. 00793

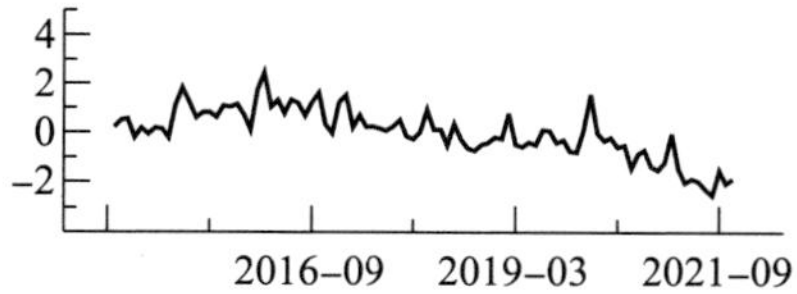

a）行业周期因子

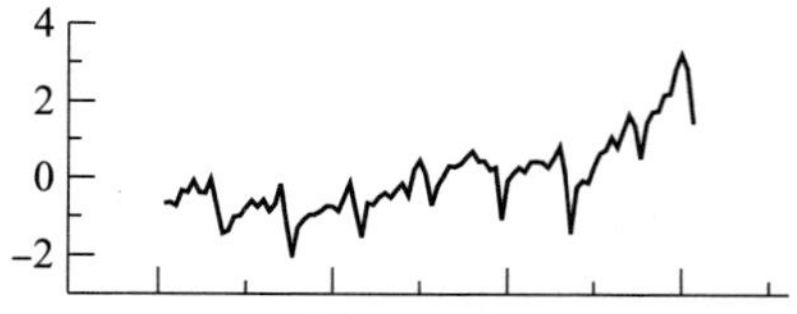

b）宏观指数因子

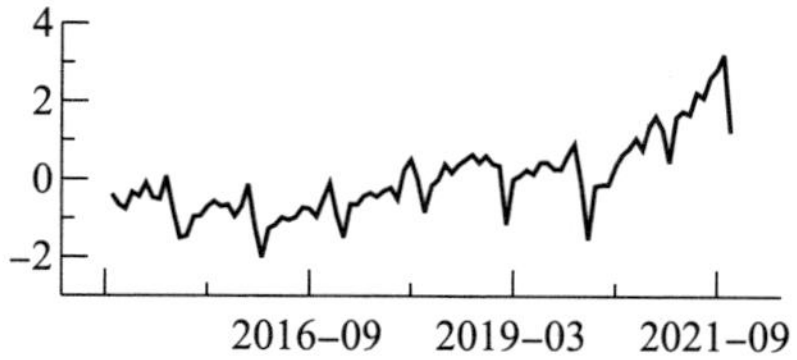

c）收益率曲线风险因子

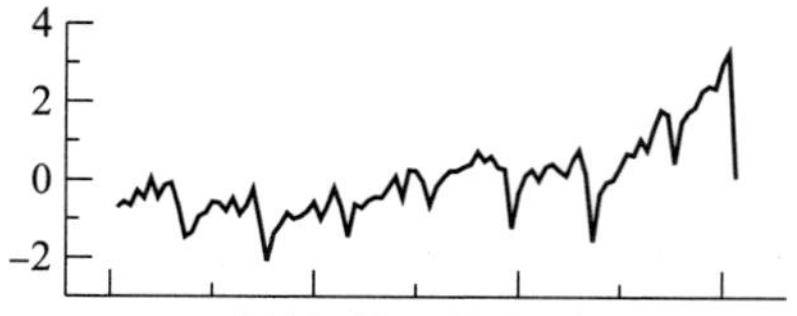

d）信用风险因子

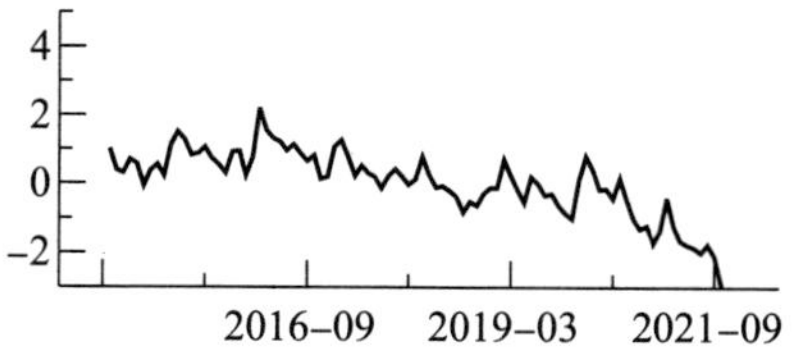

e）资产收益率因子

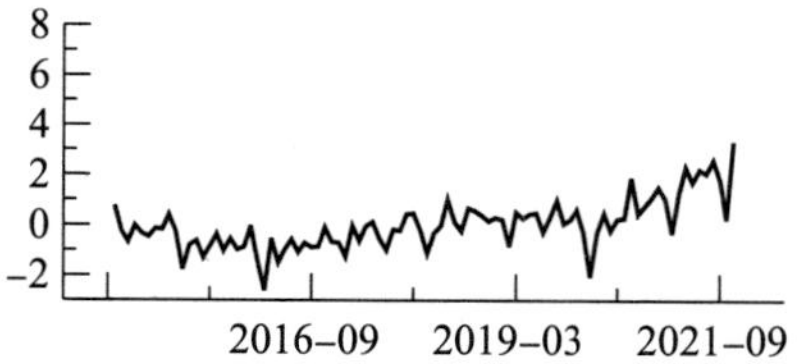

f）市场波动率因子

图 6-24　材料行业动态因子估计结果

表 6-8 材料行业动态因子载荷矩阵：金融业、固定资产投资、对外贸易、财政收支、国际收支

	F_t^{bs}	F_t^{cd}	F_t^{yc}	F_t^{cr}	F_t^{ar}	F_t^{av}
金融业						
货币和准货币	-1. 25375	-0. 19087	-0. 17457	-0. 13928	-0. 30307	2. 061539
准货币	-1. 1939	-0. 21399	-0. 19638	-0. 15911	-0. 32458	2. 087961
货币	-1. 38441	-0. 13783	-0. 12457	-0. 0939	-0. 25327	1. 993975
国外资产	1. 655109	0. 015668	0. 00584	-0. 01978	0. 143019	-1. 79986
其他国外资产	2. 177678	-0. 32165	-0. 32335	-0. 33293	-0. 26885	-0. 93091
对政府债权	0. 872561	-0. 79627	-0. 84274	-0. 93051	-0. 04278	1. 73974
储蓄存款	-1. 11218	-0. 24244	-0. 2236	-0. 1852	-0. 35626	2. 119685
国内信贷	-1. 28455	-0. 17862	-0. 16308	-0. 12885	-0. 29178	2. 046873
其他存款	-1. 32867	-0. 16542	-0. 15011	-0. 11395	-0. 26683	2. 024985
货币黄金	-1. 51874	-0. 08495	-0. 07715	-0. 0549	-0. 17397	1. 909707
对非金融部门债权	-1. 21373	-0. 2063	-0. 18907	-0. 15241	-0. 31796	2. 079477
对政府债权(净)	-1. 32905	-0. 16145	-0. 14612	-0. 11255	-0. 27514	2. 024311
其他(净)	-1. 35341	-0. 15022	-0. 13684	-0. 10537	-0. 26548	2. 011319
债券	-1. 27877	-0. 18042	-0. 16521	-0. 13128	-0. 294	2. 049688
固定资产投资						
商品房销售额增长率-住宅(累计同比增长)(%)	0. 120107	-0. 55033	-0. 54101	-0. 51051	-0. 67893	2. 160663
固定资产投资	-1. 17619	-0. 2306	-0. 23041	-0. 20731	-0. 25382	2. 098315
固定资产投资-第二产业(累计同比增长)(%)	2. 019728	-0. 18638	-0. 18876	-0. 19924	-0. 10375	-1. 34159
固定资产投资-第三产业	-1. 10712	-0. 25249	-0. 24647	-0. 21837	-0. 29975	2. 124207
固定资产投资-第一产业	-1. 54614	-0. 07667	-0. 07915	-0. 06166	-0. 12772	1. 891344
对外贸易						
累计同期增长-进口(%)	-0. 14975	-0. 4927	-0. 47374	-0. 43178	-0. 6623	2. 210275
进出口总值	-0. 12668	-0. 52603	-0. 50316	-0. 45616	-0. 59874	2. 21077

续表

	F_t^{bs}	F_t^{cd}	F_t^{yc}	F_t^{cr}	F_t^{ar}	F_t^{av}
进口总值	-0.41237	-0.45618	-0.43368	-0.38677	-0.54436	2.233352
出口总值	0.127543	-0.58049	-0.55761	-0.51118	-0.63854	2.160277
财政收支						
国家财政预算支出合计	-0.09629	0.570129	0.525419	0.451082	0.712609	-2.16294
国际收支						
外汇	1.563127	0.056802	0.046268	0.019337	0.189314	-1.87485

表6-8的材料行业动态因子载荷矩阵中，共有金融业、固定资产投资、对外贸易、财政收支、国际收支五大类变量，动态共同因子对每类变量的影响不尽相同。从表6-8中大致可以看出，行业周期因子 F_t^{bs} 和市场波动率因子 F_t^{av} 有较大的载荷绝对值，意味着行业周期因子 F_t^{bs} 和市场波动率因子 F_t^{av} 与材料行业的宏观经济特征存在较强的相关关系。

金融业变量中，除了国外资产、其他国外资产和对政府债权，其余变量存在较强的规律：行业周期因子 F_t^{bs} 具有较强的负载荷，市场波动率因子 F_t^{av} 具有较强的正载荷，即行业周期因子 F_t^{bs} 与变量存在较强的负相关关系，市场波动率因子 F_t^{av} 与变量存在较强的正相关关系，可以理解为随着经济的衰退及市场波动的增强，金融业变量会发展得更好。

固定资产投资变量的载荷值没有较强的规律，但可以做出经济解释，例如，随着经济的繁荣，在市场波动率较大的情况下，商品房销售额增长率-住宅(累计同比增长)(%)会增加。

对外贸易变量主要受到市场波动率因子 F_t^{av} 的正向影响，与其他因子的相关关系较弱。通过财政收支的载荷值我们可以看出，随着经济的衰退，国家财政预算支出会增加，以达到宏观调控的效果，使经济得以复苏。

根据国际收支变量的载荷，也可以得到经济解释，随着经济的好转，市场波动减弱以及信用风险降低，会更愿意持有外汇。

6.3.4 可选消费行业动态因子模型实证结果

可选消费行业动态因子转移矩阵VAR(1)估计结果如表6-9所示。图

6-25展示了可选消费行业动态因子估计结果。表 6-10 是可选消费行业动态因子载荷矩阵结果，表示可观测变量(宏观因子特征变量)与潜在共同因子(行业周期因子 F_t^{bs}、宏观指数因子 F_t^{cd}、收益率曲线风险因子 F_t^{yc}、信用风险因子 F_t^{cr}、资产收益率因子 F_t^{ar} 和市场波动率因子 F_t^{av})之间的影响关系。

表 6-9 可选消费行业动态因子转移矩阵 VAR(1)估计结果

	F_t^{bs}	F_t^{cd}	F_t^{yc}	F_t^{cr}	F_t^{ar}	F_t^{av}
F_t^{bs}	-0.00356	-0.00023	-0.00022	2.24E-05	0.000233	-0.00019
F_t^{cd}	-5.50969	-0.00626	0.029225	0.003731	0.004039	0.006444
F_t^{yc}	1.405328	-0.00271	-0.00461	-0.00513	0.001887	0.003201
F_t^{cr}	3.249403	-0.02794	0.080398	-0.00744	0.026144	-0.00871
F_t^{ar}	4.898506	0.085135	-0.06431	0.002698	-0.00837	0.000089
F_t^{av}	5.510929	-0.11394	-0.15111	-0.00175	-0.02462	-0.00622

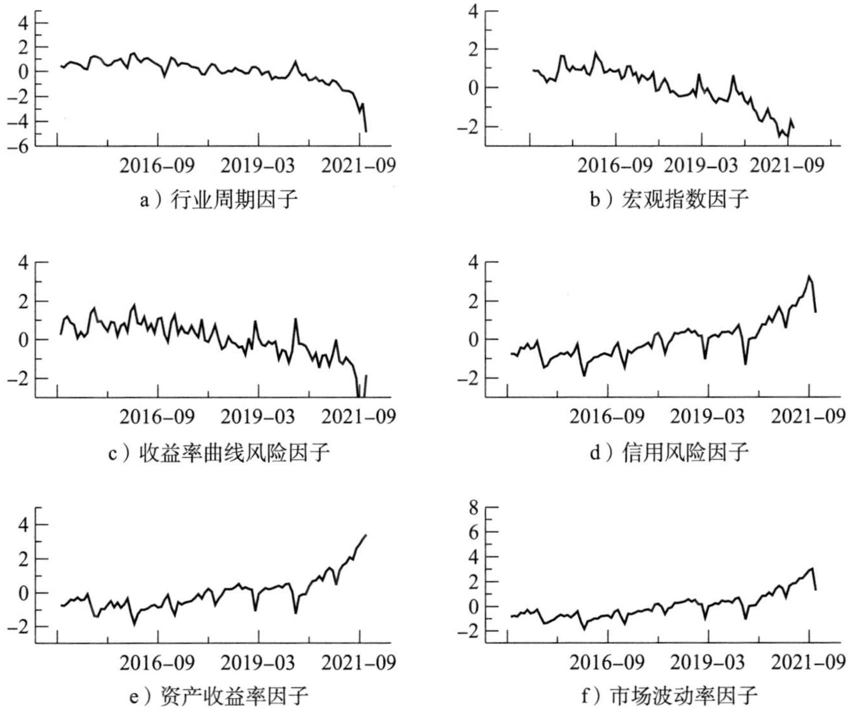

图 6-25 可选消费行业动态因子估计结果

表 6-10　可选消费行业动态因子载荷矩阵：金融业、固定资产投资、财政收支、国内贸易、对外贸易、景气指数

	F_t^{bs}	F_t^{cd}	F_t^{yc}	F_t^{cr}	F_t^{ar}	F_t^{av}
金融业						
货币和准货币	2.1745	-0.70931	-0.77699	-0.2645	-0.1619	-0.2618
货币	2.147009	-0.76088	-0.83803	-0.22217	-0.10529	-0.22065
准货币	2.183047	-0.69063	-0.75491	-0.27937	-0.18189	-0.27625
货币黄金	1.96631	-0.95182	-1.0964	-0.03528	0.152047	-0.03487
对非金融部门债权	2.180994	-0.69541	-0.76021	-0.27581	-0.17667	-0.2729
对政府债权(净)	2.166087	-0.72725	-0.7963	-0.25053	-0.14369	-0.24832
其他(净)	2.134681	-0.77729	-0.86534	-0.20466	-0.0847	-0.2027
国内信贷	2.167416	-0.72333	-0.79439	-0.25279	-0.14661	-0.2503
其他存款	2.176523	-0.70489	-0.77202	-0.2681	-0.16633	-0.26519
储蓄存款	2.187315	-0.68054	-0.74321	-0.28726	-0.19231	-0.284
定期存款	2.173831	-0.71131	-0.77826	-0.26302	-0.16108	-0.26016
债券	2.165743	-0.72649	-0.79832	-0.2502	-0.14285	-0.24788
固定资产投资						
商品房销售面积-办公楼	1.910038	-0.98932	-1.14707	0.005711	0.238511	-0.01787
商品房销售面积-商业营业用房	1.774505	-1.05339	-1.25203	0.085243	0.406331	0.039341
商品房销售额	2.156003	-0.73297	-0.82932	-0.23573	-0.11988	-0.2381
商品房销售额-办公楼	1.901106	-0.99506	-1.15751	0.017075	0.235625	-0.00123
固定资产投资-第一产业	2.198387	-0.64214	-0.70715	-0.32527	-0.18546	-0.33836
固定资产投资-第二产业	1.111029	0.911657	0.967755	-1.00609	-0.90023	-1.08412
固定资产投资-第一产业（累计同比增长）(%)	-1.91491	1.030597	1.107223	-0.0082	-0.21209	-0.00263
固定资产投资到位资金-国内贷款(累计同比增长)(%)	2.182913	-0.70441	-0.74395	-0.27567	-0.18495	-0.27395
房地产开发投资（累计同比增长）(%)	2.235881	-0.44995	-0.46598	-0.45094	-0.42207	-0.44695
财政收支						
各项税收	-2.2177	0.603957	0.619562	0.35864	0.281522	0.354015
消费税	-2.21982	0.587664	0.617151	0.36109	0.295456	0.358459
增值税	-2.21894	0.30642	0.2524	0.557583	0.552567	0.549972

续表

	F_t^{bs}	F_t^{cd}	F_t^{yc}	F_t^{cr}	F_t^{ar}	F_t^{av}
国内贸易						
社会消费品零售总额	2.203712	-0.62924	-0.69716	-0.32205	-0.23403	-0.32123
对外贸易						
进出口总值	2.228934	-0.53379	-0.56364	-0.39846	-0.33666	-0.39639
累计同期增长-进口(%)	2.19664	-0.64639	-0.72505	-0.3025	-0.22174	-0.30097
景气指数						
一致指数	2.180282	-0.68961	-0.76894	-0.2724	-0.17783	-0.2715

表 6-10 展示了可选消费行业金融业、固定资产投资、财政收支、国内贸易、对外贸易、景气指数六个变量的载荷矩阵。从表 6-10 中可以看出，可选消费行业的宏观经济变量与行业周期因子 F_t^{bs} 的相关度最高，与宏观指数因子 F_t^{cd} 和收益率曲线风险因子 F_t^{yc} 有较高的相关度，但相关度相差不大，信用风险因子 F_t^{cr}、资产收益率因子 F_t^{ar} 和市场波动率因子 F_t^{av} 的载荷值最小。可以解释为，可选消费行业容易受到经济状况的影响。

在金融业变量载荷中，行业周期因子 F_t^{bs} 均为正，且相差不大，这意味着行业周期因子 F_t^{bs} 在金融业变量中几乎相同，其现实意义可以解释为，随着经济状况的好转，如果行业周期因子 F_t^{bs} 的载荷正向变化，那么金融业变量的发展也会得到鼓励。

固定资产投资变量载荷矩阵和金融业变量大致相同，但其存在一个偏离规律的变量——固定资产投资-第一产业(累计同比增长)(%)，即当经济状况较好时，固定资产投资-第一产业(累计同比增长)(%)可能会受到抑制。

财政收支变量则与金融业变量相反，与行业周期因子 F_t^{bs} 负相关，与其他五个因子正相关，可以理解为，随着经济的好转，税收会减少。

那么，根据这种规律，通过分析国内贸易和对外贸易的载荷矩阵，其经济意义为，随着经济的增长，国内贸易和对外贸易均会增长。同理，随着经济的增长，景气指数也会正向变动。

6.3.5 日常消费行业动态因子模型实证结果

日常消费行业动态因子转移矩阵 VAR(1) 估计结果如表 6-11 所示。

图 6-26展示了日常消费行业动态因子估计结果。表 6-12 是日常消费行业动态因子载荷矩阵结果，表示可观测变量(宏观因子特征变量)与潜在共同因子(行业周期因子 F_t^{bs}、宏观指数因子 F_t^{cd}、收益率曲线风险因子 F_t^{yc}、信用风险因子 F_t^{cr}、资产收益率因子 F_t^{ar} 和市场波动率因子 F_t^{av})之间的影响关系。

表 6-11　日常消费行业动态因子转移矩阵 VAR(1)估计结果

	F_t^{bs}	F_t^{cd}	F_t^{yc}	F_t^{cr}	F_t^{ar}	F_t^{av}
F_t^{bs}	-0.00298	0.007643	-0.0002	0.000798	0.001592	0.000091
F_t^{cd}	-0.57652	-0.00347	0.013164	-0.00579	0.002519	0.050237
F_t^{yc}	-1.14567	-0.0051	-0.00839	0.004572	0.038006	-0.06323
F_t^{cr}	-1.58565	-0.03502	-0.00077	-0.00762	0.042473	0.119339
F_t^{ar}	-1.36571	-0.16853	-0.00277	0.007815	-0.00774	-0.01274
F_t^{av}	1.905048	0.035348	0.014076	-0.00406	0.013019	0.000732

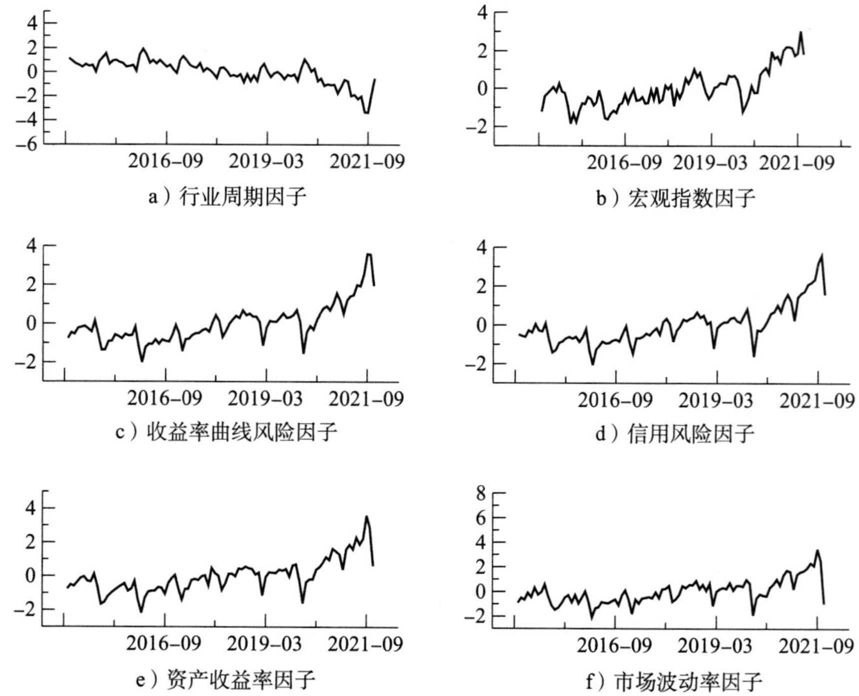

图 6-26　日常消费行业动态因子估计结果

表 6-12 日常消费行业动态因子载荷矩阵：金融业、固定资产投资、财政收支、对外贸易、景气指数、国际收支

	F_t^{bs}	F_t^{cd}	F_t^{yc}	F_t^{cr}	F_t^{ar}	F_t^{av}
金融业						
货币和准货币	1.455038	-1.88711	0.004008	-0.24268	0.197891	0.472858
货币	1.198536	-2.00358	0.082018	-0.1791	0.223598	0.678523
准货币	1.548231	-1.82917	-0.02707	-0.2665	0.186442	0.388076
债券	1.356467	-1.93842	0.03423	-0.21948	0.212017	0.555188
国内信贷	1.377168	-1.93172	0.032196	-0.22021	0.218551	0.524012
其他存款	1.502349	-1.84636	-0.0392	-0.27614	0.19049	0.468863
其他(净)	0.971317	-2.08235	0.148463	-0.12359	0.327215	0.758943
对非金融部门债权	1.497801	-1.85398	-0.02311	-0.26546	0.180061	0.464691
实收资本	1.491313	-1.85063	-0.03207	-0.27756	0.177415	0.491533
对政府债权	-2.17074	0.958139	0.306523	0.330075	0.264788	0.311211
国外资产	-1.24009	2.027504	-0.13405	0.093936	-0.22302	-0.52428
固定资产投资						
固定资产投资-第一产业	-0.45234	-0.73442	-0.30303	-0.38679	-0.33722	2.213792
固定资产投资	-0.16003	-0.65342	-0.43876	-0.50861	-0.45112	2.21195
固定资产投资-第一产业(累计同比增长)(%)	-0.40382	2.081024	-0.24214	0.056958	-0.33898	-1.15303
固定资产投资-第二产业(累计同比增长)(%)	1.46793	1.259898	-0.57617	-0.36587	-0.57867	-1.20713
固定资产投资-第三产业(累计同比增长)(%)	-0.20537	2.014411	-0.19993	0.118297	-0.44297	-1.28444
固定资产投资到位资金-自筹资金(累计同比增长)(%)	2.040151	-1.24861	-0.2935	-0.43261	-0.07355	0.008114
商品房销售面积-住宅	0.195019	-1.06548	-0.3759	-0.46266	-0.37248	2.081496
商品房销售面积	0.185246	-1.06277	-0.37344	-0.45988	-0.37376	2.084601
商品房销售额	0.538745	-1.33537	-0.33583	-0.45554	-0.2889	1.876904
房地产开发投资(累计同比增长)(%)	2.158144	-0.3913	-0.23958	-0.28798	-0.24477	-0.99451

续表

	F_t^{bs}	F_t^{cd}	F_t^{yc}	F_t^{cr}	F_t^{ar}	F_t^{av}
财政收支						
各项税收	-1.87607	1.317887	0.395314	0.534892	0.154546	-0.52657
消费税	-1.58033	1.74266	0.165969	0.371367	-0.1833	-0.51637
增值税	-1.94974	-0.2985	0.993182	0.951091	0.44543	-0.14146
国家财政预算支出合计	-1.88133	1.44429	0.276003	0.474623	-0.04725	-0.26633
财政预算收入合计	-1.89249	1.352634	0.355553	0.504525	0.119723	-0.43994
对外贸易						
进出口总值	1.948463	-1.13604	-0.44169	-0.58553	-0.31206	0.526861
进口总值	1.983053	-1.20274	-0.37359	-0.52857	-0.25095	0.372797
出口总值	1.90737	-1.07149	-0.49867	-0.63197	-0.36367	0.658431
累计同期增长-出口(%)	2.175647	-0.92359	-0.27861	-0.36733	-0.21004	-0.39607
景气指数						
一致指数	1.605314	-1.7345	-0.07888	-0.26715	-0.09703	0.572244
国际收支						
外汇	-1.25358	2.02024	-0.12844	0.101957	-0.21787	-0.52231

表6-12展示的是日常消费行业动态因子模型得到的载荷矩阵，主要包括金融业、固定资产投资、财政收支、对外贸易、景气指数、国际收支六类变量。从表6-12中我们可以看出，与可选消费行业不同，日常消费行业的因子载荷矩阵规律性较弱，但也可以看出，行业周期因子 F_t^{bs}、市场波动率因子 F_t^{av} 与宏观指数因子 F_t^{cd} 的载荷绝对值较大，即日常消费行业宏观经济变量与行业周期因子 F_t^{bs}、市场波动率因子 F_t^{av} 和宏观指数因子 F_t^{cd} 的相关度最高，收益率曲线风险因子 F_t^{yc} 的载荷绝对值最小，可以认为日常消费行业宏观经济变量与收益率曲线风险因子 F_t^{yc} 的相关度最低。

通过金融业变量的载荷值可以看出，除了对政府债权和国外资产两个变量，其他变量与行业周期因子 F_t^{bs} 正相关，与宏观指数因子 F_t^{cd} 负相关，其现实意义是，随着经济的好转（F_t^{bs} 的正向变动），除了对政府债权和国外资产，其他金融业变量会正向变化。

固定资产投资变量的变化也没有很强的规律可循，但可以看出商品房销售变量与市场波动率因子 F_t^{av} 有较强的正相关关系，与宏观指数因子 F_t^{cd} 有较强的负相关关系，即随着市场环境的恶化（F_t^{cd} 的负向变动），以及市场波动率的增强（F_t^{av} 的正向变动），商品房销售变量有可能会正向变动。

从财政收支变量和国际收支变量的因子载荷可以看出，二者均与行业周期因子 F_t^{bs} 存在负相关关系，与宏观指数因子 F_t^{cd} 存在正相关关系，这意味着，随着经济状况和市场环境的好转，财政支出变量和国际收支变量会受到抑制。对外贸易变量和景气指数变量则正好相反，与行业周期因子 F_t^{bs} 存在正相关关系，与宏观指数因子 F_t^{cd} 存在负相关关系，即随着经济状况和市场环境的好转，对外贸易会受到鼓励，景气指数变量也会有积极的变化。

6.3.6 能源行业动态因子模型实证结果

能源行业动态因子转移矩阵 VAR（1）估计结果如表 6-13 所示。图 6-27 展示了能源行业动态因子估计结果。表 6-14 是能源行业动态因子载荷矩阵结果，表示可观测变量（宏观因子特征变量）与潜在共同因子（行业周期因子 F_t^{bs}、宏观指数因子 F_t^{cd}、收益率曲线风险因子 F_t^{yc}、信用风险因子 F_t^{cr}、资产收益率因子 F_t^{ar} 和市场波动率因子 F_t^{av}）之间的影响关系。

表 6-13 能源行业动态因子转移矩阵 VAR（1）估计结果

	F_t^{bs}	F_t^{cd}	F_t^{yc}	F_t^{cr}	F_t^{ar}	F_t^{av}
F_t^{bs}	0. 003094	−0. 07467	−5. 33432	2. 224131	0. 01145	−0. 00693
F_t^{cd}	−0. 09286	0. 007418	0. 901965	−7. 27044	−0. 00423	−0. 01518
F_t^{yc}	−0. 11189	0. 146888	0. 006998	−4. 9652	−0. 00407	−0. 02275
F_t^{cr}	−0. 00172	−0. 03571	0. 354209	0. 000926	0. 001362	−0. 0059
F_t^{ar}	0. 036346	−0. 59287	29. 35183	−2. 37247	0. 008651	−0. 01485
F_t^{av}	−0. 37332	0. 008669	13. 98535	10. 52968	0. 011632	0. 005441

能源行业筛选出的宏观变量因子较少，仅包含金融业、固定资产投资、对外贸易和国际收支四类变量。从表 6-14 可以看出，能源行业与收益率曲线风险因子 F_t^{yc} 的相关度最高，与信用风险因子 F_t^{cr} 的相关度最低。

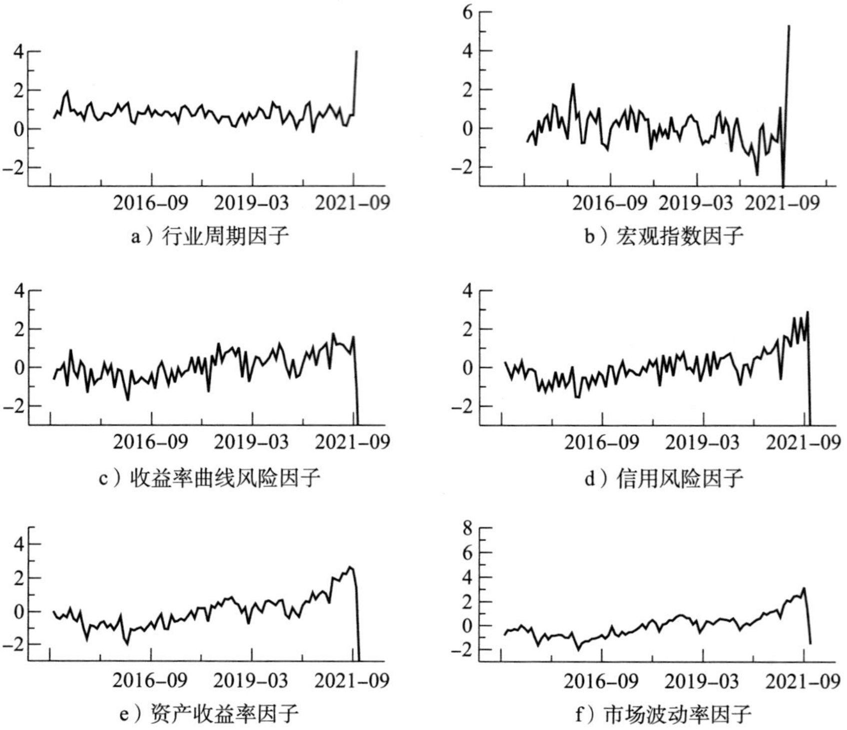

图 6–27　能源行业动态因子估计结果

从金融业变量中可以得到，除了国外净资产变量，其他金融业变量与收益率曲线风险因子 F_t^{yc} 正相关，可以理解为，随着经济的增长（F_t^{yc} 正向变动），金融业变量也会增长。反之，随着经济的衰退，国外净资产会减少。

固定资产投资变量中，收益率曲线风险因子 F_t^{yc} 的载荷均为正，且几乎相同，即收益率曲线风险因子 F_t^{yc} 在固定投资变量中几乎一致。另外，可以得到的经济意义是正的收益率曲线风险因子 F_t^{yc} 载荷值代表着经济的增长，固定资产投资变量在此情况下也会得到发展。

对外贸易变量与收益率曲线风险因子 F_t^{yc} 正相关，同理，随着经济的增长，对外贸易也会增加。与对外贸易变量相反，国际收支变量与收益率曲线风险因子 F_t^{yc} 负相关，因此，随着经济的衰退（F_t^{yc} 负向变动），外汇持有量会减少。

表 6-14 能源行业动态因子载荷矩阵：金融业、固定资产投资、对外贸易、国际收支

	F_t^{bs}	F_t^{cd}	F_t^{yc}	F_t^{cr}	F_t^{ar}	F_t^{av}
金融业						
准货币	-0.54	-0.54748	2.218647	-0.17748	-0.47921	-0.47448
货币和准货币	-0.5364	-0.54402	2.221031	-0.19824	-0.47339	-0.46898
定期存款	-0.53485	-0.54242	2.221744	-0.20457	-0.4722	-0.4677
国外净资产	0.44327	0.452237	-2.22475	0.643917	0.342803	0.342526
储蓄存款	-0.54122	-0.54892	2.217983	-0.17216	-0.4803	-0.47538
对非金融部门债权	-0.5389	-0.54633	2.219488	-0.18465	-0.47711	-0.47249
固定资产投资						
固定资产投资	-0.66983	-0.66607	1.930316	0.71975	-0.65745	-0.65672
固定资产投资-第一产业	-0.6368	-0.63575	2.069765	0.414718	-0.60585	-0.60609
固定资产投资-第二产业	-0.68364	-0.66701	1.313888	1.509133	-0.73376	-0.73861
对外贸易						
进口总值	-0.63749	-0.64368	2.078564	0.390907	-0.59673	-0.59157
国际收支						
外汇	0.421194	0.430896	-2.22009	0.693049	0.338967	0.335988

6.3.7 公用事业行业动态因子模型实证结果

公用事业行业动态因子转移矩阵 VAR(1)估计结果如表 6-15 所示。图 6-28 展示了公用事业行业动态因子估计结果。表 6-16 是公用事业行业动态因子载荷矩阵结果，表示可观测变量(宏观因子特征变量)与潜在共同因子(行业周期因子 F_t^{bs}、宏观指数因子 F_t^{cd}、收益率曲线风险因子 F_t^{yc}、信用风险因子 F_t^{cr}、资产收益率因子 F_t^{ar} 和市场波动率因子 F_t^{av})之间的影响关系。

表 6-15 公用事业行业动态因子转移矩阵 VAR(1)估计结果

	F_t^{bs}	F_t^{cd}	F_t^{yc}	F_t^{cr}	F_t^{ar}	F_t^{av}
F_t^{bs}	-0.00112	0.107815	-4.06791	-3.91935	-0.00859	-0.03887
F_t^{cd}	0.098889	-0.00539	-0.51954	2.731415	0.000642	-0.02813
F_t^{yc}	-0.01457	-0.00526	0.002642	-2.59825	-0.00503	0.005406

续表

	F_t^{bs}	F_t^{cd}	F_t^{yc}	F_t^{cr}	F_t^{ar}	F_t^{av}
F_t^{cr}	0. 0343	−0. 00315	−0. 0205	0. 02194	−0. 00165	−0. 00198
F_t^{ar}	0. 120896	−0. 46053	−4. 02633	1. 878	−0. 00207	0. 05716
F_t^{av}	−0. 01636	−0. 15045	3. 075877	−1. 22209	0. 007131	−0. 00046

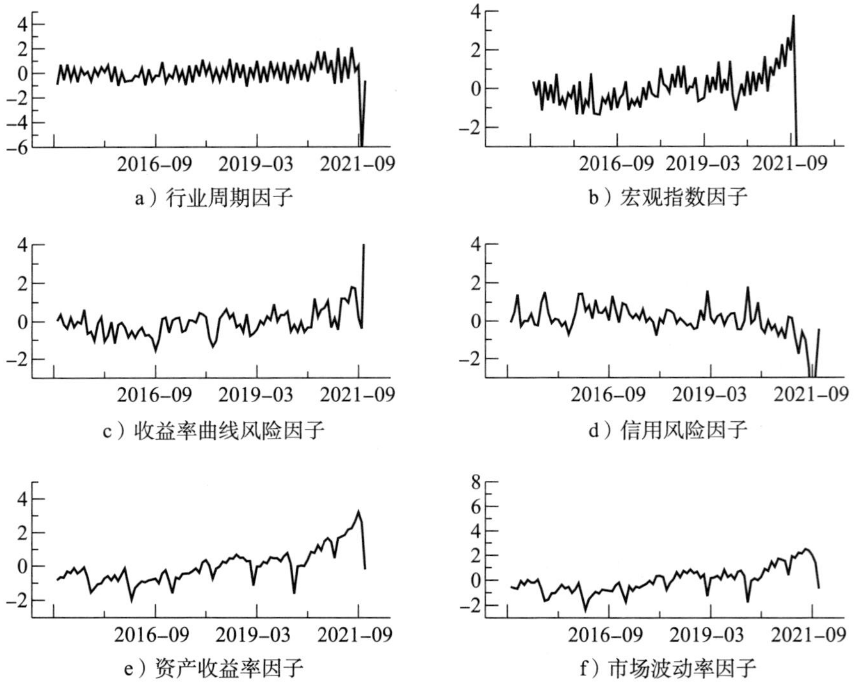

图 6-28　公用事业行业动态因子估计结果

表 6-16　公用事业行业动态因子载荷矩阵：金融业、固定资产投资、对外贸易、国际收支

	F_t^{bs}	F_t^{cd}	F_t^{yc}	F_t^{cr}	F_t^{ar}	F_t^{av}
金融业						
流通中现金	−0. 1812	−0. 19841	1. 985273	−1. 40198	−0. 11209	−0. 0916
货币和准货币	−0. 18975	−0. 20749	2. 00197	−1. 37336	−0. 12528	−0. 10609
准货币	−0. 21481	−0. 23263	2. 037439	−1. 30704	−0. 15157	−0. 1314
定期存款	−0. 17387	−0. 1909	1. 979714	−1. 41183	−0. 11106	−0. 09206

续表

	F_t^{bs}	F_t^{cd}	F_t^{yc}	F_t^{cr}	F_t^{ar}	F_t^{av}
储蓄存款	-0.24934	-0.26808	2.080146	-1.21598	-0.18406	-0.16269
其他存款	-0.15644	-0.17232	1.957259	-1.44867	-0.09883	-0.081
对政府债权	-0.26183	-0.03435	1.953976	-0.33950	-0.96406	-1.03323
对政府债权(净)	-0.15618	-0.1736	1.950914	-1.45806	-0.0908	-0.07227
对非金融部门债权	-0.20798	-0.22596	2.027927	-1.3255	-0.14418	-0.1243
债券	-0.17934	-0.19722	1.986097	-1.40086	-0.11356	-0.09511
其他(净)	-0.1414	-0.15892	1.926737	-1.49452	-0.07444	-0.05745
固定资产投资						
固定资产投资	-0.28154	-0.29309	2.148469	-1.03663	-0.27103	-0.26618
固定资产投资-第一产业	-0.11189	-0.12233	1.913744	-1.51547	-0.08348	-0.08057
固定资产投资-第二产业	-0.27101	-0.26948	2.176811	-0.93071	-0.34143	-0.36418
固定资产投资-第三产业	-0.29074	-0.30462	2.150113	-1.03069	-0.26691	-0.25714
固定资产投资-第一产业(累计同比增长)(%)	-0.09719	-0.08626	-1.46127	1.949674	-0.14669	-0.15826
对外贸易						
进出口总值	-0.56643	-0.58758	2.188908	0.006549	-0.53162	-0.50983
国际收支						
外汇	0.050084	0.06909	-1.75474	1.706166	-0.02792	-0.04268

表6-16表示的是公用事业行业关于金融业、固定资产投资、对外贸易、国际收支四类变量的载荷矩阵，从中我们可以看出，公用事业行业与能源行业相似，主要有两个宏观系统性因子——收益率曲线风险因子 F_t^{yc} 和信用风险因子 F_t^{cr} 对公用事业行业的变量产生较大影响，其中影响比重较大的是收益率曲线风险因子 F_t^{yc}，其他四个潜在因子(行业周期因子 F_t^{bs}、宏观指数因子 F_t^{cd}、资产收益率因子 F_t^{ar} 和市场波动率因子 F_t^{av})在所有变量上的载荷较小。

在金融业变量中，收益率曲线风险因子 F_t^{yc} 的载荷值均为正，且相差不大，意味着收益率曲线风险因子 F_t^{yc} 在金融业变量中几乎相同，金融业变量均与信用风险因子 F_t^{cr} 负相关。其中的现实意义是，随着经济的好转(F_t^{yc} 正向变动)及信用风险的降低，金融业变量会逐渐增强。

固定资产投资变量与金融业变量略有不同，大部分变量与收益率曲线风险因子 F_t^{yc} 正相关，与信用风险因子 F_t^{cr} 负相关。但存在固定资产投资-第一产业(累计同比增长)(%)与收益率曲线风险因子 F_t^{yc} 负相关，与信用风险因子 F_t^{cr} 正相关，即在经济状况衰退且信用风险增加时，固定资产投资-第一产业(累计同比增长)(%)会增速发展。

对外贸易变量在经济状况正向发展时，进出口总值会增加。外汇变量则相反，随着经济状况的衰退，外汇持有量会出现减少的情况。

6.3.8 金融行业动态因子模型实证结果

金融行业动态因子转移矩阵 VAR(1)估计结果如表 6-17 所示。图 6-29 展示了金融行业动态因子估计结果。表 6-18 是金融行业动态因子载荷矩阵结果，表示可观测变量(宏观因子特征变量)与潜在共同因子(行业周期因子 F_t^{bs}、宏观指数因子 F_t^{cd}、收益率曲线风险因子 F_t^{yc}、信用风险因子 F_t^{cr}、资产收益率因子 F_t^{ar} 和市场波动率因子 F_t^{av})之间的影响关系。

表 6-17　金融行业动态因子转移矩阵 VAR(1)估计结果

	F_t^{bs}	F_t^{cd}	F_t^{yc}	F_t^{cr}	F_t^{ar}	F_t^{av}
F_t^{bs}	-0.00398	0.003331	0.006729	0.053547	-0.15122	0.021956
F_t^{cd}	-0.01487	-0.00475	0.017585	0.049378	0.012098	-0.08857
F_t^{yc}	-0.03182	-0.01465	-0.00318	-0.05795	0.2363	-0.01452
F_t^{cr}	-0.07361	0.001916	0.013441	-0.00397	0.068321	-0.08786
F_t^{ar}	-0.04614	0.021575	-0.01112	0.005358	-0.00025	0.049005
F_t^{av}	0.016828	0.009187	0.011234	-0.00942	-0.03696	0.003842

表 6-18 是金融行业动态因子涉及的五类变量：金融业、固定资产投资、财政收支、对外贸易、国际收支。从表 6-18 中我们可以看出，金融行业变量与行业周期因子 F_t^{bs}、资产收益率因子 F_t^{ar} 和市场波动率因子 F_t^{av} 相关度较高。

在金融业变量的载荷中，我们可以看出，载荷绝对值最高的是行业周期因子 F_t^{bs}，除了国外资产、其他国外资产、对政府债权、国外净资产，其余金融业变量与行业周期因子 F_t^{bs} 存在强负相关关系。

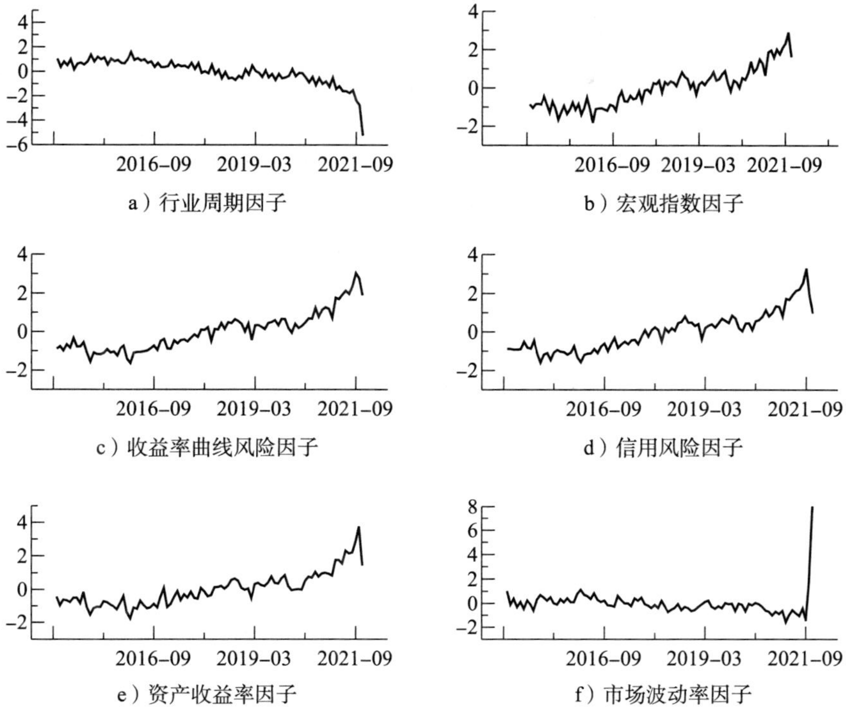

图 6-29　金融行业动态因子估计结果

固定资产投资变量中的规律性不强，依旧可以看出载荷值较高的是行业周期因子 F_t^{bs}、资产收益率因子 F_t^{ar} 和市场波动率因子 F_t^{av}，随着经济的发展（F_t^{ar} 正向变动），固定资产类变量可以得到正向的发展。

对外贸易变量载荷绝对值较大的是市场波动率因子 F_t^{av} 和行业周期因子 F_t^{bs}，即对外贸易变量与市场波动率因子 F_t^{av} 和行业周期因子 F_t^{bs} 的相关度较高。

国际收支变量与行业周期因子 F_t^{bs} 存在强正相关关系，这意味着随着经济的发展，外汇持有量会增加。

表 6-18　金融行业动态因子载荷矩阵：金融业、固定资产投资、财政收支、对外贸易、国际收支

	F_t^{bs}	F_t^{cd}	F_t^{yc}	F_t^{cr}	F_t^{ar}	F_t^{av}
金融业						
流通中现金	-2. 14148	0. 507385	0. 241916	0. 821642	-0. 07547	0. 646006
货币	-2. 11173	0. 184128	-0. 0714	0. 378093	0. 660544	0. 960368

续表

	F_t^{bs}	F_t^{cd}	F_t^{yc}	F_t^{cr}	F_t^{ar}	F_t^{av}
货币发行	-2.08467	0.606528	0.291733	0.91096	-0.27055	0.546003
国外资产	2.17324	-0.30281	-0.05386	-0.43249	-0.55503	-0.82905
货币黄金	-2.13081	0.219761	-0.04673	0.383884	0.679222	0.894673
其他国外资产	2.198811	-0.33449	-0.13	-0.43733	-0.60323	-0.69376
对政府债权	2.192063	-0.43107	-0.36571	-0.72786	-0.08594	-0.58148
国内信贷	-2.13763	0.226995	-0.02539	0.500819	0.496619	0.93858
储蓄存款	-2.14339	0.263587	0.0145	0.608286	0.331763	0.925257
其他存款	-2.12469	0.192553	-0.05279	0.551198	0.477872	0.955854
实收资本	-2.1162	0.181698	-0.06356	0.507467	0.504287	0.986307
对非金融部门债权	-2.12865	0.208031	-0.03842	0.523718	0.472962	0.962357
国外净资产	2.172466	-0.36502	-0.07892	-0.26535	-0.72576	-0.73742
债券	-2.12991	0.211097	-0.04271	0.468964	0.542184	0.950374
对政府债权(净)	-2.13172	0.214385	-0.03733	0.470978	0.534586	0.949103
定期存款	-2.1516	0.271667	0.020238	0.587923	0.369353	0.902414
固定资产投资						
商品房销售面积	-0.96375	-0.59088	-0.64544	-0.5685	1.657951	1.110615
商品房销售面积-商业营业用房	-0.81176	-0.62935	-0.67158	-0.65267	1.732205	1.033162
商品房销售额	-1.16041	-0.5184	-0.59568	-0.46127	1.561446	1.174309
固定资产投资	-0.73745	-0.66945	-0.71478	-0.64774	1.733075	1.036336
固定资产投资到位资金-利用外资	-0.12234	-0.86934	-0.7842	-0.79865	1.862755	0.71177
固定资产投资-第一产业	-0.82938	-0.62524	-0.68637	-0.61989	1.737244	1.023634
固定资产投资-第三产业	-0.8492	-0.63601	-0.6966	-0.5934	1.692628	1.082583
固定资产投资-第一产业(累计同比增长)(%)	2.029163	-0.13598	0.168692	-0.17186	-0.84516	-1.04486
固定资产投资到位资金-自筹资金(累计同比增长)(%)	-2.07317	0.158731	-0.03992	0.734433	0.16744	1.052489
房地产开发投资-住宅	-1.00183	-0.59297	-0.64405	-0.53347	1.612542	1.159767

续表

	F_t^{bs}	F_t^{cd}	F_t^{yc}	F_t^{cr}	F_t^{ar}	F_t^{av}
财政收支						
国家财政预算支出合计	1.986523	-0.03625	0.1225	-0.64752	-0.16379	-1.26147
财政预算收入合计	1.825591	0.220542	0.361016	-0.20665	-0.98967	-1.21082
各项税收	1.707747	0.312493	0.43318	-0.09216	-1.1488	-1.21246
增值税	-1.04899	1.423367	1.05907	-0.02589	-0.08704	-1.32052
城市维护建设税	1.768101	0.257306	0.398278	-0.13196	-1.09311	-1.19862
对外贸易						
进口总值	-1.68402	-0.2774	-0.47174	0.040756	0.172526	1.21988
累计同期增长-进口(%)	-2.18001	0.347549	0.057545	0.521285	0.445293	0.808342
国际收支						
外汇	2.170903	-0.29919	-0.04775	-0.431	-0.55603	-0.83693

6.3.9 房地产行业动态因子模型实证结果

房地产行业动态因子转移矩阵 VAR(1) 估计结果如表 6-19 所示。图 6-30 展示了房地产行业动态因子估计结果。表 6-20 是房地产行业动态因子载荷矩阵结果，表示可观测变量(宏观因子特征变量)与潜在共同因子(行业周期因子 F_t^{bs}、宏观指数因子 F_t^{cd}、收益率曲线风险因子 F_t^{yc}、信用风险因子 F_t^{cr}、资产收益率因子 F_t^{ar} 和市场波动率因子 F_t^{av})之间的影响关系。

表 6-19 房地产行业动态因子转移矩阵 VAR(1) 估计结果

	F_t^{bs}	F_t^{cd}	F_t^{yc}	F_t^{cr}	F_t^{ar}	F_t^{av}
F_t^{bs}	0.003433	0.098122	0.004127	-0.00861	-0.00178	0.013678
F_t^{cd}	0.030975	0.020355	0.004308	0.003571	0.000966	-0.00122
F_t^{yc}	-0.07262	0.405194	-0.00395	0.024496	0.013686	0.019525
F_t^{cr}	-0.28486	0.059729	0.001866	-0.008	0.006045	-0.00855
F_t^{ar}	-0.05742	-1.29645	0.009327	0.002409	-0.00539	-0.00138
F_t^{av}	-0.02176	-0.31964	0.000014	0.005684	-0.01058	-0.00648

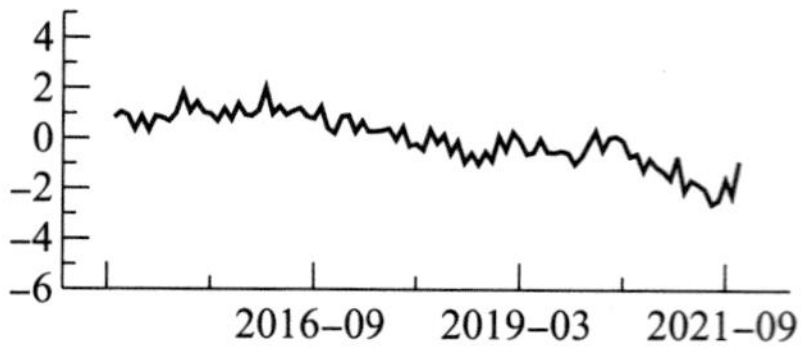

a）行业周期因子

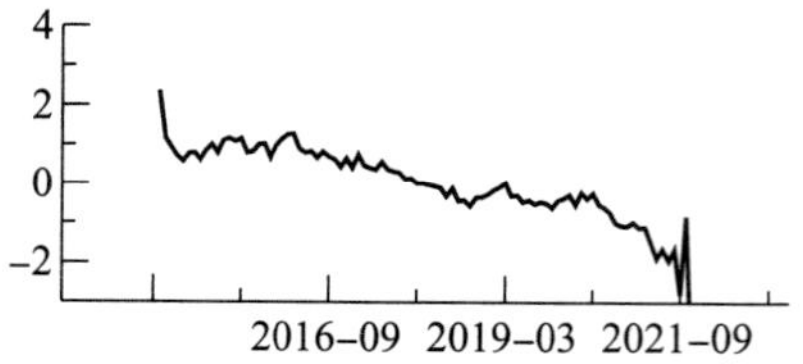

b）宏观指数因子

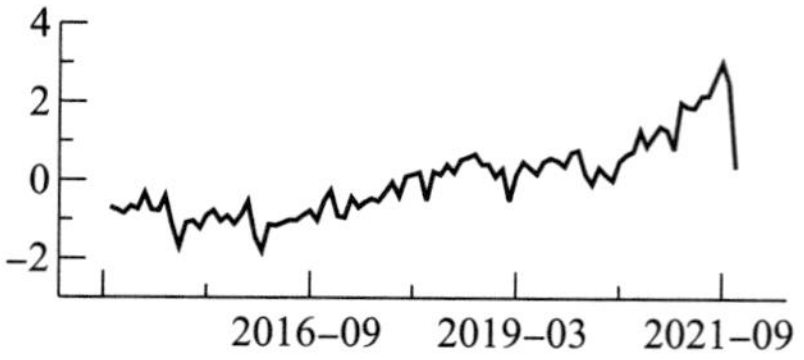

c）收益率曲线风险因子

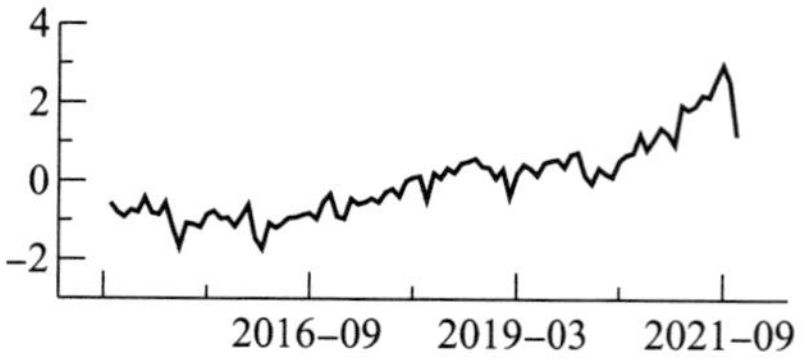

d）信用风险因子

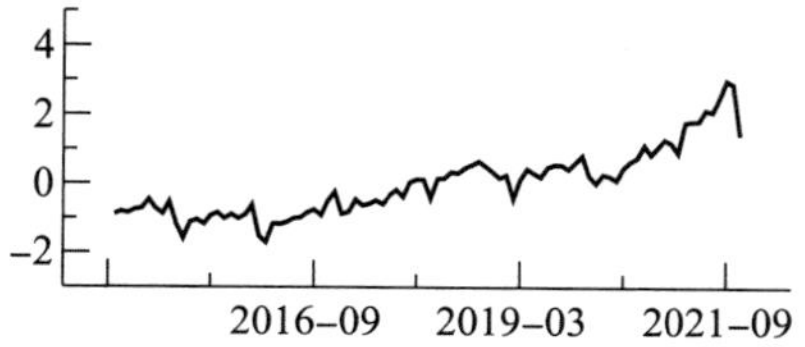

e）资产收益率因子

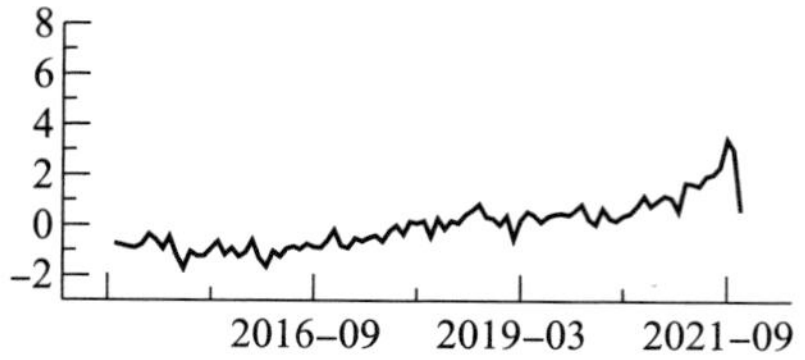

f）市场波动率因子

图 6-30　房地产行业动态因子估计结果

表 6-20　房地产行业动态因子载荷矩阵：金融业、固定资产投资、国内贸易、对外贸易、景气指数

	F_t^{bs}	F_t^{cd}	F_t^{yc}	F_t^{cr}	F_t^{ar}	F_t^{av}
金融业						
货币和准货币	−1.19663	−1.54879	0.504492	0.535796	0.557584	1.147543
准货币	−1.60474	−1.07487	0.434701	0.475163	0.504926	1.264821
货币发行	−0.73366	−1.88219	0.49804	0.524817	0.544707	1.048291
货币黄金	−0.26115	−2.11736	0.532853	0.543328	0.547651	0.754678
对政府债权	2.089158	−1.17144	−0.14643	−0.16559	−0.17866	−0.42703
其他国外资产	−0.04676	2.199048	−0.51772	−0.52062	−0.5218	−0.59216
储蓄存款	−1.75759	−0.8294	0.39316	0.436954	0.469692	1.287187
其他存款	−1.48747	−1.23485	0.462163	0.499939	0.52663	1.233581
债券	−0.93816	−1.76344	0.529096	0.554287	0.570768	1.047455
其他(净)	−0.66429	−1.93883	0.541029	0.559591	0.570928	0.931576
定期存款	−1.2384	−1.50563	0.494504	0.526823	0.550265	1.172431
对政府债权(净)	−0.88406	−1.80038	0.528762	0.553107	0.569552	1.033027
对非金融部门债权	−1.4517	−1.27785	0.467459	0.504455	0.530942	1.226693

续表

	F_t^{bs}	F_t^{cd}	F_t^{yc}	F_t^{cr}	F_t^{ar}	F_t^{av}
国外净资产	-0.07044	2.203584	-0.52055	-0.52232	-0.52145	-0.56883
固定资产投资						
固定资产投资	-0.78543	-1.85764	0.542773	0.566193	0.502154	1.031951
固定资产投资-第一产业	0.052175	-2.20031	0.527123	0.529323	0.514529	0.577163
固定资产投资-第二产业	2.031993	-1.00216	0.042311	-0.00502	-0.14919	-0.91793
固定资产投资-第三产业	-1.44257	-1.27379	0.46729	0.505712	0.482625	1.260727
固定资产投资-第二产业（累计同比增长）(%)	-0.12401	2.211279	-0.49902	-0.49981	-0.50131	-0.58713
固定资产投资到位资金-利用外资	-0.02369	2.195503	-0.54195	-0.54177	-0.54594	-0.54215
国内贸易						
社会消费品零售总额	-1.39218	-1.35702	0.496256	0.52717	0.541157	1.184614
社会消费品零售总额增长率(%)	0.817711	1.778785	-0.42062	-0.45077	-0.4758	-1.24931
对外贸易						
进口总值	-1.44069	1.894394	-0.2956	-0.26384	-0.24133	0.347065
景气指数						
先行指数	0.000514	2.19077	-0.53588	-0.53923	-0.53728	0.577862

表6-20展示了房地产行业关于金融业、固定资产投资、国内贸易、对外贸易、景气指数变量的载荷矩阵。房地产行业占比较高的宏观系统性因子有行业周期因子 F_t^{bs}、宏观指数因子 F_t^{cd} 和市场波动率因子 F_t^{av}，但规律性不强。

金融业变量、固定资产投资变量中载荷绝对值较大的是行业周期因子 F_t^{bs}、宏观指数因子 F_t^{cd} 和市场波动率因子 F_t^{av}，金融业和固定资产投资中的大多数变量会随经济的发展而增长。

国内贸易变量的载荷值表明，随着经济的发展（F_t^{cd} 正向变化），社会消费品零售总额增长率(%)会增加；另外，经济衰退（F_t^{cd} 负向变化）、市场环境动荡（F_t^{av} 正向变化），社会消费品零售总额会增加。

在对外贸易变量中，宏观指数因子 F_t^{cd} 载荷值为正，即随着经济的发展，对外贸易变量也会增加。另外，在景气指数变量中，随着经济的发展，先行指数也会增长。

6.3.10 医疗保健行业动态因子模型实证结果

医疗保健行业动态因子转移矩阵 VAR(1)估计结果如表 6-21 所示。图6-31展示了医疗保健行业动态因子估计结果。表 6-22 是医疗保健行业动态因子载荷矩阵结果，表示可观测变量(宏观因子特征变量)与潜在共同因子(行业周期因子 F_t^{bs}、宏观指数因子 F_t^{cd}、收益率曲线风险因子 F_t^{yc}、信用风险因子 F_t^{cr}、资产收益率因子 F_t^{ar} 和市场波动率因子 F_t^{av})之间的影响关系。

表 6-21 医疗保健行业动态因子转移矩阵 VAR(1)估计结果

	F_t^{bs}	F_t^{cd}	F_t^{yc}	F_t^{cr}	F_t^{ar}	F_t^{av}
F_t^{bs}	0.00002	0.013671	0.058659	0.038175	0.018097	0.0199
F_t^{cd}	0.0072	-0.00377	-0.00091	0.019777	0.177793	0.058025
F_t^{yc}	-0.00702	0.016292	0.001487	0.003993	-0.16883	0.043227
F_t^{cr}	0.001055	-0.00903	0.00765	-0.00711	0.07508	0.005312
F_t^{ar}	-0.00169	-0.00138	0.001631	-0.00136	0.001138	0.04134
F_t^{av}	-0.00141	-0.00319	-0.00949	-0.00159	-0.00272	-0.00276

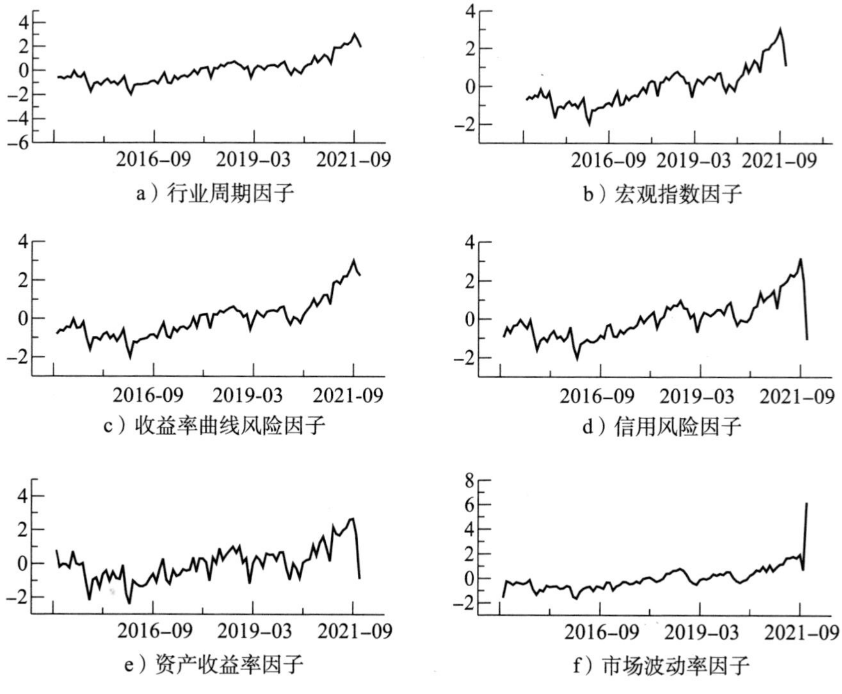

图 6-31 医疗保健行业动态因子估计结果

表 6-22 医疗保健行业动态因子载荷矩阵：金融业、固定资产投资、国内贸易、对外贸易、景气指数

	F_t^{bs}	F_t^{cd}	F_t^{yc}	F_t^{cr}	F_t^{ar}	F_t^{av}
金融业						
货币和准货币	-1.24175	-1.09325	-0.46383	0.571311	0.767055	1.460465
货币	-1.14126	-1.0404	-0.61917	0.299513	1.167824	1.333493
国外资产	1.180235	1.077422	0.644062	-0.59864	-1.0492	-1.25387
其他国外资产	1.082539	1.056822	0.7794	-0.5784	-1.29385	-1.04651
国内信贷	-1.22663	-1.08739	-0.49966	0.526165	0.852125	1.43539
储蓄存款	-1.28137	-1.09833	-0.31793	0.782686	0.40767	1.507277
固定资产投资						
固定资产投资	-0.69955	-0.69716	-0.70289	-0.62181	1.830215	0.891189
固定资产投资-第一产业	-0.69898	-0.69879	-0.71273	-0.60947	1.831454	0.888516
固定资产投资-第二产业	-0.66307	-0.66793	-0.70449	-0.66196	1.86911	0.828337
固定资产投资-第三产业	-0.71919	-0.71271	-0.70106	-0.5999	1.807544	0.925322
固定资产投资-第一产业（累计同比增长）(%)	1.005689	0.958313	0.751146	-0.06943	-1.29778	-1.34794
固定资产投资-第二产业（累计同比增长）(%)	0.902204	0.888056	0.839377	0.060614	-1.15747	-1.53279
固定资产投资-第三产业（累计同比增长）(%)	1.01894	0.957358	0.671958	0.013312	-1.17024	-1.49133
房地产开发投资	-0.71926	-0.71357	-0.69641	-0.61947	1.778732	0.96998
房地产开发投资-住宅	-0.72914	-0.72139	-0.69474	-0.60916	1.76498	0.989463
国内贸易						
社会消费品零售总额增长率(%)	0.963623	0.899453	0.657874	0.212409	-1.21036	-1.523
对外贸易						
进口总值	-0.97509	-0.90864	-0.62934	-0.22114	1.50963	1.224586
景气指数						
消费者预期指数	-1.12108	-1.03426	-0.64185	0.293711	1.107624	1.395856

医疗保健行业涉及的变量有金融业、固定资产投资、国内贸易、对外贸易、景气指数五类变量。通过表 6-22 无法得到很强的规律性，因此需要分变

量进行分析。

在金融业变量中，载荷值较大的是行业周期因子 F_t^{bs}、宏观指数因子 F_t^{cd}、资产收益率因子 F_t^{ar} 和市场波动率因子 F_t^{av}，可以看出，随着经济的发展（F_t^{bs}、F_t^{cd} 正向变化）及市场波动降低（F_t^{av} 正向变动），金融业变量会受到鼓励。

在固定资产投资变量中，主要受资产收益率因子 F_t^{ar} 的影响，对于投资类变量，会随资产收益率的增强（F_t^{ar} 正向变动）而增强，相反，投资增长率变量会随资产收益率的增强而减弱。

社会消费品零售总额增长率（%）与市场波动率因子 F_t^{av} 负相关，即在市场波动时，社会消费品零售总额增长率（%）会减少。

进口总值与资产收益率因子 F_t^{ar}、市场波动率因子 F_t^{av} 均为正相关，可以理解为在资产收益率增加（F_t^{ar} 正向变动）、市场波动性较强（F_t^{av} 正向变动）时，进口总值会增加。

同理，消费者预期指数也会在资产收益率增加、市场波动性较强时增加。

6.3.11 分行业动态因子模型总结

本节主要进行了分行业（工业行业、信息技术行业、材料行业、可选消费行业、日常消费行业、能源行业、公用事业行业、金融行业、房地产行业和医疗保健行业）的动态因子模型的实证，从实证结果中我们可以得到各行业的动态因子结果，即从各行业的宏观经济变量中获得我们需要的各行业的六个宏观系统性因子（行业周期因子 F_t^{bs}、宏观指数因子 F_t^{cd}、收益率曲线风险因子 F_t^{yc}、信用风险因子 F_t^{cr}、资产收益率因子 F_t^{ar} 和市场波动率因子 F_t^{av}）。在获得宏观系统性因子的同时得到了各行业宏观经济变量和宏观系统性因子间的载荷矩阵，主要反映宏观系统性因子和宏观经济变量之间的相关关系。从各行业的载荷矩阵结果中可以看出，不同行业的载荷矩阵不尽相同，首先是涉及的宏观经济变量不同，其次是宏观系统性因子的载荷值不同，这一结果再次验证了本书分行业通过动态因子模型获取宏观系统性因子的合理性。

不同行业的载荷矩阵涉及不同的变量，从各行业的动态因子模型载荷矩阵表中可以看出，宏观经济变量可以分为金融业、固定资产投资、国内贸易、对外贸易、国际收支、财政收支、景气指数七种，但各行业涉及的宏观经济变量种类不同，同时相同的宏观经济变量种类在不同行业中涉及不同的宏观经济变量，因此本书通过分行业进行宏观系统性因子的构建，可以使预测因子更具有针对性，可以在一定程度上减少数据冗余造成的噪声，提高模型的预测能力。

另外，通过载荷矩阵还可以分析各宏观经济变量的经济意义。对于金融变量，相关性较强的是行业周期因子 F_t^{bs} 和市场波动率因子 F_t^{av}，且随着经济的发展（F_t^{bs} 正向变动）、市场的稳定性增强（F_t^{av}），金融变量也可能会得到发展；对于固定资产投资变量，不同行业相关性较强的因子也不一致，但可以得到的经济解释是，随着经济的发展，固定资产投资变量会增加，但固定资产投资率变量会减少，需要结合其他宏观系统性因子共同分析；同理，对于国内贸易变量，随着经济的好转，社会消费品零售总额变量会减少，但社会消费品零售总额增长率（%）变量会增加；随着经济的好转，对外贸易变量会得到更好的发展；国际收支变量主要涉及的是外汇变量，其多与行业周期因子 F_t^{bs} 存在强正相关关系，这意味着，随着经济的发展，外汇持有量会增加；财政收支变量主要涉及的是各项税收，随着经济的好转，税收会减少；景气指数变量中的先行指数多与行业周期因子 F_t^{bs} 存在强正相关关系，这意味着，随着经济的发展，先行指数会增加。

在获取各行业宏观系统性因子后，将宏观系统性因子作为输入变量，对各行业企业债券违约进行预测。

6.4 企业债券违约预测实证

6.4.1 数据选择

我国企业债券违约数据包括从2014年4月开始的92个月度的数据，因此，拟选取了3个预测期限，覆盖了短期、中期和长期：1个月、3个月和6个月。为了确保预测能力的度量是稳健的，实证中，我们使用不断增大的向前滑动窗估计模型，从2014年4月至2018年11月的窗口开始，使用相同的开始日期重新估计式（3.27）、式（3.28）、式（3.29）、式

(3.30)，但将样本结束日期依次向前滑动增加 1 个月、3 个月、6 个月，构成滑动窗训练样本。当预测期限为 1 个月时，可以获得 36 个样本；当预测期限为 3 个月时，可以得到 12 个样本；当预测期限为 6 个月时，可以获得 6 个样本。

6.4.2 模型参数选择

本节使用的企业债券违约率预测模型是结合向量自回归(VAR)模型和门控循环神经网络(GRU)模型的混合模型。

对于 VAR 模型，实践中，使用任意长度滞后项的 VAR 模型的参数估计过程往往会导致模型估计精确度问题，通过 AIC(Akaike Information Criterion)准则和 SC(Schwarz Criterion)准则，确定两个月的滞后项(lags)是不会导致模型精度问题的最大滞后。因此，我们在实证中仅使用 2 阶滞后(2-lags)，即使用 VAR(2)模型结构。

关于门控循环神经网络(GRU)模型我们有以下的设置：从前文的动态因子模型中可以得到 6 个共同因子和 1 个潜在脆弱性因子，同时还有行业债券违约率序列，因此输入维度为 8，模型的目的是预测行业债券违约率序列，即输出维度为 1，在模型训练时选择均方误差作为损失函数，并选取 Kingma 等提出的 Adam 算法作为优化器；经过反复实验，对实验的损失函数进行结果对比，最终确定隐藏层数为 1，隐藏层节点数为 128，学习率为 0.0001 时均方误差最小、预测效果最佳。同时设置模型批处理量为 4，迭代次数为 200，为了防止模型过拟合，本书引入了早停机制，当验证集的损失函数值在连续 30 个周期并未发生变化时，即停止训练。

6.4.3 模型预测能力评估指标

本节采用的模型预测能力评估指标有均方误差(*MAE*)和均方根误差(*RMSE*)。*MAE* 表示预测值与真实值偏差的绝对值与观测次数 N 的比值，*MAE* 值越小，表明预测值与真实值之间的偏差越小；*RMSE* 表示预测值与真实值偏差的平方与观测次数 N 的比值的平方根，*RMSE* 值越小，表明预测值与真实值之间的误差越小；*RMSE*、*MAE* 都是常用的回归分析误差的衡量方法。*MAE* 是一个线性分数，在计算平均值时对所有个体差异平均加权，*RMSE*

对较大误差的权重相对较高，*RMSE* 始终大于等于 *MAE*，两者之间的差异越大，样本中单个误差的方差越大。具体见式(6.2)、式(6.3)。

6.4.4 VAR-GRU 模型拟合结果及分析

表 6-23 是各行业关于本书提出的 VAR-GRU 模型及对比 VAR 模型和 GRU 模型预测损失函数结果，预测期限分别是 1 个月、3 个月和 6 个月，损失函数是前文提到的 *RMSE* 和 *MAE* 函数；图 6-32 到图 6-41 分别展示了工业行业、信息技术行业、材料行业、可选消费行业、日常消费行业、能源行业、公用事业行业、金融行业、房地产行业和医疗保健行业的 VAR 模型、GRU 模型以及 VAR-GRU 模型的债券违约率预测结果。

表 6-23 企业债券违约率预测损失函数结果

行业	模型	损失函数	1 个月	3 个月	6 个月
工业	VAR	*MAE*	**0.051783**	0.049472	0.047655
		RMSE	**0.06999**	**0.066533**	**0.066989**
	GRU	*MAE*	0.614535	0.439404	0.455458
		RMSE	0.633954	0.460441	0.471439
	VAR-GRU	*MAE*	0.052188	**0.049363**	**0.046419**
		RMSE	0.069993	0.066657	0.066917
信息技术	VAR	*MAE*	0.057263	0.054475	**0.051439**
		RMSE	0.073111	0.071434	**0.069846**
	GRU	*MAE*	0.587577	0.45662	0.39617
		RMSE	0.608177	0.47958	0.418348
	VAR-GRU	*MAE*	**0.056698**	**0.053102**	0.051694
		RMSE	**0.072443**	**0.069849**	0.070326
材料	VAR	*MAE*	**0.059477**	0.063107	0.064181
		RMSE	**0.081881**	**0.083422**	0.07974
	GRU	*MAE*	0.522833	0.259379	0.238793
		RMSE	0.54702	0.298917	0.280182
	VAR-GRU	*MAE*	0.062667	**0.062586**	**0.057761**
		RMSE	0.086089	0.086022	**0.07238**

续表

行业	模型	损失函数	1 个月	3 个月	6 个月
可选消费	VAR	*MAE*	**0. 042039**	0. 03803	0. 035396
		RMSE	**0. 06533**	0. 060231	**0. 058165**
	GRU	*MAE*	0. 557246	0. 567244	0. 59685
		RMSE	0. 623657	0. 626345	0. 64702
	VAR-GRU	*MAE*	0. 043075	**0. 037746**	**0. 034251**
		RMSE	0. 065966	**0. 059331**	0. 058344
日常消费	VAR	*MAE*	0. 085355	0. 087512	0. 096309
		RMSE	**0. 102505**	**0. 103109**	0. 113421
	GRU	*MAE*	0. 657954	0. 602201	0. 818171
		RMSE	0. 682344	0. 614206	0. 826955
	VAR-GRU	*MAE*	**0. 084309**	**0. 086518**	**0. 096135**
		RMSE	0. 102972	0. 103213	**0. 113149**
能源	VAR	*MAE*	0. 038833	0. 044584	0. 048285
		RMSE	0. 051132	0. 061732	0. 067877
	GRU	*MAE*	0. 754919	0. 757456	0. 732493
		RMSE	0. 76266	0. 765084	0. 740461
	VAR-GRU	*MAE*	**0. 038553**	**0. 039966**	**0. 042343**
		RMSE	**0. 050755**	**0. 048549**	**0. 053301**
公用事业	VAR	*MAE*	0. 067855	0. 071322	0. 065473
		RMSE	0. 127916	0. 121789	0. 116427
	GRU	*MAE*	0. 893325	0. 908458	0. 914088
		RMSE	0. 894684	0. 909716	0. 915589
	VAR-GRU	*MAE*	**0. 043455**	**0. 040072**	**0. 037949**
		RMSE	**0. 053026**	**0. 046275**	**0. 044875**
金融	VAR	*MAE*	**0. 040511**	0. 036849	0. 046174
		RMSE	0. 065368	0. 057094	0. 065197
	GRU	*MAE*	0. 679783	0. 682307	0. 695443
		RMSE	0. 685875	0. 688105	0. 700609
	VAR-GRU	*MAE*	0. 04179	**0. 033736**	**0. 042888**
		RMSE	**0. 060425**	**0. 042626**	**0. 054078**

续表

行业	模型	损失函数	1 个月	3 个月	6 个月
房地产	VAR	*MAE*	0. 100684	0. 108098	0. 098433
		RMSE	0. 166873	0. 17433	0. 177156
	GRU	*MAE*	0. 31752	0. 336351	0. 359707
		RMSE	0. 427215	0. 443264	0. 460052
	VAR-GRU	*MAE*	**<u>0. 098309</u>**	**<u>0. 102256</u>**	**<u>0. 096726</u>**
		RMSE	**<u>0. 16077</u>**	**<u>0. 168951</u>**	**<u>0. 170988</u>**
医疗保健	VAR	*MAE*	0. 086339	0. 084121	0. 085401
		RMSE	0. 108812	0. 109505	0. 112864
	GRU	*MAE*	0. 279973	0. 299124	0. 325473
		RMSE	0. 417849	0. 434018	0. 456524
	VAR-GRU	*MAE*	**<u>0. 085269</u>**	**<u>0. 083477</u>**	**<u>0. 084158</u>**
		RMSE	**<u>0. 107487</u>**	**<u>0. 108901</u>**	**<u>0. 1117</u>**

注：表中下划线加粗表示该行业在该指标中的最小值。

6. 4. 4. 1 工业行业实证预测结果

结合表 6-23 和图 6-32 可以看出，当预测期限为 1 个月时，GRU 模型对于工业行业债券违约率预测具有最高的 *RMSE* 和 *MAE* 损失函数值，即 GRU 模型不能很好地预测 1 个月预测期限的工业行业的债券违约率。VAR-GRU 模型和 VAR 模型的 *RMSE* 和 *MAE* 损失函数值很接近，相较而言，VAR 模型的 *RMSE* 和 *MAE* 损失函数值更小。即从损失函数值来看，VAR 模型在预测期限为 1 个月时，预测能力最强。通过图 6-32 可以看出，VAR-GRU 模型和 VAR 模型均可以较好地刻画工业行业债券违约率，相对而言，VAR 模型的预测曲线距离原始工业行业债券违约率曲线比 VAR-GRU 模型更近，即验证了在预测期限为 1 个月时，VAR 模型具有更好的预测能力。

当预测期限为 3 个月时，GRU 模型仍具有最高的 *RMSE* 和 *MAE* 损失函数值，即 GRU 模型不能很好地预测 3 个月预测期限的工业行业的债券违约率。VAR-GRU 模型和 VAR 模型的 *RMSE* 和 *MAE* 损失函数值很接近，但 VAR 模型的 *RMSE* 损失函数值最小，而 VAR-GRU 模型的 *MAE* 损失函数值最小，从两者的差值来看，VAR 模型的损失函数差值最小，即 VAR 模型会有更少的个体预测误差较大的样本。同理，结合图 6-32，VAR 模型的预测曲线距离原始工业行业债券违约率曲线比 VAR-GRU 模型的更近，即验证了在预测期限为 3 个月时，VAR 模型也具有更好的预测能力。

当预测期限为 6 个月时，GRU 模型仍具有最高的 *RMSE* 和 *MAE* 损失函数值，同理，GRU 模型不能很好地预测 6 个月预测期限的工业行业的债券违约率。VAR-GRU 模型和 VAR 模型的 *RMSE* 和 *MAE* 损失函数值很接近，但 VAR 模型的 *RMSE* 损失函数值最小，而 VAR-GRU 模型的 *MAE* 损失函数值最小，从两者的差值来看，VAR 模型的损失函数差值最小，即 VAR 模型会有更少的个体预测误差较大的样本。同理，结合图 6-32，VAR 模型的预测曲线距离原始工业行业债券违约率曲线比 VAR-GRU 模型的更近，即验证了在预测期限为 6 个月时，VAR 模型也具有更好的预测能力。

当工业行业预测期限为 1 个月、3 个月和 6 个月时，均为 VAR 模型的预测能力最优。

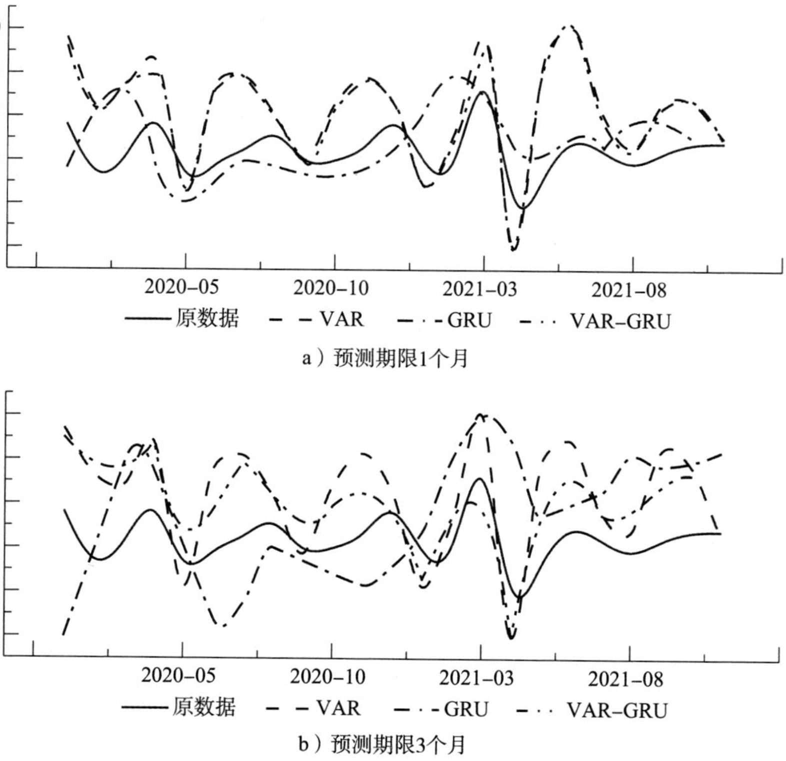

图 6-32　工业行业债券违约率预测结果

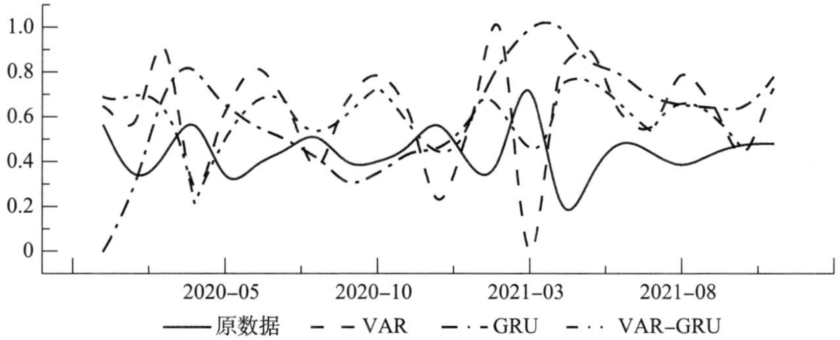

c）预测期限6个月

图 6-32 工业行业债券违约率预测结果（续）

6.4.4.2 信息技术行业实证预测结果

结合表 6-23 和图 6-33 可以看出，当预测期限为 1 个月时，GRU 模型对于信息技术行业债券违约率预测具有最高的 *RMSE* 和 *MAE* 损失函数值，即 GRU 模型不能很好地预测 1 个月预测期限的信息技术行业的债券违约率。VAR-GRU 模型和 VAR 模型的 *RMSE* 和 *MAE* 损失函数值很接近，相较而言，VAR-GRU 模型的 *RMSE* 和 *MAE* 损失函数值更小，即从损失函数值来看，VAR-GRU 模型在预测期限为 1 个月时，预测能力最强。通过图 6-33 可以看出，VAR-GRU 模型和 VAR 模型均可以较好地刻画信息技术行业的债券违约率，相对而言，VAR-GRU 模型的预测曲线距离原始信息技术行业债券违约率曲线比 VAR 模型的更近，即验证了在预测期限为 1 个月时，VAR-GRU 模型具有更好的预测能力。

当预测期限为 3 个月时，GRU 模型仍具有最高的 *RMSE* 和 *MAE* 损失函数值，即 GRU 模型不能很好地预测 3 个月预测期限的信息技术行业的债券违约率。VAR-GRU 模型和 VAR 模型的 *RMSE* 和 *MAE* 损失函数值很接近，但 VAR-GRU 模型的 *RMSE* 和 *MAE* 损失函数值更小，即从损失函数值来看，VAR-GRU 模型在预测期限为 3 个月时，预测能力也最强。通过图 6-33 可以看出，VAR-GRU 模型的预测曲线距离原始信息技术行业债券违约率曲线比 VAR 模型的更近，即验证了在预测期限为 3 个月时，VAR-GRU 模型具有更好的预测能力。

当预测期限为 6 个月时，GRU 模型仍具有最高的 *RMSE* 和 *MAE* 损失函数值，同理，GRU 模型不能很好地预测 6 个月预测期限的信息技术行业的债券违约率。VAR-GRU 模型和 VAR 模型的 *RMSE* 和 *MAE* 损失函数值很接近，但 VAR 模型的 *RMSE* 和 *MAE* 损失函数值更小，即从损失函数值来看，VAR 模型在预测期限为 6 个月时，预测能力最强。通过图 6-33 可以看出，VAR 模型的预测曲线距离原始信息技术行业债券违约率曲线比 VAR-GRU 模型的更近，即验证了在预测期限为 6 个月时，VAR 模型具有更好的预测能力。

当信息技术行业预测期限为 1 个月、3 个月时，VAR-GRU 模型的预测能力最优；当预测期限为 6 个月时，为 VAR 模型的预测能力最优。

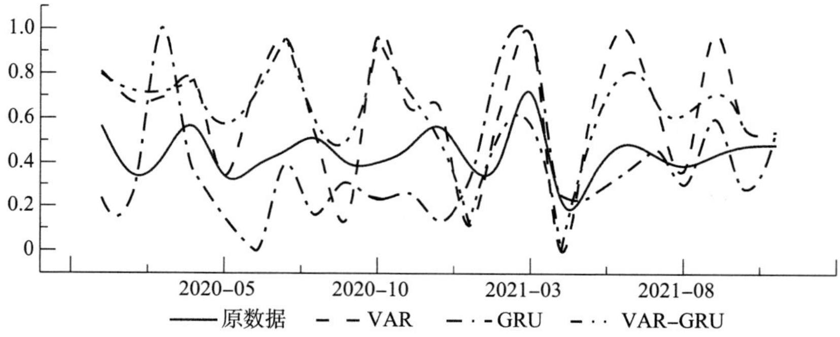

a）预测期限1个月

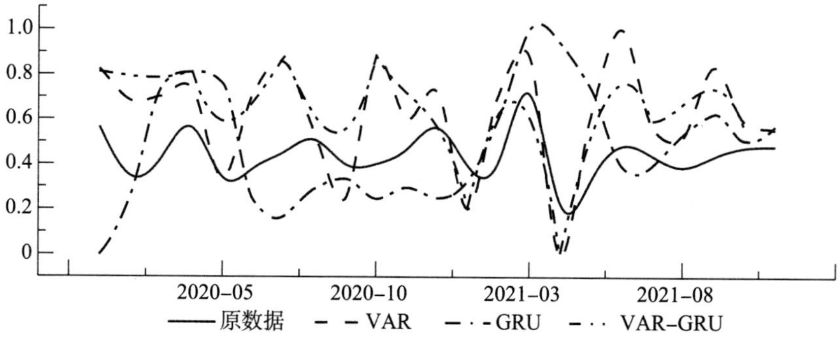

b）预测期限3个月

图 6-33 信息技术行业债券违约率预测结果

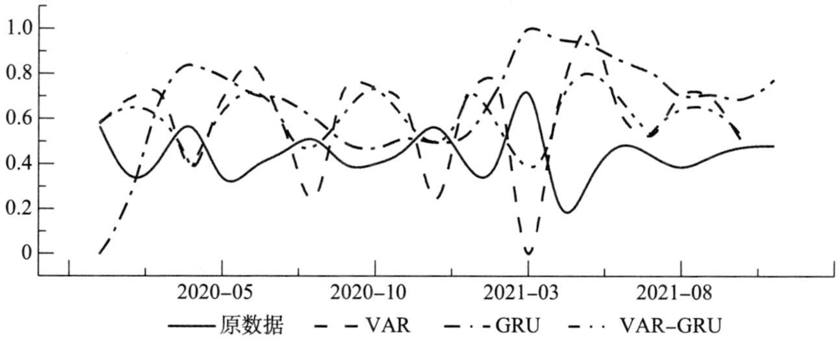

c）预测期限6个月

图 6-33　信息技术行业债券违约率预测结果（续）

6.4.4.3　材料行业实证预测结果

结合表 6-23 和图 6-34 可以看出，当预测期限为 1 个月时，GRU 模型对于材料行业债券违约率预测具有最高的 *RMSE* 和 *MAE* 损失函数值，即 GRU 模型不能很好地预测 1 个月预测期限的材料行业的债券违约率。VAR-GRU 模型和 VAR 模型的 *RMSE* 和 *MAE* 损失函数值很接近，相较而言，VAR 模型的 *RMSE* 和 *MAE* 损失函数值更小。即从损失函数值来看，VAR 模型在预测期限为 1 个月时，预测能力最强。通过图 6-34 可以看出，VAR-GRU 模型和 VAR 模型均可以较好地刻画材料行业债券违约率，相对而言，VAR 模型的预测曲线距离原始材料行业债券违约率曲线比 VAR-GRU 模型的更近，即验证了在预测期限为 1 个月时，VAR 模型具有更好的预测能力。

当预测期限为 3 个月时，GRU 模型仍具有最高的 *RMSE* 和 *MAE* 损失函数值，即 GRU 模型不能很好地预测 3 个月预测期限的材料行业的债券违约率。VAR-GRU 模型和 VAR 模型的 *RMSE* 和 *MAE* 损失函数值很接近，但 VAR 模型的 *RMSE* 损失函数值最小，而 VAR-GRU 模型的 *RMSE* 损失函数值最小，从两者的差值来看，VAR 模型的损失函数差值最小，即 VAR 模型会有更少的个体预测误差较大的样本。同理，结合图 6-34，VAR 模型的预测曲线距离原始材料行业债券违约率曲线比 VAR-GRU 模型的更近，即验证了在预测期限为 3 个月时，VAR 模型也具有更好的预测能力。

当预测期限为6个月时，GRU模型仍具有最高的*RMSE*和*MAE*损失函数值，即GRU模型不能很好地预测6个月预测期限的材料行业的债券违约率。VAR-GRU模型和VAR模型的*RMSE*和*MAE*损失函数值很接近，但VAR-GRU模型的*RMSE*和*MAE*损失函数值更小，即从损失函数值来看，VAR-GRU模型在预测期限为6个月时，预测能力最强。通过图6-34可以看出，VAR-GRU模型的预测曲线距离原始材料行业债券违约率曲线比VAR模型的更近，即验证了在预测期限为6个月时，VAR-GRU模型具有更好的预测能力。

综上所述，当预测期限为1个月、3个月时，VAR模型拥有更好的预测能力；而当预测期限为6个月时，VAR-GRU模型具有更好的预测能力。

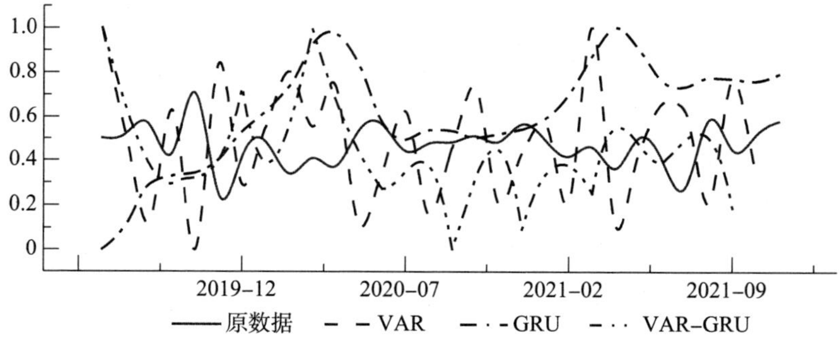

a）预测期限1个月

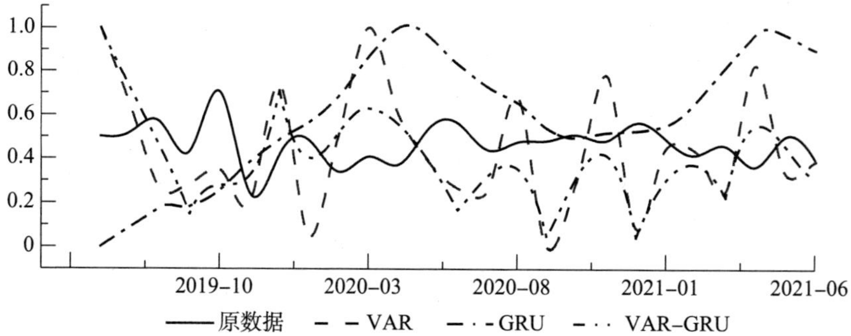

b）预测期限3个月

图6-34　材料行业债券违约率预测结果

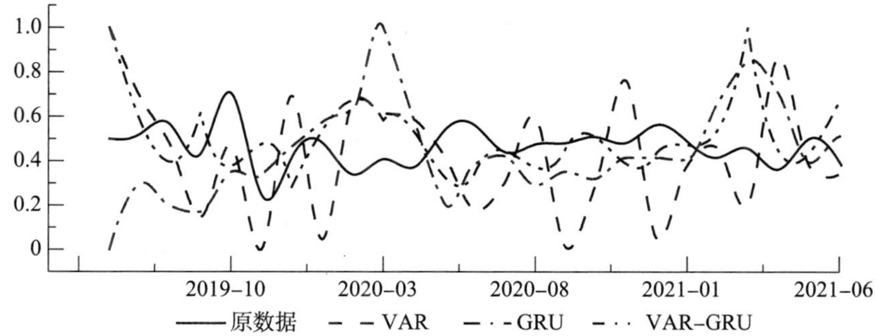

c）预测期限6个月

图 6-34 材料行业债券违约率预测结果（续）

6.4.4.4 可选消费行业实证预测结果

结合表 6-23 和图 6-35 可以看出，当预测期限为 1 个月时，GRU 模型对于可选消费行业债券违约率预测具有最高的 *RMSE* 和 *MAE* 损失函数值，即 GRU 模型不能很好地预测 1 个月预测期限的可选消费行业的债券违约率。VAR-GRU 模型和 VAR 模型的 *RMSE* 和 *MAE* 损失函数值很接近，相较而言，VAR 模型的 *RMSE* 和 *MAE* 损失函数值更小。即从损失函数值来看，VAR 模型在预测期限为 1 个月时，预测能力最强。通过图 6-35 可以看出，VAR-GRU 模型和 VAR 模型均可以较好地刻画可选消费行业债券违约率，相对而言，VAR 模型的预测曲线距离原始可选消费行业债券违约率曲线比 VAR-GRU 模型的更近，即验证了在预测期限为 1 个月时，VAR 模型具有更好的预测能力。

当预测期限为 3 个月时，GRU 模型仍具有最高的 *RMSE* 和 *MAE* 损失函数值，那么，GRU 模型不能很好地预测 3 个月预测期限的可选消费行业的债券违约率。VAR-GRU 模型和 VAR 模型的 *RMSE* 和 *MAE* 损失函数值很接近，但 VAR-GRU 模型的 *RMSE* 和 *MAE* 损失函数值更小，即从损失函数值来看，VAR-GRU 模型在预测期限为 3 个月时，预测能力也最强。通过图 6-35 可以看出，VAR-GRU 模型的预测曲线距离原始可选消费行业债券违约率曲线比 VAR 模型的更近，即验证了在预测期限为 3 个月时，VAR-GRU 模型具有更好的预测能力。

当预测期限为 6 个月时，GRU 模型仍具有最高的 *RMSE* 和 *MAE* 损失函数值，同理，GRU 模型不能很好地预测 6 个月预测期限的可选消费行业的债券违约率。VAR-GRU 模型和 VAR 模型的 *RMSE* 和 *MAE* 损失函数值很接近，但 VAR 模型的 *RMSE* 损失函数值最小，而 VAR-GRU 模型的 *MAE* 损失函数值最小，从两者的差值来看，VAR 模型的损失函数差值最小，即 VAR 模型会有更少的个体预测误差较大的样本。同理，结合图 6-35，VAR 模型的预测曲线距离原始可选消费行业债券违约率曲线比 VAR-GRU 模型的更近，即验证了在预测期限为 6 个月时，VAR 模型也具有更好的预测能力。

综上，在可选消费行业，当预测期限为 1 个月、6 个月时，VAR 模型具有更好的预测能力；当预测期限为 3 个月时，VAR-GRU 模型具有更好的预测能力。

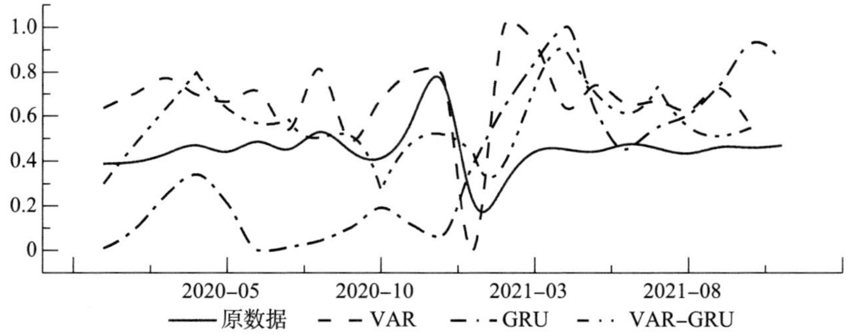

a）预测期限1个月

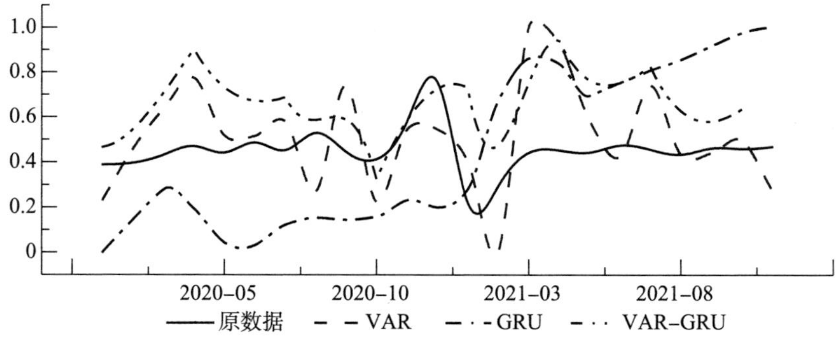

b）预测期限3个月

图 6-35 可选消费行业债券违约率预测结果

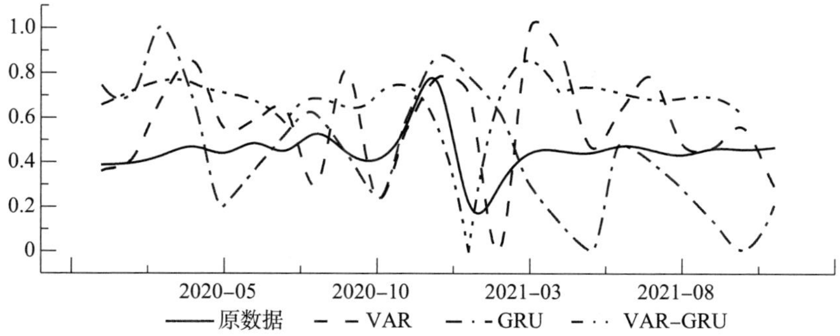

c）预测期限6个月

图 6-35 可选消费行业债券违约率预测结果(续)

6.4.4.5 日常消费行业实证预测结果

结合表 6-23 和图 6-36 可以看出，当预测期限为 1 个月时，GRU 模型对于日常消费行业债券违约率预测具有最高的 *RMSE* 和 *MAE* 损失函数值，即 GRU 模型不能很好地预测 1 个月预测期限的日常消费行业的债券违约率。VAR-GRU 模型和 VAR 模型的 *RMSE* 和 *MAE* 损失函数值很接近，但 VAR 模型的 *RMSE* 损失函数值最小，而 VAR-GRU 模型的 *MAE* 损失函数值最小，从两者的差值来看，VAR 模型的损失函数差值最小，即 VAR 模型会有更少的个体预测误差较大的样本。通过图 6-36 可以看出，VAR-GRU 模型和 VAR 模型均可以较好地刻画日常消费行业债券违约率，相对而言，VAR 模型的预测曲线距离原始日常消费行业债券违约率曲线比 VAR-GRU 模型的更近，即验证了在预测期限为 1 个月时，VAR 模型具有更好的预测能力。

当预测期限为 3 个月时，GRU 模型仍具有最高的 *RMSE* 和 *MAE* 损失函数值，那么，GRU 模型不能很好地预测 3 个月预测期限的日常消费行业的债券违约率。VAR-GRU 模型和 VAR 模型的 *RMSE* 和 *MAE* 损失函数值很接近，但 VAR 模型的 *RMSE* 损失函数值最小，而 VAR-GRU 模型的 *MAE* 损失函数值最小，从两者的差值来看，VAR 模型的损失函数差值最小，即 VAR 模型会有更少的个体预测误差较大的样本。同理，结合图 6-36，VAR 模型的预测曲线距离原始日常消费行业债券违约率曲线比 VAR-GRU 模型的更近，即验证了在预测期限为 3 个月时，VAR 模型也具有更好的预测能力。

当预测期限为 6 个月时，GRU 模型仍具有最高的 *RMSE* 和 *MAE* 损失函数值，那么，GRU 模型不能很好地预测 6 个月预测期限的日常消费行业的债券违约率。VAR-GRU 模型和 VAR 模型的 *RMSE* 和 *MAE* 损失函数值很接近，但 VAR-GRU 模型的 *RMSE* 和 *MAE* 损失函数值更小，即从损失函数值来看，VAR-GRU 模型在预测期限为 6 个月时，预测能力最强。通过图 6-36 可以看出，VAR-GRU 模型的预测曲线距离原始信息技术行业债券违约率曲线比 VAR 模型的更近，即验证了在预测期限为 6 个月时，VAR-GRU 模型具有更好的预测能力。

综上，在日常消费行业，当预测期限为 1 个月、3 个月时，VAR 模型具有更好的预测效果；当预测期限为 6 个月时，VAR-GRU 模型具有更好的预测效果。

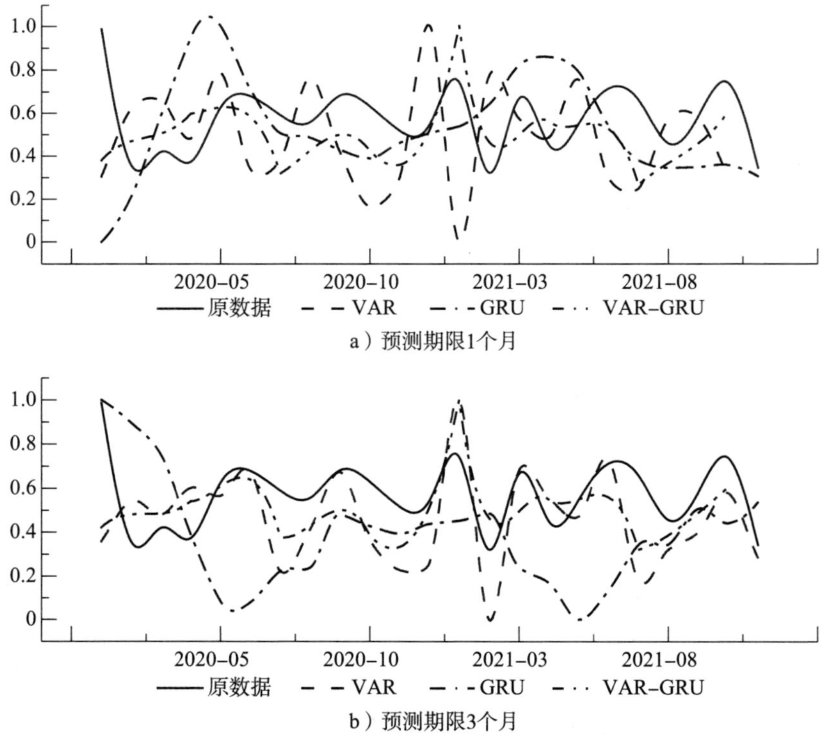

图 6-36　日常消费行业债券违约率预测结果

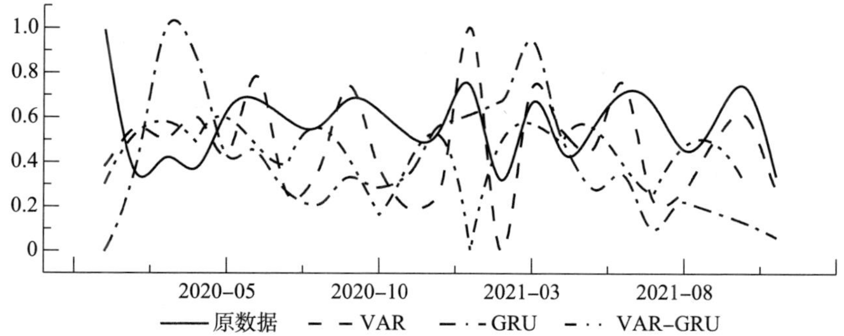

c）预测期限6个月

图 6-36 日常消费行业债券违约率预测结果（续）

6.4.4.6 能源行业实证预测结果

结合表 6-23 和图 6-37 可以看出，当预测期限为 1 个月时，GRU 模型对于能源行业债券违约率预测具有最高的 *RMSE* 和 *MAE* 损失函数值，即 GRU 模型不能很好地预测 1 个月预测期限的能源行业的债券违约率。VAR-GRU 模型和 VAR 模型的 *RMSE* 和 *MAE* 损失函数值很接近，相较而言，VAR-GRU 模型的 *RMSE* 和 *MAE* 损失函数值更小，即从损失函数值来看，VAR-GRU 模型在预测期限为 1 个月时，预测能力最强。通过图 6-37 可以看出，VAR-GRU 模型和 VAR 模型均可以较好地刻画能源行业的债券违约率，相对而言，VAR-GRU 模型的预测曲线距离原始能源行业债券违约率曲线比 VAR 模型的更近，即验证了在预测期限为 1 个月时，VAR-GRU 模型具有更好的预测能力。

当预测期限为 3 个月时，GRU 模型仍具有最高的 *RMSE* 和 *MAE* 损失函数值，即 GRU 模型不能很好地预测 3 个月预测期限的能源行业的债券违约率。VAR-GRU 模型和 VAR 模型的 *RMSE* 和 *MAE* 损失函数值很接近，但 VAR-GRU 模型的 *RMSE* 和 *MAE* 损失函数值更小，即从损失函数值来看，VAR-GRU 模型在预测期限为 3 个月时，预测能力也最强。通过图 6-37 可以看出，VAR-GRU 模型的预测曲线距离原始能源行业债券违约率曲线比 VAR 模型的更近，即验证了在预测期限为 3 个月时，VAR-GRU 模型具有更好的预测能力。

当预测期限为 6 个月时，GRU 模型仍具有最高的 *RMSE* 和 *MAE* 损失函数值，同理，GRU 模型不能很好地预测 6 个月预测期限的能源行业的债券违约率。

VAR-GRU 模型和 VAR 模型的 *RMSE* 和 *MAE* 损失函数值很接近，但 VAR-GRU 模型的 *RMSE* 和 *MAE* 损失函数值更小，即从损失函数值来看，VAR-GRU 模型在预测期限为 6 个月时，预测能力最强。通过图 6-37 可以看出，VAR-GRU 模型的预测曲线距离原始能源行业债券违约率曲线比 VAR 模型的更近，即验证了在预测期限为 6 个月时，VAR-GRU 模型具有更好的预测能力。

在能源行业，预测期限为 1 个月、3 个月和 6 个月时，均为 VAR-GRU 模型的预测能力最优。

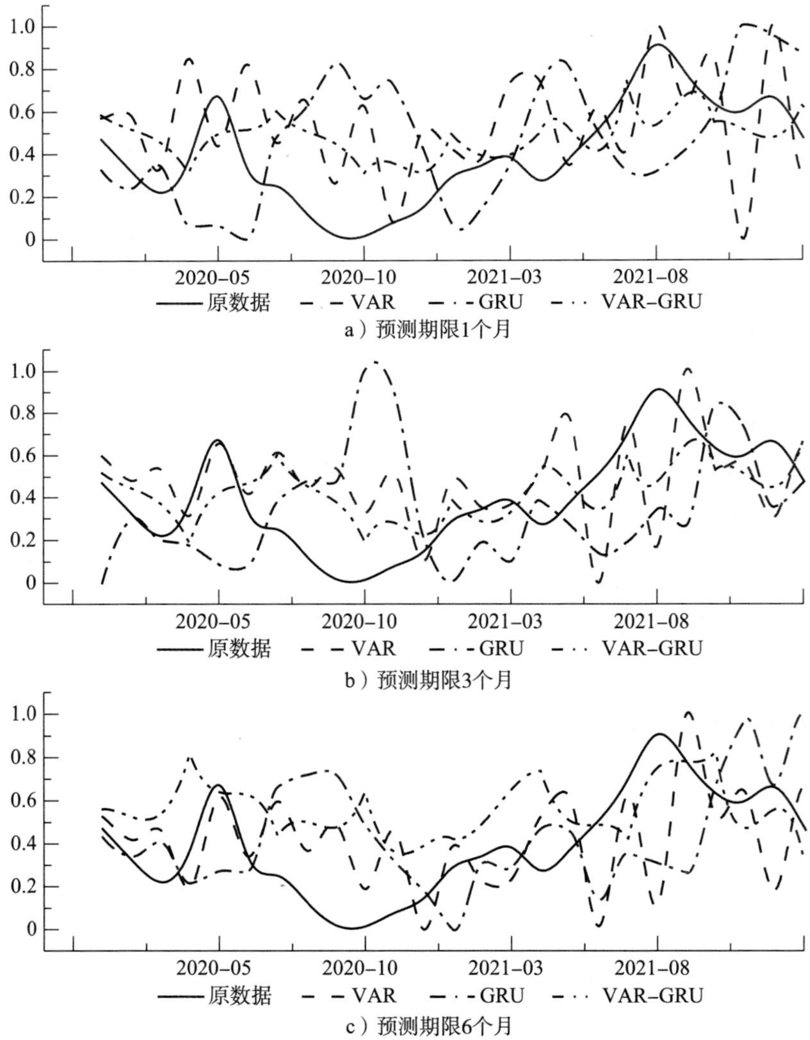

图 6-37　能源行业债券违约率预测结果

6.4.4.7 公用事业行业实证预测结果

结合表 6-23 和图 6-38 可以看出，当预测期限为 1 个月时，GRU 模型对于公用事业行业债券违约率预测具有最高的 *RMSE* 和 *MAE* 损失函数值，即 GRU 模型不能很好地预测 1 个月预测期限的公用事业行业的债券违约率。VAR-GRU 模型和 VAR 模型的 *RMSE* 和 *MAE* 损失函数值很接近，相较而言，VAR-GRU 模型的 *RMSE* 和 *MAE* 损失函数值更小，即从损失函数值来看，VAR-GRU 模型在预测期限为 1 个月时，预测能力最强。通过图 6-38 可以看出，VAR-GRU 模型和 VAR 模型均可以较好地刻画公用事业行业债券违约率，相对而言，VAR-GRU 模型的预测曲线距离原始公用事业行业债券违约率曲线比 VAR 模型的更近，即验证了在预测期限为 1 个月时，VAR-GRU 模型具有更好的预测能力。

当预测期限为 3 个月时，GRU 模型仍具有最高的 *RMSE* 和 *MAE* 损失函数值，那么，GRU 模型不能很好地预测 3 个月预测期限的公用事业行业的债券违约率。VAR-GRU 模型和 VAR 模型的 *RMSE* 和 *MAE* 损失函数值很接近，但 VAR-GRU 模型的 *RMSE* 和 *MAE* 损失函数值更小，即从损失函数值来看，VAR-GRU 模型在预测期限为 3 个月时，预测能力也最强。通过图 6-38 可以看出，VAR-GRU 模型的预测曲线距离原始公用事业行业债券违约率曲线比 VAR 模型的更近，即验证了在预测期限为 3 个月时，VAR-GRU 模型具有更好的预测能力。

当预测期限为 6 个月时，GRU 模型仍具有最高的 *RMSE* 和 *MAE* 损失函数值，同理，GRU 模型不能很好地预测 6 个月预测期限的公用事业行业的债券违约率。VAR-GRU 模型和 VAR 模型的 *RMSE* 和 *MAE* 损失函数值很接近，但 VAR-GRU 模型的 *RMSE* 和 *MAE* 损失函数值更小，即从损失函数值来看，VAR-GRU 模型在预测期限为 6 个月时，预测能力最强。通过图 6-38 可以看出，VAR-GRU 模型的预测曲线距离原始公用事业行业债券违约率曲线比 VAR 模型的更近，即验证了在预测期限为 6 个月时，VAR-GRU 模型具有更好的预测能力。

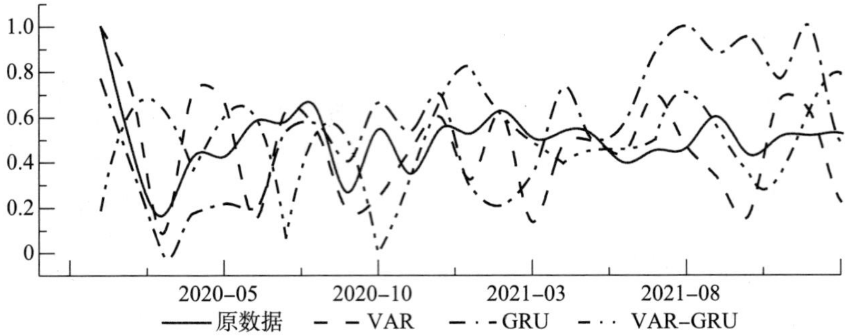

a）预测期限1个月

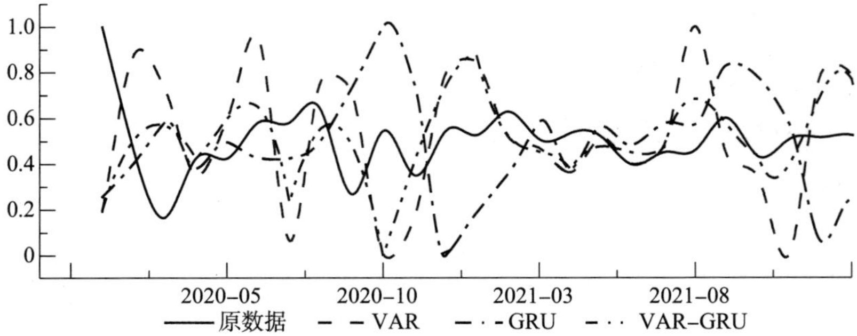

b）预测期限3个月

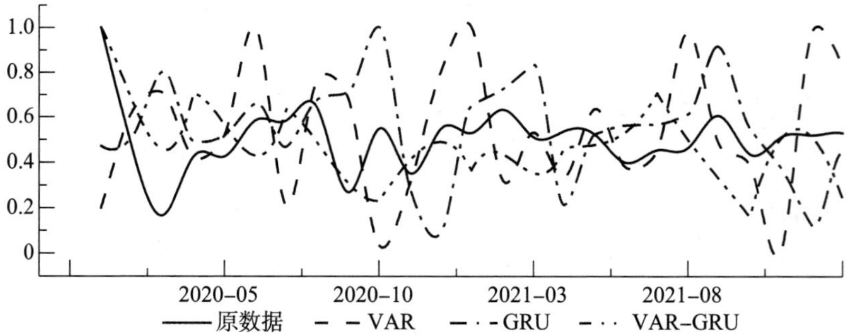

c）预测期限6个月

图 6-38　公用事业行业债券违约率预测结果

在公用事业行业，预测期限为 1 个月、3 个月和 6 个月时，均为 VAR-GRU 模型的预测能力最优。

6.4.4.8　金融行业实证预测结果

结合表 6-23 和图 6-39 可以看出，当预测期限为 1 个月时，GRU 模型对于金融行业债券违约率预测具有最高的 *RMSE* 和 *MAE* 损失函数值，即 GRU 模型不能很好地预测 1 个月预测期限的金融行业的债券违约率。VAR-GRU 模型和 VAR 模型的 *RMSE* 和 *MAE* 损失函数值很接近，但 VAR-GRU 模型的 *RMSE* 损失函数值最小，而 VAR 模型的 *MAE* 损失函数值最小。从两者的差值来看，VAR-GRU 模型的损失函数差值最小，即 VAR-GRU 模型有更少的异常样本点，因此，在预测期限为 1 个月时，VAR-GRU 模型预测能力最强。通过图 6-39 可以看出，VAR-GRU 模型和 VAR 模型均可以较好地刻画金融行业债券违约率，相对而言，VAR-GRU 模型的预测曲线距离原始金融行业债券违约率曲线比 VAR 模型的更近，即验证了在预测期限为 1 个月时，VAR-GRU 模型具有更好的预测能力。

当预测期限为 3 个月时，GRU 模型仍具有最高的 *RMSE* 和 *MAE* 损失函数值，那么，GRU 模型不能很好地预测 3 个月预测期限的金融行业的债券违约率。VAR-GRU 模型和 VAR 模型的 *RMSE* 和 *MAE* 损失函数值很接近，但 VAR-GRU 模型的 *RMSE* 和 *MAE* 损失函数值更小，即从损失函数值来看，VAR-GRU 模型在预测期限为 3 个月时，预测能力也最强。通过图 6-39 可以看出，VAR-GRU 模型的预测曲线距离原始金融行业债券违约率曲线比 VAR 模型的更近，即验证了在预测期限为 3 个月时，VAR-GRU 模型具有更好的预测能力。

当预测期限为 6 个月时，GRU 模型仍具有最高的 *RMSE* 和 *MAE* 损失函数值，同理，GRU 模型不能很好地预测 6 个月预测期限的金融行业的债券违约率。VAR-GRU 模型和 VAR 模型的 *RMSE* 和 *MAE* 损失函数值很接近，但 VAR-GRU 模型的 *RMSE* 和 *MAE* 损失函数值更小，即从损失函数值来看，VAR-GRU 模型在预测期限为 6 个月时，预测能力最强。通过图 6-39 可以看出，VAR-GRU 模型的预测曲线距离原始金融行业债券违约率曲线比 VAR 模型的更近，即验证了在预测期限为 6 个月时，VAR-GRU 模型具有更好的预测能力。

在金融行业，预测期限为 1 个月、3 个月和 6 个月时，均为 VAR-GRU 模型的预测能力最优。

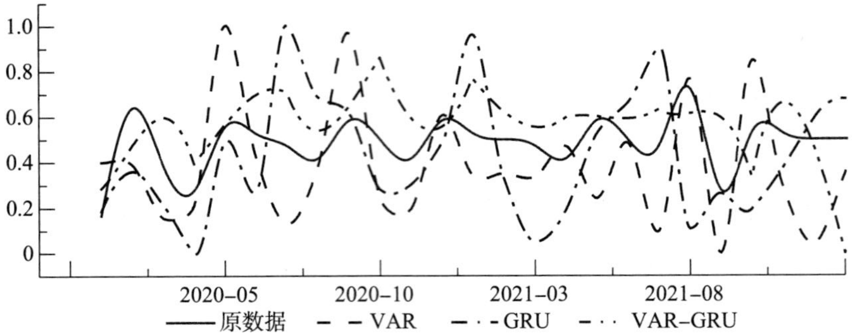

a）预测期限1个月

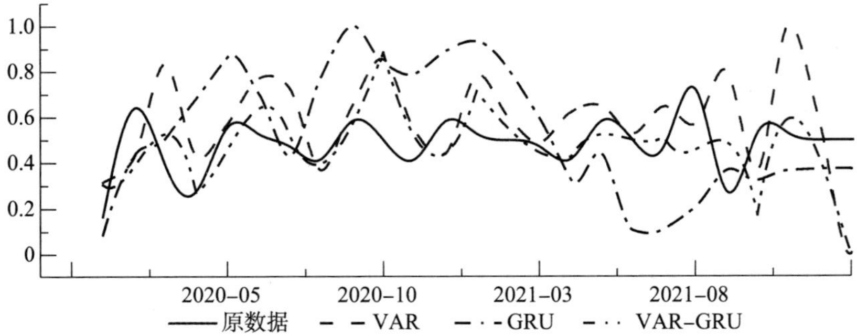

b）预测期限3个月

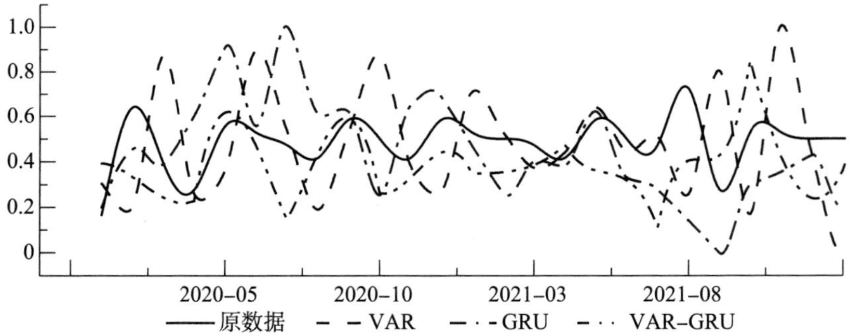

c）预测期限6个月

图 6-39　金融行业债券违约率预测结果

6.4.4.9　房地产行业实证预测结果

结合表 6-23 和图 6-40 可以看出，当预测期限为 1 个月时，GRU 模型对于房地产行业债券违约率预测具有最高的 *RMSE* 和 *MAE* 损失函数值，即 GRU 模型不能很好地预测 1 个月预测期限的房地产行业的债券违约率。VAR-GRU

模型和 VAR 模型的 *RMSE* 和 *MAE* 损失函数值很接近，相较而言，VAR-GRU 模型的 *RMSE* 和 *MAE* 损失函数值更小，即从损失函数值来看，VAR-GRU 模型在预测期限为 1 个月时，预测能力最强。通过图 6-40 可以看出，VAR-GRU 模型和 VAR 模型均可以较好地刻画房地产行业的债券违约率，相对而言，VAR-GRU 模型的预测曲线距离原始房地产行业债券违约率曲线比 VAR 模型的更近，即验证了在预测期限为 1 个月时，VAR-GRU 模型具有更好的预测能力。

当预测期限为 3 个月时，GRU 模型仍具有最高的 *RMSE* 和 *MAE* 损失函数值，那么，GRU 模型不能很好地预测 3 个月预测期限的房地产行业的债券违约率。VAR-GRU 模型和 VAR 模型的 *RMSE* 和 *MAE* 损失函数值很接近，但 VAR-GRU 模型的 *RMSE* 和 *MAE* 损失函数值更小，即从损失函数值来看，VAR-GRU 模型在预测期限为 3 个月时，预测能力也最强。通过图 6-40 可以看出，VAR-GRU 模型的预测曲线距离原始房地产行业债券违约率曲线比 VAR 模型的更近，即验证了在预测期限为 3 个月时，VAR-GRU 模型具有更好的预测能力。

当预测期限为 6 个月时，GRU 模型仍具有最高的 *RMSE* 和 *MAE* 损失函数值，同理，GRU 模型不能很好地预测 6 个月预测期限的房地产行业的债券违约率。VAR-GRU 模型和 VAR 模型的 *RMSE* 和 *MAE* 损失函数值很接近，但 VAR-GRU 模型的 *RMSE* 和 *MAE* 损失函数值更小，即从损失函数值来看，VAR-GRU 模型在预测期限为 6 个月时，预测能力最强。通过图 6-40 可以看出，VAR-GRU 模型的预测曲线距离原始房地产行业债券违约率曲线比 VAR 模型的更近，即验证了在预测期限为 6 个月时，VAR-GRU 模型具有更好的预测能力。

在房地产行业，预测期限为 1 个月、3 个月和 6 个月时，均为 VAR-GRU 模型的预测能力最优。

6.4.4.10 医疗保健行业实证预测结果

结合表 6-23 和图 6-41 可以看出，当预测期限为 1 个月时，GRU 模型对于医疗保健行业债券违约率预测具有最高的 *RMSE* 和 *MAE* 损失函数值，即 GRU 模型不能很好地预测 1 个月预测期限的医疗保健行业的债券违约率。VAR-GRU 模型和 VAR 模型的 *RMSE* 和 *MAE* 损失函数值很接近，相较而言，

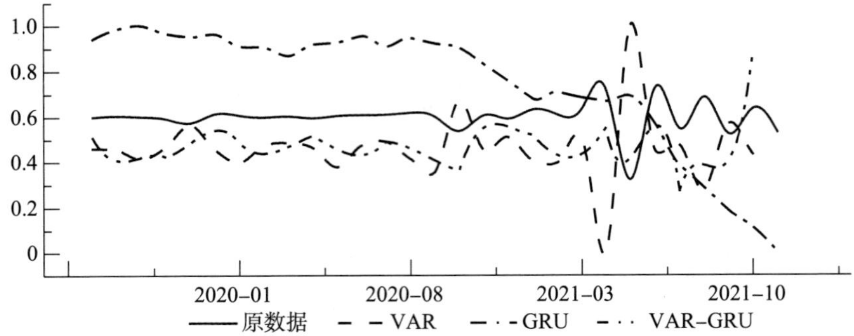

a）预测期限1个月

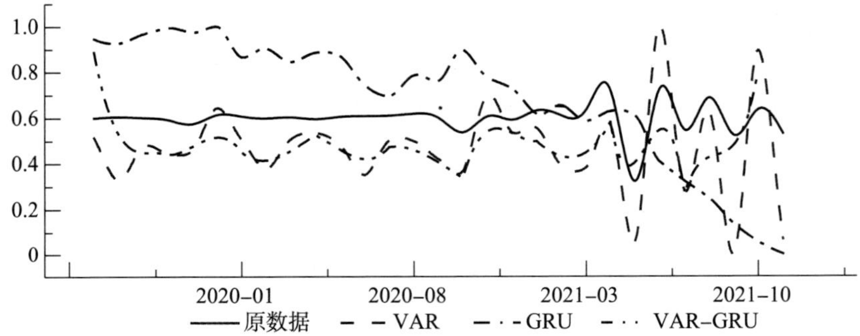

b）预测期限3个月

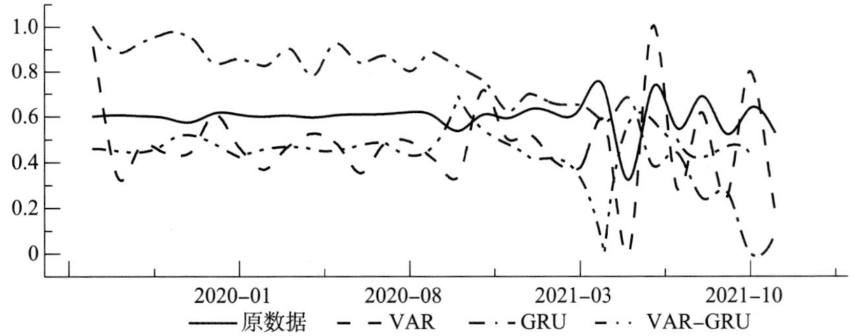

c）预测期限6个月

图 6–40　房地产行业债券违约率预测结果

VAR–GRU 模型的 *RMSE* 和 *MAE* 损失函数值更小，即从损失函数值来看，VAR–GRU 模型在预测期限为 1 个月时，预测能力最强。通过图 6–41 可以看出，VAR–GRU 模型和 VAR 模型均可以较好地刻画医疗保健行业的债券违约率，相对而言，VAR–GRU 模型的预测曲线距离原始医疗保健行业债券违约率曲线比 VAR 模型的更近，即验证了在预测期限为 1 个月时，VAR–GRU 模型具有更好的预测能力。

当预测期限为 3 个月时，GRU 模型仍具有最高的 *RMSE* 和 *MAE* 损失函数值，那么，GRU 模型不能很好地预测 3 个月预测期限的医疗保健行业的债券违约率。VAR-GRU 模型和 VAR 模型的 *RMSE* 和 *MAE* 损失函数值很接近，但 VAR-GRU 模型的 *RMSE* 和 *MAE* 损失函数值更小，即从损失函数值来看，VAR-GRU 模型在预测期限为 3 个月时，预测能力最强。通过图 6-41 可以看出，VAR-GRU 模型的预测曲线距离原始医疗保健行业债券违约率曲线比 VAR 模型的更近，即验证了在预测期限为 3 个月时，VAR-GRU 模型具有更好的预测能力。

当预测期限为 6 个月时，GRU 模型仍具有最高的 *RMSE* 和 *MAE* 损失函数值，同理，GRU 模型不能很好地预测 6 个月预测期限的医疗保健行业的债券违约率。VAR-GRU 模型和 VAR 模型的 *RMSE* 和 *MAE* 损失函数值很接近，但 VAR-GRU 模型的 *RMSE* 和 *MAE* 损失函数值更小，即从损失函数值来看，VAR-GRU 模型在预测期限为 6 个月时，预测能力最强。通过图 6-41 可以看出，VAR-GRU 模型的预测曲线距离原始医疗保健行业债券违约率曲线比 VAR 模型的更近，即验证了在预测期限为 6 个月时，VAR-GRU 模型具有更好的预测能力。

在医疗保健行业，预测期限为 1 个月、3 个月和 6 个月时，均为 VAR-GRU 模型的预测能力最优。

6.4.5 行业影响因素分析

通过以上分析可以发现，基于 VAR-GRU 的企业债券违约模型在各行业均表现出比较优秀的预测能力。接下来分析各行业的主要影响因素及特征，本书主要通过 VAR 模型的方差分解值确定各行业因子的重要性，通过重要性分析各行业的影响因子可以得出其相应的重要的宏观特征影响因素。

表 6-24 是工业行业债券违约率预测的 VAR(2)模型的方差分解结果。从表中可以看出，工业行业的宏观指数因子 F_t^{cd} 在第 9 期时可以解释 11.389%的债券违约率预测误差，是所有因子中解释能力最强的，因此我们认为宏观指数因子 F_t^{cd} 是工业行业的重要影响因子。结合表 6-4，我们发现工业行业的重要宏观因素影响特征(绝对值大于 0.5)有出口总值、累计同期增长-进口(%)

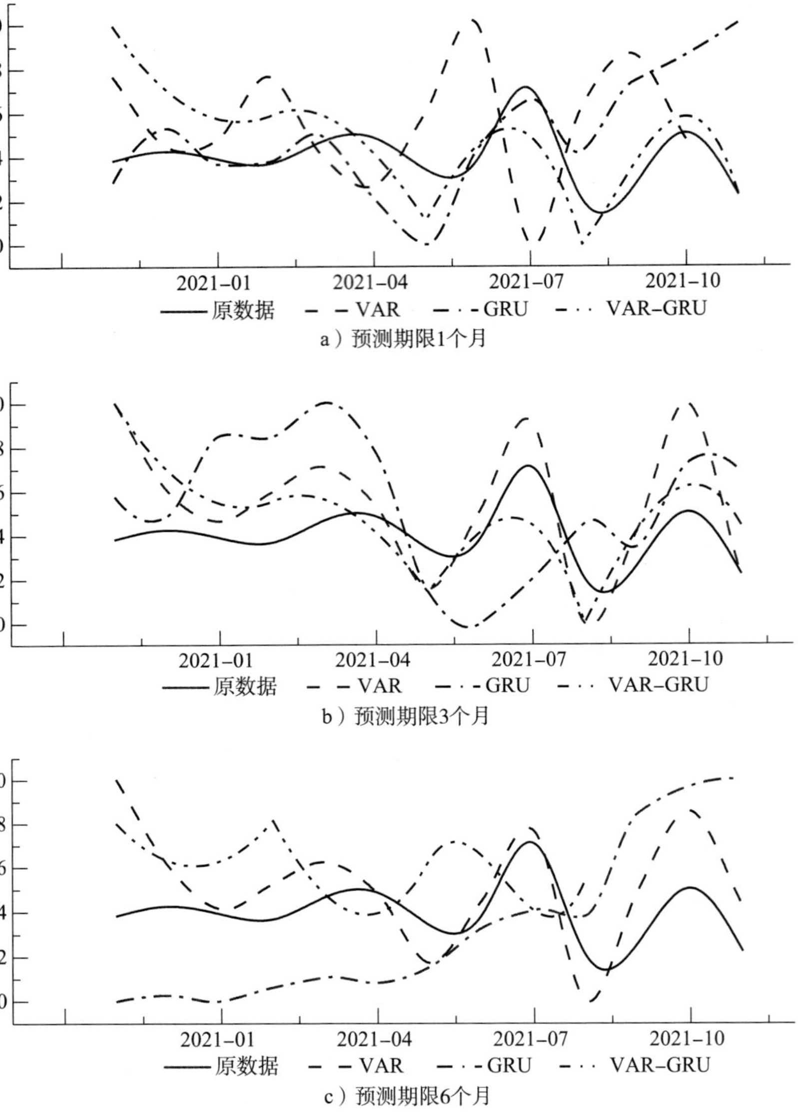

图 6-41　医疗保健行业债券违约率预测结果

和国家财政预算支出合计，对宏观指数因子 F_t^{cd} 的载荷分别为-0.61028、-0.5086和0.559977。可以解释为，随着经济的衰退（宏观指数因子 F_t^{cd} 负向变动），出口总值和累计同期增长-进口（%）由于与宏观指数因子 F_t^{cd} 负相关，因此出现增加的现象，而工业行业出口总值和累计同期增长-进口（%）的增加意味着企业生命力更强，因此其债券违约率会降低，同理，随着经济的好转，

与宏观指数因子 F_t^{cd} 正相关的国家财政预算支出合计意味着国家款项的支持会使企业违约率更低。

表 6-24 工业行业债券违约率方差分解结果

	F_t^{bs}	F_t^{cd}	F_t^{yc}	F_t^{cr}	F_t^{ar}	F_t^{av}
0	0.009422	0.043111	0.010712	**0.072055**	0.006277	0.010769
1	0.011641	**0.087217**	0.007632	0.087191	0.004096	0.009408
2	0.011235	**0.095129**	0.021896	0.086788	0.009077	0.010981
3	0.010831	**0.094266**	0.05442	0.080297	0.011634	0.010366
4	0.010355	**0.110418**	0.063824	0.077596	0.011112	0.01041
5	0.011039	**0.11584**	0.063122	0.078232	0.011197	0.011345
6	0.011074	**0.114343**	0.065696	0.079187	0.01109	0.01121
7	0.011099	**0.114321**	0.066277	0.080167	0.011694	0.012172
8	0.01125	**0.114034**	0.066209	0.080626	0.011991	0.014089
9	0.011228	**0.11389**	0.067088	0.080584	0.011986	0.014906

注：加粗下划线表示债券违约恢复方差分解除自身外最大的因子。

表 6-25 是信息技术行业债券违约率方差分解结果。信息技术行业的重要影响因子是市场波动率因子 F_t^{av}，结合表 6-6，信息技术行业的重要宏观因素影响特征（绝对值大于 0.5）有商品房销售额、外汇、进出口总值和出口总值，对市场波动率因子 F_t^{av} 的载荷分别为 0.535167、-0.60308、-0.57131 和 -0.63658。其经济解释为：随着市场波动的减缓（市场波动率因子 F_t^{av} 负向变动），外汇、进出口总值和出口总值会正向变动，会刺激信息技术行业发展，促进企业降低债券违约率；当市场波动加剧时，企业商品房销售额变量会增加，以增加企业的资产，降低企业债券违约率。

表 6-25 信息技术行业债券违约率方差分解结果

	F_t^{bs}	F_t^{cd}	F_t^{yc}	F_t^{cr}	F_t^{ar}	F_t^{av}
0	0.035611	0.001338	0.012587	0.027362	0.000514	**0.049832**
1	0.045794	0.00137	0.017355	0.020048	0.000724	**0.05274**
2	0.044187	0.002355	0.017612	0.028855	0.005347	**0.052275**
3	0.052445	0.004102	0.029244	0.050168	0.008462	**0.054536**
4	0.057202	0.007264	0.036997	0.051665	0.008118	**0.062533**

续表

	F_t^{bs}	F_t^{cd}	F_t^{yc}	F_t^{cr}	F_t^{ar}	F_t^{av}
5	0.057003	0.01025	0.037525	0.051717	0.008342	**<u>0.061888</u>**
6	0.056868	0.01108	0.037621	0.051504	0.008303	**<u>0.063718</u>**
7	0.056727	0.011053	0.038138	0.051474	0.009056	**<u>0.064374</u>**
8	0.056688	0.011415	0.038195	0.051388	0.009754	**<u>0.06426</u>**
9	0.056648	0.011595	0.038156	0.051445	0.009783	**<u>0.064269</u>**

注：加粗下划线表示债券违约恢复方差分解除自身外最大的因子。

根据表6-26，除了第0期，材料行业的宏观指数因子 F_t^{cd} 方差分解值是所有因子方差分解值中的最大值，认为宏观指数因子 F_t^{cd} 是材料行业的重要影响因子。结合表6-8，我们发现材料行业的重要宏观因素影响特征(绝对值大于0.5)有对政府债权、出口总值、进出口总值、商品房销售额增长率-住宅(累计同比增长)(%)和国家财政预算支出合计，对宏观指数因子 F_t^{cd} 的载荷分别为-0.79627、-0.58049、-0.52603、-0.55033和0.570129。同工业行业相似：当经济衰退(宏观指数因子 F_t^{cd} 负向变动)时，对政府债权、出口总值、进出口总值和商品房销售额增长率-住宅(累计同比增长)(%)由于与宏观指数因子 F_t^{cd} 负相关，因此出现增加的现象，意味企业有着更强的生命力，因此其债券违约率会降低，同理，随着经济的好转，与宏观指数因子 F_t^{cd} 正相关的国家财政预算支出合计意味着国家款项的支持会使企业债券违约率更低。

表6-26 材料行业债券违约率方差分解结果

	F_t^{bs}	F_t^{cd}	F_t^{yc}	F_t^{cr}	F_t^{ar}	F_t^{av}
0	0.007938	0.039371	0.005751	**<u>0.043086</u>**	0.039407	0.00715
1	0.008127	**<u>0.052391</u>**	0.016974	0.029149	0.030663	0.005273
2	0.01574	**<u>0.051658</u>**	0.029651	0.02911	0.029489	0.012489
3	0.015595	**<u>0.049931</u>**	0.034397	0.033555	0.033322	0.021637
4	0.017205	**<u>0.049593</u>**	0.034316	0.037987	0.034571	0.030346
5	0.019588	**<u>0.055004</u>**	0.033536	0.039427	0.033627	0.040399
6	0.019557	**<u>0.063076</u>**	0.033226	0.039096	0.032658	0.052442
7	0.01915	**<u>0.068722</u>**	0.033448	0.038745	0.031972	0.064904
8	0.01912	**<u>0.071545</u>**	0.03389	0.039227	0.031668	0.075811
9	0.01902	**<u>0.073044</u>**	0.034326	0.040534	0.031587	0.084238

注：加粗下划线表示债券违约恢复方差分解除自身外最大的因子。

通过表 6-27，除了第 0 期，可选消费行业的资产收益率因子 F_t^{ar} 方差分解值是所有因子方差分解值中的最大值，我们认为资产收益率因子 F_t^{ar} 是可选消费行业的重要影响因子。结合表 6-10，可选消费行业的重要宏观因素影响特征(绝对值大于 0.5)有固定资产投资-第二产业和增值税，对资产收益率因子 F_t^{ar} 的载荷分别为-0.90023 和 0.552567。可能的解释有：随着资产收益的增加(资产收益率因子 F_t^{ar} 正向变动)，税收也会相应增加；相反，随着资产收益的减少，固定资产投资-第二产业会增加，这似乎会提升企业债券的违约率。

表 6-27　可选消费行业债券违约率方差分解结果

	F_t^{bs}	F_t^{cd}	F_t^{yc}	F_t^{cr}	F_t^{ar}	F_t^{av}
0	0.000724	0.003903	0.012675	0.015782	0.003543	**0.034658**
1	0.004562	0.007003	0.013266	0.017617	**0.034784**	0.054228
2	0.010771	0.00675	0.012199	0.026166	**0.10787**	0.052884
3	0.014563	0.009762	0.014752	0.03547	**0.113845**	0.050183
4	0.014018	0.0169	0.014233	0.05627	**0.114871**	0.048224
5	0.015314	0.017074	0.0152	0.056771	**0.117666**	0.048233
6	0.02057	0.018565	0.015532	0.078084	**0.114335**	0.04691
7	0.021804	0.019516	0.015388	0.081489	**0.115033**	0.046405
8	0.022244	0.019968	0.015301	0.084024	**0.114665**	0.046139
9	0.022999	0.02182	0.015186	0.086196	**0.116701**	0.046052

注：加粗下划线表示债券违约恢复方差分解除自身外最大的因子。

根据表 6-28 的日常消费行业债券违约率方差分解结果，除了前 3 期，日常消费行业的收益率曲线风险因子 F_t^{yc} 是所有方差分解值中最大的，我们认为收益率曲线风险因子 F_t^{yc} 是日常消费行业的重要影响因子。结合表 6-12，日常消费行业的重要宏观因素影响特征(绝对值大于 0.5)有固定资产投资-第二产业(累计同比增长)(%)和增值税，对收益率曲线风险因子 F_t^{yc} 的载荷分别为-0.57617 和 0.993182。可以有如下的理解：当经济发展进入衰退期(收益率曲线风险因子 F_t^{yc} 负向变动)，固定资产投资-第二产业(累计同比增长)(%)会有正向的变化；而经济好转时，会引起增值税的增加，同样会提升企业的债券违约率。

表 6-28 日常消费行业债券违约率方差分解结果

	F_t^{bs}	F_t^{cd}	F_t^{yc}	F_t^{cr}	F_t^{ar}	F_t^{av}
0	**0.00365**	0.002951	0.000945	0.005728	0.008479	0.000006
1	**0.028011**	0.004847	0.000788	0.005691	0.006857	0.006933
2	**0.026913**	0.010177	0.019573	0.026773	0.009698	0.012479
3	0.024914	0.019555	**0.066978**	0.034698	0.019083	0.019148
4	0.026519	0.01889	**0.082763**	0.035841	0.021059	0.025873
5	0.029156	0.023177	**0.081378**	0.041687	0.020857	0.02705
6	0.029224	0.027388	**0.080751**	0.041312	0.021094	0.026898
7	0.034217	0.027911	**0.080363**	0.04366	0.020873	0.026782
8	0.03681	0.027764	**0.079934**	0.0446	0.02127	0.027469
9	0.03677	0.02784	**0.079771**	0.044587	0.021756	0.028497

注：加粗下划线表示债券违约恢复方差分解除自身外最大的因子。

表 6-29 是能源行业债券违约率方差分解结果，可知能源行业的资产收益率因子 F_t^{ar} 方差分解值是所有因子中最大的，我们认为资产收益率因子 F_t^{ar} 是能源行业的重要影响因子。结合表 6-14，能源行业的重要宏观因素影响特征（绝对值大于 0.5）有固定资产投资、固定资产投资-第一产业、固定资产投资-第二产业和进口总值，对资产收益率因子 F_t^{ar} 的载荷分别为-0.65745、-0.60585、-0.73376 和-0.59673。随着经济的衰退（资产收益率因子 F_t^{ar} 负向变动），固定资产投资、固定资产投资-第一产业、固定资产投资-第二产业和进口总值会增加以提高企业的生命力。

表 6-29 能源行业债券违约率方差分解结果

	F_t^{bs}	F_t^{cd}	F_t^{yc}	F_t^{cr}	F_t^{ar}	F_t^{av}
0	0.031195	0.020379	0.00964	0.000087	**0.03787**	0.012317
1	0.042448	0.032258	0.012236	0.053113	**0.062266**	0.010032
2	0.040099	0.045491	0.030353	0.068863	**0.076327**	0.011134
3	0.055545	0.046082	0.043564	0.06509	**0.074814**	0.014002
4	0.060204	0.043836	0.044156	0.061852	**0.075231**	0.041451
5	0.057659	0.041793	0.041571	0.057975	**0.094107**	0.074809

续表

	F_t^{bs}	F_t^{cd}	F_t^{yc}	F_t^{cr}	F_t^{ar}	F_t^{av}
6	0.055373	0.03991	0.040015	0.055513	**<u>0.11794</u>**	0.087704
7	0.054236	0.041371	0.040775	0.054615	**<u>0.130866</u>**	0.08787
8	0.053395	0.044456	0.043184	0.055417	**<u>0.134561</u>**	0.086562
9	0.052751	0.04617	0.045331	0.057649	**<u>0.135675</u>**	0.085869

注：加粗下划线表示债券违约恢复方差分解除自身外最大的因子。

公用事业行业债券违约率方差分解结果见表 6-30，其中资产收益率因子 F_t^{ar} 方差分解值是所有因子中最大的，我们认为资产收益率因子 F_t^{ar} 是公用事业行业的重要影响因子。结合表 6-16，公用事业行业的重要宏观因素影响特征(绝对值大于 0.5)为进出口总值，对资产收益率因子 F_t^{ar} 的载荷为 -0.53162。与能源行业相同，随着经济的衰退(资产收益率因子 F_t^{ar} 负向变动)，进出口总值会增加，可能会提升企业的债券违约率。

表 6-30 公用事业行业债券违约率方差分解结果

	F_t^{bs}	F_t^{cd}	F_t^{yc}	F_t^{cr}	F_t^{ar}	F_t^{av}
0	0.005909	0.000952	0.012498	0.046606	**<u>0.057534</u>**	0.008135
1	0.012063	0.005669	0.012224	0.051565	**<u>0.067794</u>**	0.006784
2	0.019785	0.021106	0.0123	0.048701	**<u>0.064035</u>**	0.006508
3	0.020378	0.025121	0.011736	0.045705	**<u>0.065379</u>**	0.006089
4	0.020269	0.025222	0.012198	0.045421	**<u>0.066789</u>**	0.006077
5	0.020261	0.028175	0.012546	0.045069	**<u>0.066664</u>**	0.006072
6	0.020195	0.028898	0.012531	0.044924	**<u>0.066994</u>**	0.006434
7	0.020165	0.029216	0.012801	0.044864	**<u>0.067312</u>**	0.006676
8	0.020134	0.030681	0.012818	0.0448	**<u>0.067224</u>**	0.006667
9	0.020122	0.031274	0.012854	0.044774	**<u>0.067179</u>**	0.006687

注：加粗下划线表示债券违约恢复方差分解除自身外最大的因子。

除了金融行业自身，金融行业的收益率曲线风险因子 F_t^{yc} 方差分解值(见表 6-31)在所有因子方差分解中是最大的，我们认为收益率曲线风险因子 F_t^{yc} 是金融行业的重要影响因子，结合表 6-18，金融行业的重要宏观因素影响特征(绝对值大于0.5)为固定资产投资变量中的大多数，包括商品房销售面积、商品房销售面积-商业营业用房、商品房销售额、固定资产投资、固定资产投资到位资金-利用外资、固定资产投资-第一产业、固定资产投资-第三产业、房地产开发投资-住宅和增值税，对收益率曲线风险因子 F_t^{yc} 的载荷分别为-0.64544、-0.67158、-0.59568、-0.71478、-0.7842、-0.68637、-0.6966、-0.64405和1.05907。随着经济的衰退(收益率曲线风险因子 F_t^{yc} 负向变动)，金融行业企业的固定资产投资类变量会增加；而随着经济的好转，增值税会增加，进而影响企业债券违约率。

表6-31　金融行业债券违约率方差分解结果

	F_t^{bs}	F_t^{cd}	F_t^{yc}	F_t^{cr}	F_t^{ar}	F_t^{av}
0	0.002589	0.02148	**<u>0.04075</u>**	0.038236	0.039009	0.006747
1	0.003308	0.026225	**<u>0.053288</u>**	0.040993	0.037134	0.00697
2	0.010241	0.037714	**<u>0.056484</u>**	0.041263	0.035695	0.007142
3	0.021864	0.04101	**<u>0.059616</u>**	0.041323	0.035279	0.006972
4	0.023295	0.041779	**<u>0.060257</u>**	0.041161	0.035391	0.007066
5	0.023265	0.041733	**<u>0.060214</u>**	0.041227	0.035367	0.007237
6	0.023197	0.041719	**<u>0.060151</u>**	0.041091	0.035476	0.00916
7	0.023153	0.041635	**<u>0.060004</u>**	0.040992	0.035461	0.010921
8	0.023147	0.041746	**<u>0.059957</u>**	0.040964	0.035436	0.011207
9	0.023173	0.042159	**<u>0.059932</u>**	0.040941	0.035428	0.0112

注：加粗下划线表示债券违约恢复方差分解除自身外最大的因子。

表6-32为房地产行业债券违约率方差分解结果，可以看出，房地产行业的收益率曲线风险因子 F_t^{yc} 方差分解值最后趋于0.13，是最大的，因此我们认为收益率曲线风险因子 F_t^{yc} 是房地产行业的重要影响因子。结合表6-20，房地产行业的重要宏观因素影响特征(绝对值大于0.5)有货币和准货币、货币黄金、其他国外资产、债券、其他(净)、对政府债权(净)、国外净资产、固定资产投资、固定资产投资-第一产业、固定资产投资到位资金-利用外资和先行指数，对收益率曲线风险因子 F_t^{yc} 的载荷分别为0.504492、0.532853、-0.51772、0.529096、0.541029、0.528762、-0.52055、0.542773、0.527123、-0.54195和-0.53588。被认为是重要变量，同时大多数载荷为正，这意味着，

随着收益率曲线风险因子 F_t^{yc} 的增加(收益率曲线风险因子 F_t^{yc} 正向变动)，房地产行业的债券违约率会受到多种因素的综合影响。

表 6-32 房地产行业债券违约率方差分解结果

	F_t^{bs}	F_t^{cd}	F_t^{yc}	F_t^{cr}	F_t^{ar}	F_t^{av}
0	0.000213	0.001083	0.015363	**0.03241**	0.022505	0.02857
1	0.016273	0.000884	0.015044	**0.021963**	0.013535	0.063897
2	0.018334	0.004102	**0.070899**	0.0479	0.012138	0.072893
3	0.01556	0.014958	**0.125919**	0.064973	0.019292	0.06742
4	0.019159	0.02564	**0.143094**	0.072258	0.028397	0.061886
5	0.02674	0.027923	**0.140888**	0.078844	0.033904	0.059328
6	0.02982	0.027098	**0.13672**	0.08796	0.035368	0.058274
7	0.029019	0.030376	**0.133518**	0.096178	0.034966	0.057559
8	0.03096	0.036555	**0.131481**	0.099288	0.034215	0.056747
9	0.036485	0.04121	**0.130119**	0.098987	0.033631	0.055834

注：加粗下划线表示债券违约恢复方差分解除自身外最大的因子。

医疗保健行业债券违约率方差分解结果见表 6-33，表中数据表明，医疗保健行业的收益率曲线风险因子 F_t^{yc} 方差分解值最大，我们认为收益率曲线风险因子 F_t^{yc} 是医疗保健行业的重要影响因子。结合表 6-22，医疗保健行业的重要宏观因素影响特征对收益率曲线风险因子 F_t^{yc} 的载荷绝大多数大于 0.5，仅金融业中的货币和准货币、国内信贷和储蓄存款对收益率曲线风险因子 F_t^{yc} 的载荷小于 0.5，被认为是非重要变量。同理，医疗保健行业受到众多重要因素的影响，随着经济的衰退(收益率曲线风险因子 F_t^{yc} 负向变动)，重要宏观因素影响特征会增加，而税收、固定投资资产等的增加意味着企业债券违约率的上涨。

表 6-33 医疗保健行业债券违约率方差分解结果

	F_t^{bs}	F_t^{cd}	F_t^{yc}	F_t^{cr}	F_t^{ar}	F_t^{av}
0	0.035359	0.001137	**0.055851**	0.010956	0.005895	0.000062
1	0.030523	0.001736	**0.04722**	0.015074	0.008217	0.004213
2	0.02702	0.001685	**0.097609**	0.028429	0.017071	0.014376

续表

	F_t^{bs}	F_t^{cd}	F_t^{yc}	F_t^{cr}	F_t^{ar}	F_t^{av}
3	0.027825	0.002085	**0.111281**	0.074431	0.021229	0.013693
4	0.027571	0.002562	**0.105609**	0.0842	0.020566	0.013198
5	0.030714	0.002569	**0.112059**	0.082927	0.020499	0.013212
6	0.03824	0.00259	**0.113993**	0.084115	0.020682	0.012969
7	0.041518	0.002895	**0.113682**	0.084329	0.020565	0.012904
8	0.042073	0.00315	**0.113356**	0.084184	0.021164	0.012866
9	0.042024	0.003181	**0.113133**	0.084895	0.021785	0.012829

注：加粗下划线表示债券违约恢复方差分解除自身外最大的因子。

6.5 本章小结

本章首先分行业进行了债务违约宏观影响因子特征的提取，不同行业筛选出了不同的宏观因子特征子集，由于筛选出来的宏观因子特征子集较大，会影响模型的预测能力，因此通过动态因子模型获得了各行业的债券违约率影响因子，在降低宏观因子特征子集维数的同时，尽可能提取宏观因子特征子集的共同信息，剔除冗余信息，降低数据的噪声，提高模型的预测能力。

然后我们通过 VAR-GRU 模型对各行业的债券违约率进行预测，发现 VAR-GRU 模型能力在不同的预测期限略有不同，工业行业预测在预测期限为 1 个月、3 个月和 6 个月时，均为 VAR 模型的预测能力最优；信息技术行业预测在预测期限为 1 个月、3 个月时，VAR-GRU 模型的预测能力最优，当预测期限为 6 个月时，VAR 模型的预测能力最优；材料行业预测在预测期限为 1 个月、3 个月时，VAR 模型拥有更好的预测能力，而当预测期限为 6 个月时，VAR-GRU 模型具有更好的预测能力；可选消费行业预测在预测期限为 1 个月、6 个月时，VAR 模型具有更好的预测能力，当预测期限为 3 个月时，VAR-GRU 模型具有更好的预测能力；日常消费行业预测在预测期限为 1 个月、3 个月时，VAR 模型的预测效果更好，当预测期限为 6 个月时，VAR-GRU 模型具有更好的预测效果；能源、公用事业、金融、房地产和医疗保健行业行业预测在预测期限为1个月、3个月和6个月时，VAR-GRU模型的预测能力均最优；总体来说，VAR-GRU模型的预测能力要优于VAR模型和GRU模型。

同时，我们得到了VAR模型关于各因子的方差分解值，通过方差分解值的大小，确定共同因子的重要程度，然后结合载荷矩阵，得到各行业的重要宏观影响因子：工业行业的重要宏观因素影响特征有出口总值、累计同期增长-进口(%)和国家财政预算支出合计；信息技术行业的重要宏观因素影响特征有商品房销售额、外汇、进出口总值和出口总值；可选消费行业的重要宏观因素影响特征有固定资产投资-第二产业和增值税；日常消费行业的重要宏观因素影响特征有固定资产投资-第二产业(累计同比增长)(%)和增值税；能源行业的重要宏观因素影响特征有固定资产投资、固定资产投资-第一产业、固定资产投资-第二产业和进口总值；公用事业行业的重要宏观因素影响特征是进出口总值；金融行业的重要宏观因素影响特征有商品房销售面积、商品房销售面积-商业营业用房、商品房销售额、固定资产投资、固定资产投资到位资金-利用外资、固定资产投资-第一产业、固定资产投资-第三产业、房地产开发投资-住宅和增值税；房地产行业的重要宏观因素影响特征有货币和准货币、货币黄金、其他国外资产、债券、其他(净)、对政府债权(净)、国外净资产、固定资产投资、固定资产投资-第一产业、固定资产投资到位资金-利用外资和先行指数；医疗保健行业的重要宏观因素影响特征众多，仅货币和准货币、国内信贷和储蓄存款的重要度较低。可以看出，不同行业的重要宏观系统性因子和重要宏观因素影响特征均不大相同。

综上所述，本书提出的VAR-GRU模型在实证中表现出较好的企业债券违约率预测能力，并可以通过载荷矩阵、方差分解等得到重要的宏观因素影响特征，可以为之后的预测模型宏观因子选择提供一种思路。

第7章

企业债券违约恢复预测应用研究

通过第 3 章的宏观经济特征选择、共同因子构建的动态因子模型和第 5 章的债券违约恢复率预测方法，本章对债券违约恢复进行实证研究。不同于第 6 章的债券违约分行业预测，债券违约恢复因为数据量相对较少，本书考虑使用整体的违约恢复数据进行预测，以减少过多的 0 对模型造成的误差。

7.1 数据来源及统计性分析

企业债券违约恢复预测涉及的数据包括两大部分：一是宏观因子特征数据，此类数据我们通过国泰安宏观经济数据库获得；二是行业企业债券违约余额恢复率，这部分数据我们同样通过 Wind 数据库中的信用债研究（BCBA）获得。

企业债券违约余额恢复的计算基于月度滑动窗滚动计算数据，在每个滑动时间窗内记录该时间窗开始时行业企业违约债券余额的恢复额。

在债券违约实证中，由于行业的差异性，我们选择分行业进行企业债券余额违约率预测。然而在整理数据时，我们发现债券违约恢复的数据较为匮乏，每个行业的数据中都存在不少空值，因此，我们选择对企业债券余额违约恢复率进行整体性预测。样本选择时间起点为 2014 年 3 月（中国债券违约数据开始于 2014 年 3 月），数据截止时间为 2021 年 11 月，采用滑动窗估计模型–测试模型的方法。

表 7–1 展示了本章使用的债券违约余额恢复数据。从表 7–1 可以获取的信息量较少，但可以看出市场整体违约恢复率较低，仅有 1.8406%。

表 7–1　债券违约余额恢复数据摘要

年平均企业债券违约余额恢复额（亿元）	年平均企业债券违约余额（亿元）	年平均企业债券违约余额恢复率（%）
5.137487688	1696.894	1.8406

除了表 7-1 的描述性统计，我们还得到了企业债券违约余额恢复率序列，见图 7-1。从图 7-1 中我们可以看出，除了 2014 年 12 月，其他时间点上的企业债券违约余额恢复率均较低，可以得到的结论是在违约债券出现初期(2018 年以前)，企业进行违约恢复的热情较高，在 2018 年之后违约债券偿还的企业微乎其微。

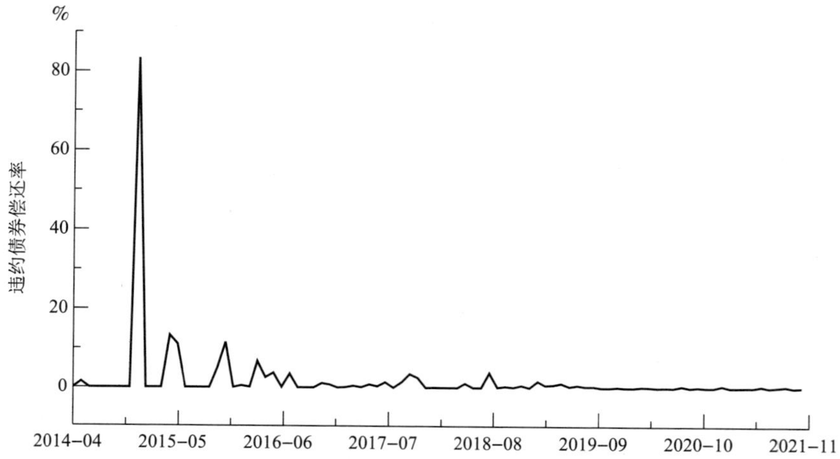

图 7-1　企业债券违约余额恢复率序列

7.2　企业债券违约恢复宏观因子特征选择

由于本章选择进行市场整体债券违约余额恢复率的预测，那么前文在企业债券违约率的预测中挑选的各行业的宏观因子并不能代表整体市场的宏观影响特征，因此，需要重新进行宏观因子的筛选。

与企业债券违约预测中宏观因子特征选择的步骤和参数相一致：首先通过 Adaptive Lasso 算法(设置迭代次数 iterations = 100、正则项系数值 alpha = 0. 01)、LightGBM 算法(损失函数选择正则化 L2 函数，设置树的最大深度 max_depth = 4，单棵树的最大叶子数 num_leaves = 16，学习率 learning_rate = 0. 05、每棵树随机选取的样本比例 feature_fraction = 0. 7、训练采样的频率 bagging_freq = 5) 及 Boruta 算法[估计器(estimator)选择随机森林 RF 算法，模型复杂度参数设置为 max_depth = 4]，得到了 Adaptive Lasso 算法选择的 387 维宏观因子、LightGBM 算法选择的 103 维因子和 Boruta 算法选择的 97 维宏观特征；然后选择其中最大的即 387 维，据此设置最大相关最小冗余算法的参数；最后选择特征值的数量，设置递归特征消除法的参数 n_features_to_select = 387（最终选择特征值数量），同时设置最大相关最小冗余算法中的打分方式为互信息熵（MIQ）法，递归特征消除法中的估计器（estimator）是线性回归（LinearRegression）算法，每次消除一个特征（step = 1）；将 5 个特征选择方法得到的 5 个特征集合通过投票机制，得到同时被 3 个及以上算法选择的特征集合 F_3、同时被 4 个及以上算法选择的特征集合 F_4 和同时被 5 个及以上算法选择的特征集合 F_5，其中 F_5 为空集；最后将特征集合 F_3 和 F_4 同时输入选择器（LightGBM 算法），根据损失函数值 $Loss_{F_3} = 0.015347$ 和 $Loss_{F_4} = 0.01183$，选择最小的损失函数值所对应的特征集，即最终的最优特征子集，企业债券违约余额恢复率得到的最优特征子集为 F_4。其中，LightGBM 算法选择的前 10 个重要度值较高的宏观因子及其重要度见图 7-2，图 7-3 是 Adaptive Lasso 算法选择的企业债券违约余额恢复率前 10 个系数不为 0 的宏观因子。

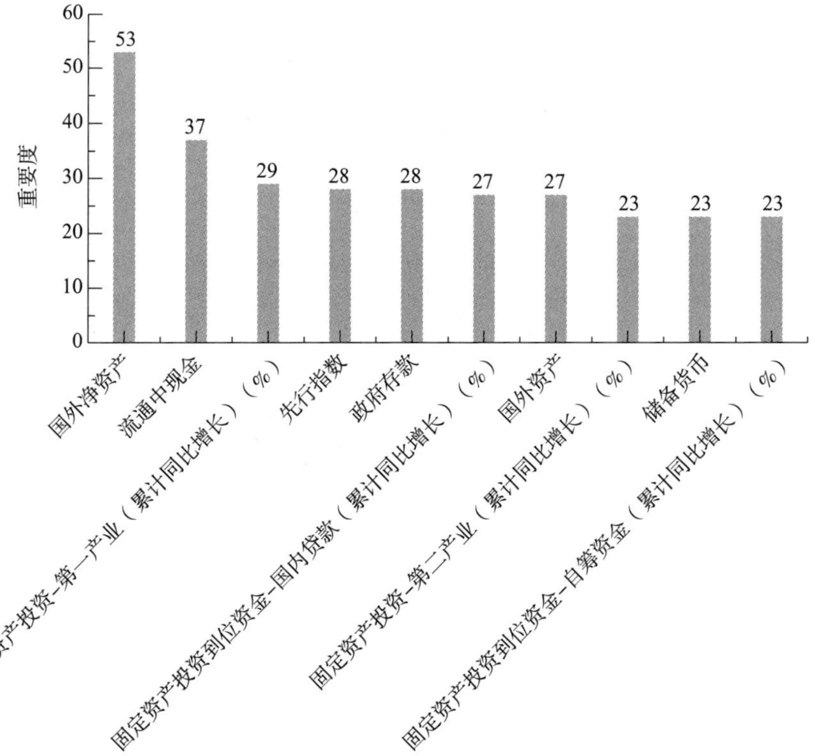

图 7-2 企业债券违约余额恢复率 LightGBM 算法选择的前 10 个重要度值较高的宏观因子

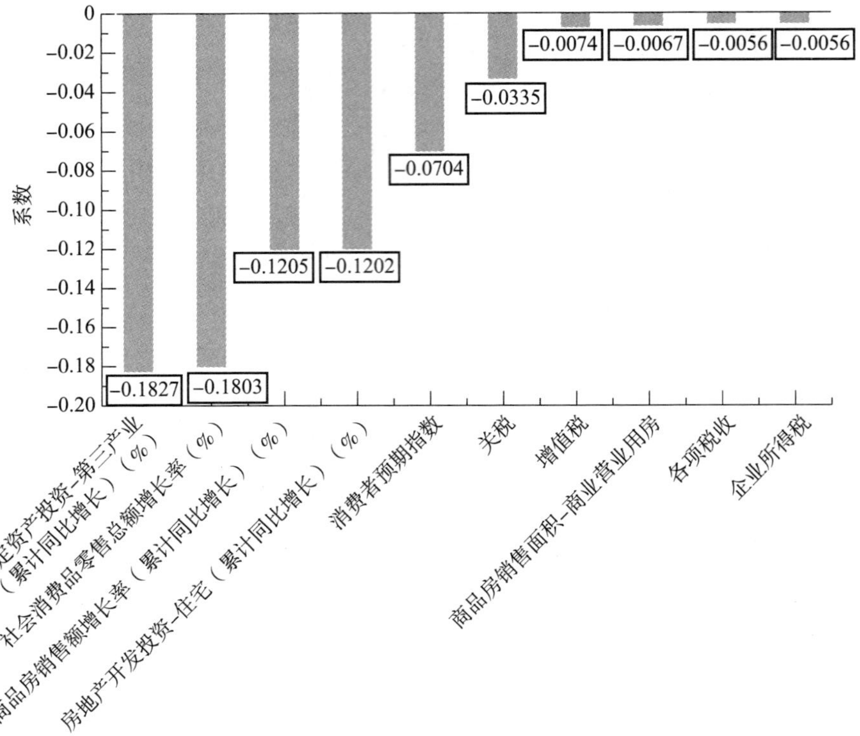

图 7-3　Adaptive Lasso 算法选择的企业债券违约余额恢复率前 10 个系数不为 0 的宏观因子

7.3　企业债券违约恢复动态因子模型结果

从 7.2 节，我们得到了宏观因子最优特征子集 F_4，因此我们将通过动态因子模型将宏观因子最优特征子集 F_4 中的宏观因子同样归为理论部分的六大类(行业周期因子 F_t^{bs}、宏观指数因子 F_t^{cd}、收益率曲线风险因子 F_t^{yc}、信用风险因子 F_t^{cr}、资产收益率因子 F_t^{ar} 和市场波动率因子 F_t^{av})及整体脆弱性因子 f_t^{rr}。通过贝叶斯 MCMC 的 Gibbs 抽样方案进行 6 万次抽样，并舍弃前 1 万次抽样(以确保抽样结果的一般性)，以进行载荷系数和 VAR 系数的估计。

企业债券违约余额恢复率动态因子转移矩阵如表 7-2 所示。图 7-4 展示了企业债券违约余额恢复率动态因子估计结果。表 7-3 是企业债券违约余额恢复率动态因子载荷矩阵结果，表示可观测变量(宏观因子特征变量)与潜在共同因子（行业周期因子 F_t^{bs}、宏观指数因子 F_t^{cd}、收益率曲线风险因子 F_t^{yc}、信用风险因子 F_t^{cr}、资产收益率因子 F_t^{ar} 和市场波动率因子 F_t^{av}）之间的关系。

表 7-2　动态因子转移矩阵 VAR（1）估计结果

	F_t^{bs}	F_t^{cd}	F_t^{yc}	F_t^{cr}	F_t^{ar}	F_t^{av}
F_t^{bs}	-0.00962	0.254439	-0.46912	-0.13095	0.231443	0.006074
F_t^{cd}	1.094913	-0.00619	0.376054	1.541848	0.593622	0.02732
F_t^{yc}	1.965816	0.237842	-0.00535	-0.89182	1.589767	-0.13046
F_t^{cr}	-0.09419	0.198135	-0.89813	-0.00533	0.098795	0.041359
F_t^{ar}	4.208417	-1.78749	0.107005	0.639843	-0.00919	-0.00791
F_t^{av}	3.339396	0.552013	0.648943	-1.61644	-3.00408	-0.00812

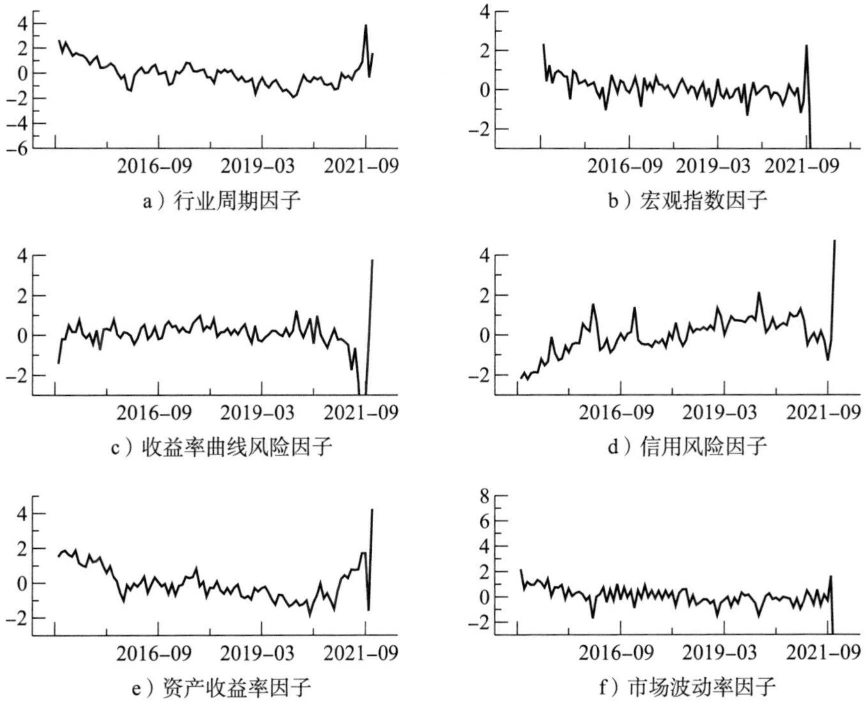

图 7-4　企业债券违约余额恢复率动态因子估计结果

表 7-3 是企业债券违约余额恢复率动态因子的载荷矩阵结果，主要分为金融业、固定资产投资、景气指数、国际收支、财政收支、国内贸易、对外

贸易七大类，从整体来看，企业债券违约余额恢复率的因子载荷矩阵没有规律性，因此接下来我们将分析每类变量的载荷矩阵。

金融业变量中，由于变量众多，无法看出其规律性，但单从货币供应量类（流通中现金、货币黄金和货币）可以看出，市场波动率因子 F_t^{av} 较大且为负向影响，货币变量整体对各个因子的载荷相差并不大，且对行业周期因子 F_t^{bs} 和收益率曲线风险因子 F_t^{yc} 有最大的正载荷，可以理解为，随着经济的好转（F_t^{bs}、F_t^{yc} 正向变动），以及市场趋于平稳（F_t^{av} 负向变动），消费的需求会增加，相应会促进货币供应量增加；另外，存款类变量与行业周期因子 F_t^{bs} 正相关，可以解释为，存款类变量存在同期依赖性。

固定资产投资变量中，载荷值较大的是行业周期因子 F_t^{bs}、信用风险因子 F_t^{cr} 和资产收益率因子 F_t^{ar}，虽然其中载荷值的符号不一致，但可以看出随着经济的增长（F_t^{bs} 正向变动、F_t^{cr} 负向变动及 F_t^{ar} 正向变动），均会促进企业进行固定资产投资。

景气指数变量中，可以看出与行业周期因子 F_t^{bs} 正相关，即景气指数变量间存在同期依赖性，且随着经济的好转（F_t^{bs} 正向变动），景气指数会增加，可以理解为市场前景会更好。

国际收支变量中，其他负债与信用风险因子 F_t^{cr} 存在较强的负相关关系，这意味着信用风险因子 F_t^{cr} 的负向变动，会使负债增加，即风险的增加使得负债也会随之增加。

财政收支变量中，载荷值较大的是信用风险因子 F_t^{cr}，且是正相关，即随着经济的好转，财政收支变量也会增加；另外，财政收支变量还与行业周期因子 F_t^{bs} 与有较强的负相关关系，同时负载荷值相差不大，这意味着行业周期因子 F_t^{bs} 在财政收支变量中几乎相同。

国内贸易变量中，社会消费品零售总额易受到资产收益率因子 F_t^{ar} 的正向影响，即随着收益的增加，购买上升，那么社会消费品零售总额也会增长；而社会消费品零售总额增长率（%）则容易受到负的信用风险因子 F_t^{cr} 的影响，可以理解为，随着信用风险的减少，经济会增长，因此社会消费品的需求会增长，那么社会消费品零售总额增长率（%）也会增长。

对外贸易变量也容易受到负的信用风险因子 F_t^{cr} 的影响，即随着信用风险的减少，经济会好转，刺激企业的扩张，因此对外贸易变量会增长。

表 7-3 债券违约余额恢复率动态因子载荷矩阵：金融业、固定资产投资、景气指数、国际收支、财政收支、国内贸易、对外贸易

	F_t^{bs}	F_t^{cd}	F_t^{yc}	F_t^{cr}	F_t^{ar}	F_t^{av}
金融业						
流通中现金	0. 430976	−1. 12618	0. 18346	0. 119013	−0. 12467	−1. 05711
货币	1. 163875	−1. 43692	1. 960737	−0. 85237	1. 568475	−1. 68697
货币黄金	1. 214289	−0. 26372	1. 006318	1. 357354	1. 699076	−1. 65631
其他国外资产	−2. 84992	0. 632852	−1. 49324	−0. 13669	0. 615042	1. 868043
国外资产	−1. 69378	1. 629045	−2. 09013	1. 30642	−1. 52362	2. 056478
对政府债权	−0. 46937	0. 795818	−0. 98558	1. 485916	−0. 58391	0. 777237
政府存款	0. 123314	−0. 78622	−0. 67679	−0. 12892	0. 79734	0. 380678
储备货币	0. 071758	0. 216523	−0. 13676	0. 835239	−0. 56417	0. 125162
货币发行	0. 25562	−0. 47346	−0. 48936	1. 077514	−0. 43878	−0. 39697
国外净资产	−2. 03274	0. 977009	−2. 67843	−0. 30623	−1. 64108	2. 351011
其他存款	0. 58578	−1. 10981	0. 802084	−0. 64082	0. 713976	−1. 07066
储蓄存款	0. 73928	−1. 78102	0. 930382	−1. 24698	1. 220309	−1. 21754
国内信贷	0. 88472	−1. 5024	1. 233907	−0. 87322	1. 310957	−1. 41891
对政府债权(净)	1. 004269	−1. 77071	1. 474527	−1. 06591	1. 217336	−1. 55276
其他(净)	0. 788448	−1. 11531	1. 015338	−0. 15461	1. 650664	−1. 504
固定资产投资						
商品房销售面积	0. 983419	0. 109858	0. 513458	−1. 38395	0. 724653	0. 05779
商品房销售面积-住宅	0. 968604	0. 087261	0. 499644	−1. 38556	0. 786359	0. 062595
商品房销售面积-商业营业用房	0. 709532	0. 696744	0. 223735	−0. 68421	−0. 04175	0. 269516
商品房销售额-办公楼	0. 782723	0. 48023	0. 519036	−0. 71718	0. 219339	0. 006311
商品房销售额增长率（累计同比增长）(%)	−0. 41196	0. 595686	−0. 60228	0. 870357	0. 230693	0. 225845
商品房销售额增长率-住宅(累计同比增长)(%)	−0. 36979	0. 554075	−0. 62426	0. 852887	0. 306699	0. 210606
固定资产投资	0. 952633	0. 573883	0. 142682	−1. 18445	0. 204987	0. 297924
固定资产投资-第一产业	0. 628249	0. 782552	0. 211284	−0. 61023	−0. 20199	0. 190121

续表

	F_t^{bs}	F_t^{cd}	F_t^{yc}	F_t^{cr}	F_t^{ar}	F_t^{av}
固定资产投资-第一产业（累计同比增长）（%）	-0.85316	1.104811	-1.01214	0.652691	-0.60124	0.983752
固定资产投资-第二产业（累计同比增长）（%）	-0.76753	0.604347	-0.63145	0.133046	-1.08019	0.865548
固定资产投资-第三产业（累计同比增长）（%）	-0.83389	1.056217	-0.69541	0.572778	-0.87623	0.953931
固定资产投资到位资金-国内贷款（累计同比增长）（%）	0.364507	-1.93898	1.650444	-0.43098	-0.46585	-0.84179
固定资产投资到位资金-自筹资金（累计同比增长）（%）	0.260081	-1.04412	0.923063	-0.61463	-1.95584	-0.05347
房地产开发投资	0.989997	-0.05329	0.408279	-1.49468	1.029896	0.145144
房地产开发投资-住宅（累计同比增长）（%）	-0.22581	0.132437	0.096693	0.053352	-1.05729	0.341862
景气指数						
一致指数	0.166852	-0.19216	0.2269	-0.46622	0.664369	0.109791
先行指数	0.901675	0.26878	-0.39877	0.026447	1.253792	-0.29755
滞后指数		0.539222	-0.64228	1.228078	-0.08053	0.067499
国际收支						
其他负债	0.210827	-0.96588	0.254024	-1.02563	-0.14914	0.007703
财政收支						
国家财政预算支出合计	-1.97238	2.229799	0.234164	1.555479	-1.29581	0.824567
各项税收	-1.85657	2.113972	-0.64591	2.296391	-1.56884	0.938955
城市维护建设税	-1.42448	2.215081	-1.21408	2.612946	-1.14116	0.972786
国内贸易						
社会消费品零售总额	0.889604	-0.49875	1.415747	-2.14118	2.237197	-0.42734
社会消费品零售总额增长率（%）	-0.63352	0.772308	-0.88981	0.988329	-0.31457	0.681576
对外贸易						
进出口总值	-0.0145	-0.72116	0.871007	-2.03384	-0.02875	0.080071
进口总值	-0.17104	-0.98993	0.837523	-1.99436	-0.07541	-0.01811
累计同期增长-进口（%）	-0.48343	-0.56401	0.090437	-1.09506	0.069736	-0.33149

7.4 企业债券违约恢复预测结果

由于数据相对较少，从2014年4月开始仅有92个月度的数据，因此我们拟选取了3个预测期限，覆盖了短期、中期和长期：1个月、3个月和6个月。

为了确保预测能力的度量是稳健的，实证中，我们使用不断增大的向前滑动窗估计模型。从2014年4月开始，使用相同的开始日期重新估计模型(3.27)、模型(3.28)，但将样本结束日期依次向前滑动增加至6个月。

本节使用的企业债券违约余额恢复率预测也有两种方法：向量自回归(VAR)模型和门控循环神经网络(GRU)模型。对于向量自回归(VAR)模型，我们在实证中依旧使用2阶滞后(2-lags)，即使用VAR(2)模型结构。关于门控循环神经网络(GRU)模型有以下设置：从前文的动态因子模型中可以得到6个共同因子和1个潜在脆弱性因子，同时还有企业债券违约余额恢复率序列，因此输入维度为8，模型的目的是预测企业债券违约余额恢复率序列，即输出维度为1，在模型训练时选择均方误差作为损失函数，并选取Kingma等提出的Adam算法作为优化器；经过反复实验，将实验的损失函数结果对比，最终确定隐藏层数为1，隐藏层节点数为128，学习率为0.0005时均方误差最小、预测效果最佳。同时设置模型批处理量为4，迭代次数为200，为了防止模型过拟合，本书引入了早停机制，当验证集的损失函数值在连续30个周期并未发生变化时，即停止训练。

本节采用的模型预测能力评估指标有平均绝对误差(*MAE*)和均方根误差(*RMSE*)。*MAE*表示预测值与真实值偏差的绝对值与观测次数n的比值，*MAE*值越小，表明预测值与真实值之间的偏差越小；*RMSE*表示预测值与真实值偏差的平方与观测次数n的比值的平方根，*RMSE*值越小，表明预测值与真实值之间的误差越小；*RMSE*、*MAE*都是常用的回归分析误差的衡量方法。*MAE*是一个线性分数，在计算平均值时对所有个体差异平均加权，*RMSE*对较大误差的权重相对较高，*RMSE*始终大于等于*MAE*，两者之间的差异越大，样本中单个误差的方差越大。具体见式(7.1)、式(7.2)。

$$MAE_i^h = \frac{\sum_{t=1}^{n} |RR_{it}^h - PR_{it}^h|}{n} \tag{7.1}$$

$$RMSE_i^h = \sqrt{\frac{\sum_{t=1}^{n} (RR_{it}^h - PR_{it}^h)^2}{n}} \tag{7.2}$$

式中，RR_{it}^h表示 t 时刻未来 h 个月内行业 i 的债券余额违约率；PR_{it}^h是 t 时刻未来 h 个月内行业 i 的债券余额违约率预测值；n 是观测次数。

表 7-4 是债券违约恢复的 VAR-GRU 模型、VAR 模型和 GRU 模型预测损失函数结果，预测期限分别是 1 个月、3 个月和 6 个月，损失函数是前文提到的 *RMSE* 和 *MAE* 函数；图 7-5 展示了债券违约和恢复的 VAR 模型、GRU 模型以及 VAR-GRU 模型的预测结果。

表 7-4　债券违约恢复预测损失函数结果

模型	损失函数	1 个月	3 个月	6 个月
VAR	*MAE*	0.074184	0.07578	0.075029
	RMSE	0.166357	0.162568	0.157717
GRU	*MAE*	0.029803	**<u>0.008829</u>**	0.042629
	RMSE	0.029921	**<u>0.009636</u>**	0.043861
VAR-GRU	*MAE*	**<u>0.011526</u>**	0.00955	**<u>0.014217</u>**
	RMSE	**<u>0.014018</u>**	0.01161	**<u>0.015573</u>**

注：加粗下划线表示该行业在该指标(*MAE*/*RMSE*)中的最小值。

由表 7-4 可得，本书提出的 VAR-GRU 模型在预测期限为 1 个月和 6 个月时损失函数 *MAE* 和 *RMSE* 值最小，相较于 VAR 模型和 GRU 模型，其具有最好的预测能力，预测期限为 3 个月时，GRU 模型的损失函数 *MAE* 和 *RMSE* 值最小，即 GRU 模型此时具有最好的预测能力。

与企业债券违约率预测结果不同的是，VAR 模型在企业债券违约恢复率中不占优势，在任意预测期限内，VAR 模型的预测误差值均为最大，即 VAR 模型在预测债券违约恢复率时预测性能并不能使我们满意。

同时结合图 7-5，当预测期限为 1 个月时，VAR-GRU 模型可以很好地拟合债券违约恢复率曲线，VAR 模型、GRU 模型、VAR-GRU 模型预测曲线中，VAR-GRU 模型的预测曲线更接近原始债券违约恢复率曲线，但其 *RMSE* 与

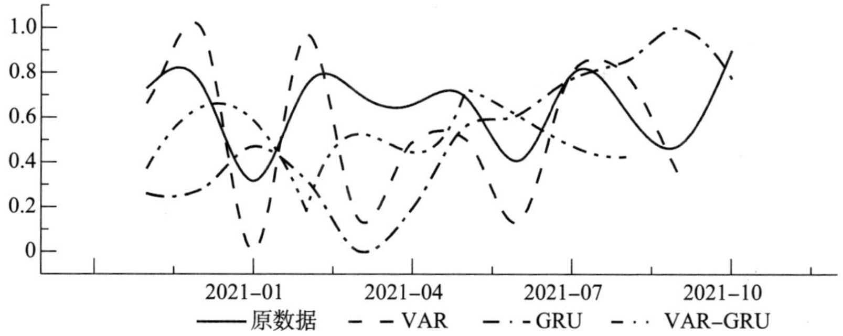

a）预测期限1个月

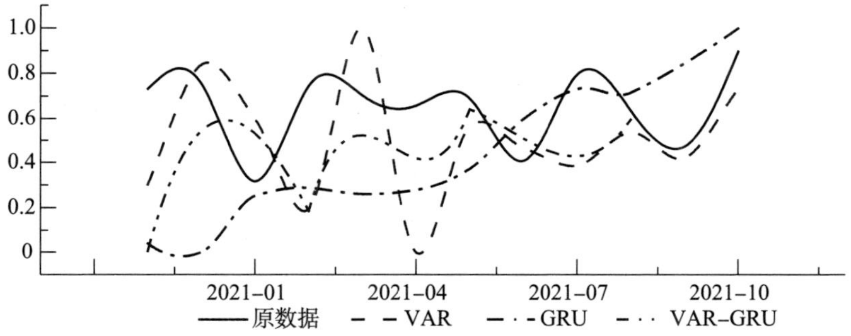

b）预测期限3个月

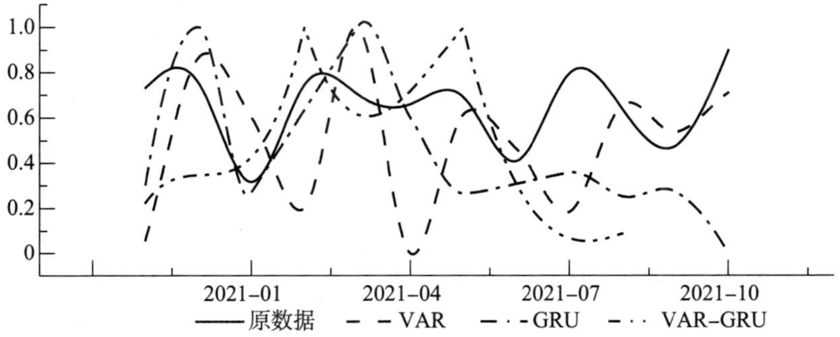

c）预测期限6个月

图 7-5　债券违约恢复率预测结果

MAE 的差值为 0.002492，大于 GRU 模型预测曲线的 0.000118，说明 VAR-GRU 模型存在预测误差较大的预测点，可以明显看出，图 7-5 中预测期限 1 个月的曲线中存在 2021 年 2 月和 2021 年 6 月两个预测误差较大的样本点。

结合图 7-5 中预测期限 3 个月的预测曲线，3 个月预测期限的 VAR-GRU 模型拟合曲线比 1 个月预测期限的拟合曲线更接近原始债券违约恢复率曲线，但 GRU 模型预测曲线比 VAR-GRU 模型的拟合曲线更接近原始债券违约恢复率曲线，这证明了当预测期限为 3 个月时，GRU 模型有更好的预测能力。

当预测期限为 6 个月时，VAR-GRU 模型也可以较好地拟合债券违约恢复率曲线，但相较于 1 个月预测期限，VAR-GRU 模型的拟合曲线似乎距离原始债券违约恢复率曲线更远一点，即在对企业债券违约恢复率拟合时，VAR-GRU 模型更适合短期的预测期限。

因此，当预测期限为 1 个月、6 个月时，VAR-GRU 模型预测能力更强，当预测期限为 3 个月时，GRU 模型的预测能力更强，同时，在预测期限的对比中可以看出，当预测期限为 3 个月时，VAR-GRU 模型预测能力最强，当预测期限为 6 个月时，VAR-GRU 模型的预测能力略弱于 1 个月的预测期限，因此在企业债券违约恢复率预测中，VAR-GRU 模型更适用于中短期预测。

表 7-5 是企业债券违约恢复率预测的 VAR(2)模型的方差分解结果。从中可以看出，企业债券违约恢复率的收益率曲线风险因子 F_t^{yc} 方差分解值是除了企业债券违约恢复自身外的最大值，因此我们认为收益率曲线风险因子 F_t^{yc} 是企业债券违约恢复率的重要影响因子，结合表 7-3，企业债券违约恢复率的重要宏观因素影响特征(绝对值大于 0.5)是所有企业债券违约恢复宏观变量中的绝大多数，仅有金融类的流通中现金、储备货币、货币发行以及固定资产投资类的商品房销售面积-住宅、商品房销售面积-商业营业用房、固定资产投资、固定资产投资-第一产业、房地产开发投资、房地产开发投资-住宅(累计同比增长)(%)、累计同期增长-进口(%)、先行指数、一致指数、其他负债的载荷绝对值小于 0.5，被视为非重要变量。在重要变量中，绝大多数与收益率曲线风险因子 F_t^{yc} 强正相关，可以解释为，收益率曲线风险因子 F_t^{yc} 的正向变动意味着经济的上行期，那么大多数金融业变量会受到促进作用，同时经济发达会促进固定资产的投资；税收则相反，在经济增长时，税收会降低；而经济的增长会促进购买力增强，促进社会消费品零售总额的增长；另外，经济的发展也会促使企业对外贸易的增长。

表 7-5 债券违约恢复率 VAR(2)方差分解结果

	F_t^{bs}	F_t^{cd}	F_t^{yc}	F_t^{cr}	F_t^{ar}	F_t^{av}	债券违约恢复
0	0.001106	0.006179	**0.057547**	0.020387	0.018492	0.004294	0.878488
1	0.000793	0.005386	**0.056347**	0.021264	0.036766	0.002296	0.870137
2	0.009725	0.018557	**0.057801**	0.020011	0.046177	0.003028	0.838399
3	0.033767	0.025369	**0.058212**	0.026901	0.043707	0.003313	0.79274
4	0.044799	0.02498	**0.057292**	0.025785	0.047407	0.003707	0.763573
5	0.043628	0.024333	**0.056234**	0.029669	0.052952	0.006916	0.747768
6	0.046827	0.024105	**0.05567**	0.030531	0.053504	0.010891	0.740001
7	0.049032	0.023922	**0.05525**	0.033154	0.05319	0.013647	0.733668
8	0.048549	0.023644	**0.054703**	0.041647	0.053144	0.015321	0.72515
9	0.048367	0.023784	**0.054433**	0.045008	0.052941	0.016554	0.720574

注：加粗下划线表示债券违约恢复方差分解除自身外最大的因子。

7.5 本章小结

本章在数据处理阶段首先筛选了债券违约恢复的宏观因子特征，得到了宏观特征最优子集，由于筛选出来的宏观因子特征子集较大，会影响模型的预测能力，因此通过动态因子模型获得了债券违约恢复的影响因子，在降低宏观特征子集维数的同时，尽可能提取宏观因子特征子集的共同信息，剔除冗余信息，降低数据的噪声，提高模型的预测能力。

然后进行债券违约恢复的预测，我们通过 VAR-GRU 模型对债券违约恢复率进行预测，发现 VAR-GRU 模型的预测能力整体要优于 VAR 模型和 GRU 模型，VAR 模型对债券违约恢复率的预测并不理想，GRU 模型在预测期限为 3 个月时可以得到不错的结果，而 VAR-GRU 模型在大多数情况下表现得很好，另外 VAR-GRU 模型更适用于中短期预测。

同时，在通过 VAR-GRU 模型预测时我们还得到了 VAR 模型关于各因子的方差分解表，通过方差分解值的大小确定因子的重要程度，企业债券违约恢复率的重要影响因子是收益率曲线风险因子 F_t^{yc}；然后结合载荷矩阵，得到企业债券违约恢复的重要宏观影响因子，重要宏观影响特征众多，可以从整体理解：收益率曲线风险因子 F_t^{yc} 的正向变动意味着经济的上行期，对大多数金融业变量产生促进作用，同时经济发达会促进固定资产的投资；税收则相反，在经济增长时，税收会降低；而经济的增长会促进购买力增强，促进社会消费品零售总额的增长；另外，经济的发展也会促使企业对外贸易的增长。从另一个角度解释了模型的有效性。

第8章

结论与展望

8.1 结论

本书以宏观影响因素、债券违约率数据和债券违约恢复率数据为研究对象，主要对债券违约及债券违约恢复的预测进行了研究，主要得到以下五个方面的结论：

(1)所有行业企业债券违约率整体呈上涨趋势，在违约债券出现初期，企业进行违约恢复的热情较高，在 2018 年之后违约债券偿还的企业微乎其微。说明债券市场违约较为严重，且探究企业债券违约偿债率不高的原因，多是企业自身偿债能力不强。

根据信用风险理论，在金融市场中，信用风险是广义的违约风险。不少学者将其具象为，经济主体(借款人、证券发行人等)因各种原因(主观或客观)拒绝，或者因自身原因无力履行合约条件而构成实质性违约，造成银行、投资方或者交易对方遭受损失的行为。信用风险的两种来源为主观偿债意愿和实际偿债能力。前者的决定因素是个人的职业道德素养，但是在现实社会中，主观偿债意愿引起债券违约现象并不常见，更多的是企业偿债能力不足引起的债券违约事件。因此企业应准确判断宏观经济运行的状况，做出合理且及时的决策。

(2)通过企业债券违约数据发现，不同行业的债券违约率曲线并不相同，因此各行业的宏观特征影响因素并不能一概而论，鉴于此，我们分行业提取宏观特征，进一步提高数据的科学性、合理性，同时更有针对性，进一步提升模型的预测能力。对于债券违约恢复数据，若分行业预测，各行业众多的 0 违约恢复率会降低模型的预测能力，出现较大的预测误差，因此本书对企业债券违约恢复的预测是从市场整体的角度出发的。在债券违约率预测中，不同行业得到不同的特征集合 F_{mRMR}、F_{REF}、F_{Boruta}、$F_{LightGBM}$和 $F_{Adaptive\ Lasso}$，因此得到的备选最优特征子集 F_3、F_4 和 F_5 也具有差异性，我们得到了十个行业包括工业行业、信息技术行业、材料行业、可选消费行业、日常消费行业、能源行业、公用事业行业、金融行业、房地产行业和医疗保健行业的最优特征子集分别为 F_3^{ind}、$F_4^{\inf}$、F_3^{mat}、F_4^{opt}、F_3^{dai}、F_4^{ene}、F_4^{uti}、F_3^{fin}、F_4^{est}、F_4^{med}，即特征选择结果均为选择 3 个及以上算法选择的特征构成特征集合 F_3 或者选择 4 个及以上算法选择的特征构成特征集合 F_4。我们最终得到的每个行业最优特征集合的长度均大于 80，这是我们需要进一步通过动态因子提取宏观特征共同因子的原因。

根据信息不对称理论，宏观经济信息的不对称使不同企业的预期具有异质性，同时对不同行业企业具有异质影响，其表现为不同行业企业所受宏观因子的影响不尽相同。正是基于宏观经济信息不对称，我们从宏观经济视角展开企业债券违约研究，分析不同行业所受宏观因子影响的异同。各行业企业应及时综合判断宏观经济运行状况是否适合本企业的发展，并联合自身运行状况做出合适的决策。

(3)为了降低预测因子的维度，充分提取宏观特征的信息，我们提出使用动态因子模型提取宏观经济特征的共同因子。首先，根据文献将这些宏观特征的共同因子定义为行业周期因子 F_t^{bs}、宏观指数因子 F_t^{cd}、收益率曲线风险因子 F_t^{yc}、信用风险因子 F_t^{cr}、资产收益率因子 F_t^{ar} 和市场波动率因子 F_t^{av}，然后为了验证因子数量的合理性，通过主成分分析法得到的 6 个静态因子，将这 6 个静态因子作为观测数据建立 VAR 模型，得到估计残差，然后对残差的协方差矩阵做谱分解，得到动态因子个数为 6，即得到共同因子的数量为 6。之后进行动态因子的估计，本书的多个共同因子通过结合状态空间和贝叶斯抽样法进行估计，通过 Gibbs 抽样的方法，共进行了 6 万次抽样，并舍弃前 1 万次，以保证参数的估计是基于后验概率进行的。通过企业债券违约的宏观经济特征可以估计企业债券违约的共同因子，在获得企业债券违约的共同因子后，根据企业债券违约的共同因子和企业债券违约数据再次估计得到企业债券违约的脆弱性因子，最终得到企业债券违约的共同因子和脆弱性因子。同理，在企业债券违约恢复中，通过企业债券违约恢复的宏观经济特征得到企业债券违约恢复的共同因子，然后根据企业债券违约恢复的共同因子和企业债券违约恢复数据得到企业债券违约恢复的脆弱性因子，最终得到企业债券违约恢复的共同因子和脆弱性因子。动态因子模型在充分提取宏观特征的同时，降低数据的噪声，提高模型的预测能力。

(4)为了体现共同因子和脆弱性因子对债券违约率和债券违约恢复率的影响，本书使用向量自回归(VAR)模型的方差分解进行分析，有效提高模型的解释能力。结果显示，宏观指数因子 F_t^{cd} 是工业行业、材料行业的重要影响因子，信息技术行业的重要影响因子是市场波动率因子 F_t^{av}，可选消费行业、能源行业、公用事业行业中的重要影响因子是资产收益率因子 F_t^{ar}，收益率曲线风险因子 F_t^{yc} 是日常消费行业、金融行业、房地产行业、医疗保健行业的重要影响因子。本书还根据各行业重要因子的载荷矩阵，得到行业企业违约预测的重要宏观经济影响特征，工业行业的重要宏观因素影响特征有出口总值、累计同期增长-进口(%)和国家财政预算支出合计；信息技术行业的重要宏观因素影响特征有商品房销售额、外汇、进出口总值和出口总值；材料行业的重要宏观因素影响特征有对政府债权、出口总值、进出口总值、商品房销售额增长率-住宅(累计同比增长)(%)和国家财政预算支出合计；可选消费行业的重要宏观因素影响特征有固定资产投资-第二产业和增值税；日常消费行业的重要宏观因素影响特征有固定资产投资-第二产业(累计同比增长)(%)和增值税；能源行业的重要宏观因素影响特征有固定资产投资、固定资产投资-第一产业、固定资产投资-第二产业和进口总值；公用事业行业的重要宏观因素影响特征是进出口总值；金融行业的重要宏观因素影响特征有商品房销售面积、商品房销售面积-商业营业用房、商品房销售额、固定资产投资、固定资产投资到位资金-利用外资、固定资产投资-第一产业、固定资产投资-第三产业、房地产开发投资-住宅以及增值税；房地产行业的重要宏观因素影响特征是货币和准货币、货币黄金、其他国外资产、债券、其他(净)、对政府债权(净)、国外净资产、固定资产投资、固定资产投资-第一产业、固定资产投资到位资金-利用外资、先行指数；医疗保健行业的重要宏观因素影响特征众多，仅货币和准货币、国内信贷和储蓄存款为重要度较低的宏观经济因素。同理，在债券违约恢复预测中我们认为收益率曲线风险因子 F_t^{yc} 是债券违约恢复率的重要影响因子，因此也可以通过收益率曲线风险因子 F_t^{yc} 的载荷矩阵得到关于债券违约恢复的重要宏观经济特征为：货币、货币黄金、其他国外资产、国外资产、对政府债权、政府存款、国外净资产、其他存款、储蓄存款、国内信贷、对政府债权(净)、商品房销售面积、商品房销售额-办公楼、商品房销售额增长率(累计同比增长)(%)、商品房销售额增长率-住宅(累计同比增长)(%)、固定资产投资-第一产业(累计同比增长)(%)、固定资产投资-第二产业(累计同比增长)(%)、固定资产投资-第三产业(累计同比增长)(%)、固定资产投资到位资金-国内贷款(累计同比增长)(%)、固定资产投资到位资金-自筹资金(累计同比增长)(%)、滞后指数、城市维护建设税、社会消费品零售总额、社会消费品零售总额增长率(%)、进出口总值和进口总值。这一实证结果证明宏观经济会影响企业债券违约率和企业债券违约恢复率预测。

基于违约相关性理论，由于同行业企业相关关系更明显，或是替代关系，或是互补关系，导致行业内部企业债券违约风险传染更普遍。基于违约相关性理论，我们的研究着重分析了不同行业的债券违约情况，从研究结果来看，不同行业所受到的宏观因子影响不尽相同。这也印证了违约相关性在不同行业存在异质关系，同行业的相关性更高，违约风险传染更隐蔽。因此在行业债券违约率预测和债券违约恢复率预测中，宏观经济因素是重要的影响特征。根据各行业企业的重要宏观经济因素，企业可以及时做出正确的决策，投资者也可以根据本实证结果，做出合适的投资决策，另外市场监管者也应该基于模型结果，设置恰当的监管指标，及时做出企业违约预警，以促进债券市场的健康发展。

(5)为了提高模型的预测能力，本书提出了结合向量自回归(VAR)模型和门控循环神经网络(GRU)模型的混合预测方法，构建了 VAR-GRU 模型，解决时间序列预测中的长期依赖性。同时为了验证不同时间期限的 VAR-GRU 模型的预测能力，我们设置了 3 个预测期限：1 个月、3 个月和 6 个月进行预测。实证结果证明，在债券违约率预测中，VAR-GRU 模型的预测能力与行业以及预测期限紧密相连。工业行业预测在预测期限为 1 个月、3 个月和 6 个月时，均为 VAR 模型的预测能力最优；信息技术行业预测在预测期限为 1 个月、3 个月时，VAR-GRU 模型的预测能力最优，当预测期限为 6 个月时，VAR 模型的预测能力最优；材料行业预测在预测期限为 1 个月、3 个月时，

VAR 模型拥有更好的预测能力，而当预测期限为 6 个月时，VAR-GRU 模型具有更好的预测能力；可选消费行业预测在预测期限为 1 个月、6 个月时，VAR 模型具有更好的预测能力，当预测期限为 3 个月时，VAR-GRU 模型具有更好的预测能力；日常消费行业预测在预测期限为 1 个月、3 个月时，VAR 模型的预测效果更好，当预测期限为 6 个月时，VAR-GRU 模型具有更好的预测效果；能源行业、公用事业行业、金融行业、房地产行业和医疗保健行业预测在预测期限为 1 个月、3 个月和 6 个月时，VAR-GRU 模型的预测能力均最优。在债券违约恢复预测中，VAR-GRU 模型的预测能力也与预测期限紧密相连，当预测期限为 1 个月、6 个月时，VAR-GRU 模型预测能力更强，当预测期限为 3 个月时，GRU 模型的预测能力更强。

本书预测模型的基础是财务预警模型，首先，企业财务预警理论研究为企业债券违约研究提供了基本的研究思路，单变量模型和多变量模型使企业债券违约研究影响因子选择得到量化，条件概率分布模型为学者提供了多种宏观指标间的相关关系和依存关系的量化机制，机器学习模型也启发学者不断重视大数据分析在企业债券违约预测中的应用。其次，企业债券违约的诱因和企业财务预警有重合部分，均属于企业经济话题，离不开财务指标和宏观因素的研究，因此财务预警研究为企业债券违约的因子选择和违约预测提供了有益的借鉴思路。

8.2 展望

随着当前机器学习技术的发展，时间序列的预测方法发展迅速，但在实际应用中仍然难以满足要求。本书进行宏观特征变量选择、债券违约率和债券违约恢复率预测研究，限于篇幅，我们认为还有一些可能的改进方向。

8.2.1 企业债券违约与恢复预测模型的改进

(1)特征选择

对于本书提出的基于最大相关最小冗余法、递归特征消除法、Boruta 算法、LightGBM 算法、Adaptive Lasso 算法和改进投票机制的集成特征选择器，在前文中我们分析了不同的特征选择方法的优势和不足，那么对于不同数据适用的特征选择算法在另一种数据中可能并不具有优势，即可能存在更有效的替代算法，这有待研究。另外，本书提出的集成特征选择器主要基于五种特征选择算法，那么在之后的研究中，可以考虑更多或者更少的特征选择算法，提高模型对重要特征的提取能力。

(2)参数估计

在动态因子模型中，我们通过分析因子及数量，使用状态空间贝叶斯方法对动态因子和参数进行估计。在因子设计阶段，存在一定的主观性，对于因子类型的区分，是否有更合理的划分方法，这需要进一步研究。在因子估计阶段，本书的宏观特征的因子通过表示为状态空间，进行贝叶斯抽样估计，随着技术的发展，是否存在更有效的估计方法，需要进一步研究。我们通过贝叶斯的 Gibbs 抽样方法进行了 6 万次抽样，这花费了大量的计算机算力，那么如何进一步降低动态因子模型的复杂度，减少模型的运行时间，这也是未来需要研究解决的问题。

(3)数据处理

在对模型数据处理过程中，我们使用简单的最大最小归一化方法，对数据进行标准化处理，减少模型不同量纲引起的误差，这是因为本书涉及的债券违约率和债券违约恢复率数据并不存在很强的波动情况，那么随着债券行业数据的增加，波动也会越来越复杂，简单的数据标准化可能无法满足要求，这需要通过频域处理方法，如小波方法、CEEMD 算法、HP 滤波法，对数据波动进行分解，将分解后的数据通过不同的方法进行预测，有效地降低模型的噪声。

(4)潜在机器学习模型

在对债券违约率预测中，为了提高模型的预测能力和可解释性，我们构建了向量自回归(VAR)模型和门控循环神经网络(GRU)模型相结合的混合预测模型。随着机器学习的发展，可能存在效果更好的机器学习模型替代门控循环神经网络(GRU)模型，进一步提高模型的预测能力。

(5)相关数据补充

为了体现不同预测期限的 VAR-GRU 模型的预测能力，同时由于债券违约和债券违约恢复数据量相对较少，本书将预测期限分为 1 个月、3 个月和 6

个月，分别代表短期、中期和长期预测。考虑到随着债券行业的发展，债券违约相关数据会增加，那么这种划分方式可能不具有代表性，因此在后续研究中可以对预测期限做不同的划分，验证模型的预测能力。

(6)行业分类

本书根据 Wind 的行业分类对债券的违约率进行预测，我们发现还存在许多行业分类标准，如证监会行业分类标准、申万行业分类标准等，不同的行业分类标准也会引起债券违约率预测结果的差异，因此后续需要继续完善。

8.2.2 企业债券违约与恢复的针对性监管

(1)政府应重视宏观经济监管

本研究中，我们假设宏观经济对企业债券违约具有影响，并设计和挖掘了相应的宏观因子。因此，政府应重视宏观经济调控，尤其是周期性行业的衰退期调控。结合供给侧结构性改革和双循环建设背景，合理调控行内需和外求关系，在推进金融市场稳定发展的同时，通过宏观经济政策和货币政策手段对企业债券违约风险进行总量控制。在发展战略高度上重视企业债券违约风险，从发展制度层面上对相关部门进行严格把关，防范和化解企业债券违约风险。在我国向第二个“一百年”目标迈进的同时，统筹国内其他金融风险，优化企业和金融部门之间的债权债务关系，逐渐提升企业抗风险能力和债券恢复能力。

(2)监管机构应针对性地设置行业监管指标

根据我们的研究，不同行业所受宏观经济的影响不尽相同，因此监管机构应重视不同行业的企业债券违约影响指标，针对性地设立债券违约预警机制。具体地，将宏观指数因子 F_t^{cd} 设立为工业行业、材料行业的重要影响因子，将市场波动率因子 F_t^{av} 设立为信息技术行业的重要影响因子，将资产收益率因子 F_t^{ar} 设立为可选消费行业、能源行业、公用事业行业中的重要影响因子，将收益率曲线风险因子 F_t^{yc} 设立为日常消费行业、金融行业、医疗保健行业、房地产行业的重要影响因子，并依据宏观因子设立企业债券违约预警机制，建立企业债券违约风险名单和风险评级机制。

（3）企业应重视宏观经济对行业的影响

对于企业而言，首先应重视宏观经济对行业的影响，重视所在行业的宏观因子监测指标。具体地，关注出口总值、累计同比增长-进口（%）和国家预算支出合计、外汇、增值税、固定资产投资到位资金-利用外资、固定资产投资-第一产业、固定资产投资-第二产业、固定资产投资-第三产业、房地产开发投资-住宅以及增值税、商品房销售额、房地产和医疗保健行业、货币、货币黄金、其他国外资产、国外资产、对政府债权、政府存款、国外净资产、其他存款、储蓄存款、国内信贷、对政府债权（净）等指标对所在行业的影响重要度。结合宏观经济指标变动调整企业发展战略，及时调控企业债务比例，规避企业债券违约风险。

（4）投资者应及时关注宏观经济变动

投资者应在投资时重视行业周期因子 F_t^{bs}、宏观指数因子 F_t^{cd}、收益率曲线风险因子 F_t^{yc}、信用风险因子 F_t^{cr}、资产收益率因子 F_t^{ar} 和市场波动率因子 F_t^{av} 的变动。树立正确的投资观念，既要做出合理规避企业债券违约风险的调整预期，也要保证出现企业债券违约后可以及时补救。在统筹考虑宏观经济变动之后，进行细致的调研和分析，充分利用企业债务违约预测模型实现对企业债券违约的预测。从投资的各个环节降低投资风险，优化投资选择。

参 考 文 献

[1] Yu F. Accounting transparency and the term structure of credit spreads[J]. Journal of Financial Economics, 2005, 75(1): 53-84.

[2] Leippold M, Wu L, Egloff D. Variance risk dynamics, variance risk premia, and optimal variance swap investments[C]. EFA 2006 Zurich Meetings Paper, 2007.

[3] 张乐才，何刚．浙江民营企业债券违约风险的形成与治理[J]. 经济师，2019(8)：155-157.

[4] 董裕平．警惕地方企业债券违约风险[J]. 中国金融，2017(11)：77-79.

[5] 李琬珩．企业债务违约研究——基于山水集团债务违约案例分析[J]. 中国市场，2016(29)：167-178.

[6] Sweeney A P. Debt-covenant violations and managers' accounting responses[J]. Journal of Accounting and Economics, 1994, 17(3): 281-308.

[7] Shefrin H. Behavioral corporate finance[J]. Journal of Applied Corporate Finance, 2001, 14(3): 113-126.

[8] Bonfim D. Credit risk drivers: Evaluating the contribution of firm level information and of macroeconomic dynamics[J]. Journal of Banking & Finance, 2009, 33(2): 281-299.

[9] 张煜，史英哲．信用债违约成因剖析与制度建设[J]. 金融市场研究，2015(7)：124-135.

[10] 夏子航，马忠，陈登彪．信息不对称、会计稳健性与集团信贷模式[J]. 中南财经政法大学学报，2015(5)：88-97.

[11] Acharya V V, Bharath S T, Srinivasan A. Does industry-wide distress

affect defaulted firms? Evidence from creditor recoveries[J]. Journal of Financial Economics, 2007, 85(3): 787-821.

[12] Hui H, Jing-Jing Z. Relationship between corporate governance and financial distress: An empirical study of distressed companies in China[J]. International Journal of Management, 2008, 25(4): 654.

[13] Altman E I. Financial ratios, discriminant analysis and the prediction of corporate bankruptcy[J]. The Journal of Finance, 1968, 23(4): 589-609.

[14] Merton R C. On the pricing of corporate debt: The risk structure of interest rates[J]. The Journal of Finance, 1974, 29(2): 449-470.

[15] Jarrow R A, Turnbull S M. Pricing derivatives on financial securities subject to credit risk[J]. The Journal of Finance, 1995, 50(1): 53-85.

[16] Duffie D, Lando D. Term structures of credit spreads with incomplete accounting information[J]. Econometrica, 2001, 69(3): 633-664.

[17] Das S R, Duffie D, Kapadia N, et al. Common failings: How corporate defaults are correlated[J]. The Journal of Finance, 2007, 62(1): 93-117.

[18] Duffie D, Eckner A, Horel G, et al. Frailty correlated default[J]. The Journal of Finance, 2009, 64(5): 2089-2123.

[19] Chen L, Collin-Dufresne P, Goldstein R S. On the relation between the credit spread puzzle and the equity premium puzzle[J]. The Review of Financial Studies, 2009, 22(9): 3367-3409.

[20] Chen H. Macroeconomic conditions and the puzzles of credit spreads and capital structure[J]. The Journal of Finance, 2010, 65(6): 2171-2212.

[21] McNeil A J, Wendin J P. Bayesian inference for generalized linear mixed models of portfolio credit risk[J]. Journal of Empirical Finance, 2007, 14(2): 131-149.

[22] Koopman S J, Lucas A, Monteiro A. The multi-state latent factor intensity model for credit rating transitions[J]. Journal of Econometrics, 2008, 142(1): 399-424.

[23] Koopman S J, Lucas A, Schwaab B. Dynamic factor models with macro, frailty, and industry effects for US default counts: The credit crisis of 2008[J].

Journal of Business & Economic Statistics, 2012, 30(4): 521-532.

[24] Koopman S J, Lucas A, Schwaab B. Modeling frailty-correlated defaults using many macroeconomic covariates[J]. Journal of Econometrics, 2011, 162(2): 312-325.

[25] Creal D, Koopman S J, Lucas A. Generalized autoregressive score models with applications[J]. Journal of Applied Econometrics, 2013, 28(5): 777-795.

[26] Kanas A, Molyneux P. Do measures of systemic risk predict US corporate bond default rates? [J]. International Review of Financial Analysis, 2020, 71: 101553.

[27] Pesaran M H, Schuermann T, Treutler B J, et al. Macroeconomic dynamics and credit risk: A global perspective[J]. Journal of Money, Credit and Banking, 2006: 1211-1261.

[28] Wendin J, McNEIL A J. Dependent credit migrations[J]. Journal of Credit Risk, 2006, 2(3): 87-114.

[29] Duffee G R. Information in (and not in) the term structure[J]. The Review of Financial Studies, 2011, 24(9): 2895-2934.

[30] Das S R, Duffie D, Kapadia N, et al. Common failings: How corporate defaults are correlated[J]. The Journal of Finance, 2007, 62(1): 93-117.

[31] Bangia A, Diebold F X, Kronimus A, et al. Ratings migration and the business cycle, with application to credit portfolio stress testing[J]. Journal of Banking & Finance, 2002, 26(2-3): 445-474.

[32] 郑步高，王鹏．我国债券市场违约成因、影响及对策研究[J]．新金融，2021(1)：44-47.

[33] 张雪莹，刘茵伟．债券违约的地区传染效应研究——基于债券二级市场数据[J]．财务研究，2021(3)：22-31.

[34] 陆宇建，马蕊．公司债券违约的行业效应研究[J]．上海金融，2022(1)：44-54.

[35] Engle R, Watson M. A one-factor multivariate time series model of metropolitan wage rates[J]. Journal of the American Statistical Association, 1981, 76(376): 774-781.

[36] Stock J H, Watson M W. A probability model of the coincident economic indicators[J]. NBER Working Paper, 1988: 10.

[37] Stock J H, Watson M W. New indexes of coincident and leading economic indicators[J]. NBER Macroeconomics Annual, 1989, 4: 351-394.

[38] Sargent T J. Two models of measurements and the investment accelerator[J]. Journal of Political Economy, 1989, 97(2): 251-287.

[39] Stock J H, Watson M W. Forecasting using principal components from a large number of predictors[J]. Journal of the American Statistical Association, 2002, 97(460): 1167-1179.

[40] Stock J H, Watson M W. Macroeconomic forecasting using diffusion indexes[J]. Journal of Business & Economic Statistics, 2002, 20(2): 147-162.

[41] Shephard N. Partial non-Gaussian state space[J]. Biometrika, 1994, 81(1): 115-131.

[42] Frühwirth-Schnatter S, Wagner H. Auxiliary mixture sampling for parameter-driven models of time series of counts with applications to state space modelling[J]. Biometrika, 2006, 93(4): 827-841.

[43] Frühwirth-Schnatter S, Frühwirth R. Auxiliary mixture sampling with applications to logistic models[J]. Computational Statistics & Data Analysis, 2007, 51(7): 3509-3528.

[44] Bräuning F, Koopman S J. Forecasting macroeconomic variables using collapsed dynamic factor analysis[J]. International Journal of Forecasting, 2014, 30(3): 572-584.

[45] Jungbacker B, Koopman S J. Likelihood-based dynamic factor analysis for measurement and forecasting[J]. Econometrics Journal, 2015. vol. 18, issue2, C_1-C_{28}.

[46] Kim H. The relationship between public debt accumulation and default risk under the ECB's conventional vs. non-standard monetary policy: A panel data analysis of 9 Eurozone countries (2000-2015)[J]. Journal of Post Keynesian Economics, 2020, 43(1): 112-130.

[47] Duffie D, Saita L, Wang K. Multi-period corporate default prediction

with stochastic covariates[J]. Journal of Financial Economics, 2007, 83(3): 635-665.

[48] Duan J C, Sun J, Wang T. Multiperiod corporate default prediction—A forward intensity approach[J]. Journal of Econometrics, 2012, 170(1): 191-209.

[49] Chen Y, Jiang L. Liquidity risk and corporate bond yield spread: Evidence from China[J]. International Review of Finance, 2021, 21(4): 1117-1151.

[50] Friedman M, Schwartz A J. A monetary history of the United States, 1867-1960[M]. Princeton: Princeton University Press, 2008.

[51] Giesecke K, Longstaff F A, Schaefer S, et al. Corporate bond default risk: A 150-year perspective[J]. Journal of Financial Economics, 2011, 102(2): 233-250.

[52] Giesecke K, Longstaff F A, Schaefer S, et al. Macroeconomic effects of corporate default crisis: A long-term perspective[J]. Journal of Financial Economics, 2014, 111(2): 297-310.

[53] Jiang L. Corporate default, investment, and the US great depression[J]. Mpra Paper, 2015(2): 1-49.

[54] 王立夫，王一鸣．债券违约冲击对不同债券市场信用利差的异质性影响[J]. 上海金融，2021(12)：69-80.

[55] 孙立行，吴雄剑，唐逸舟．货币政策、杠杆水平与债券违约[J]. 苏州大学学报(哲学社会科学版)，2021，42(6)：115-126.

[56] Allen L, Bali T G, Tang Y. Does systemic risk in the financial sector predict future economic downturns? [J]. The Review of Financial Studies, 2012, 25(10): 3000-3036.

[57] Amihud Y. Illiquidity and stock returns: Cross-section and time-series effects[J]. Journal of Financial Markets, 2002, 5(1): 31-56.

[58] Kritzman M, Li Y. Skulls, financial turbulence, and risk management[J]. Financial Analysts Journal, 2010, 66(5): 30-41.

[59] Billio M, Getmansky M, Lo A W, et al. Econometric measures of connectedness and systemic risk in the finance and insurance sectors[J]. Journal of Fi-

nancial Economics, 2012, 104(3): 535-559.

[60] 胡书雅，王生年．环保压力加大了债券违约风险吗？[J]．科学决策，2021(12)：36-54.

[61] 黄海杰，陈运佳．经济政策不确定性对债券违约的影响[J]．中南财经政法大学学报，2022(1)：38-49.

[62] Giglio S, Kelly B, Pruitt S. Systemic risk and the macroeconomy: An empirical evaluation[J]. Journal of Financial Economics, 2016, 119(3): 457-471.

[63] Acharya V V, Pedersen L H, Philippon T, et al. Measuring systemic risk[J]. The Review of Financial Studies, 2017, 30(1): 2-47.

[64] Dick-Nielsen J, Feldhütter P, Lando D. Corporate bond liquidity before and after the onset of the subprime crisis[J]. Journal of Financial Economics, 2012, 103(3): 471-492.

[65] Giesecke K, Longstaff F A, Schaefer S, et al. Corporate bond default risk: A 150-year perspective[J]. Journal of Financial Economics, 2011, 102(2): 233-250.

[66] Kanas A, Molyneux P. Do measures of systemic risk predict US corporate bond default rates? [J]. International Review of Financial Analysis, 2020, 71: 101553.

[67] Boivin J, Giannoni M P, Stevanovi D. Dynamic effects of credit shocks in a data-rich environment[J]. Journal of Business & Economic Statistics, 2013, 38(2): 272-284.

[68] Boivin J, Ng S. Are more data always better for factor analysis? [J]. Journal of Econometrics, 2006, 132(1): 169-194.

[69] Kritzman M, Li Y. Skulls, financial turbulence, and risk management[J]. Financial Analysts Journal, 2010, 66(5): 30-41.

[70] Adrian T, Brunnermeier M K. CoVaR[R]. National Bureau of Economic Research, 2011.

[71] Brownlees C T, Engle R. Volatility, correlation and tails for systemic risk measurement[J]. Available at SSRN, 2012: 1611229.

[72] Koopman S J, Kräussl R, Lucas A, et al. Credit cycles and macro fun-

damentals[J]. Journal of Empirical Finance, 2009, 16(1): 42-54.

[73] Giesecke K. Correlated default with incomplete information[J]. Journal of Banking & Finance, 2004, 28(7): 1521-1545.

[74] Jorion P, Zhang G. Good and bad credit contagion: Evidence from credit default swaps[J]. Journal of Financial Economics, 2007, 84(3): 860-883.

[75] Lando D, Nielsen M S. Correlation in corporate defaults: Contagion or conditional independence? [J]. Journal of Financial Intermediation, 2010, 19(3): 355-372.

[76] Altman E I, Marco G, Varetto F. Corporate distress diagnosis: Comparisons using linear discriminant analysis and neural networks (the Italian experience)[J]. Journal of Banking & Finance, 1994, 18(3): 505-529.

[77] Khandani A E, Kim A J, Lo A W. Consumer credit-risk models via machine-learning algorithms[J]. Journal of Banking & Finance, 2010, 34(11): 2767-2787.

[78] Kim Y S, Sohn S Y. Managing loan customers using misclassification patterns of credit scoring model[J]. Expert Systems with Applications, 2004, 26(4): 567-573.

[79] Wang Y, Huang L. Risk assessment of supply chain based on BP neural network[C]. 2009 second international symposium on knowledge acquisition and modeling. IEEE, 2009, 2: 186-188.

[80] Xu W, Zhang Z, Gong D, et al. Neural network model for the risk prediction in cold chain logistics[J]. International Journal of Multimedia and Ubiquitous Engineering, 2014, 9(8): 111-124.

[81] Yu Y. Risk management game method of the weapons project based on BP neural network[C]. 2011 international conference of information technology, computer engineering and management sciences. IEEE, 2011, 1: 113-117.

[82] Figini S, Bonelli F, Giovannini E. Solvency prediction for small and medium enterprises in banking[J]. Decision Support Systems, 2017, 102: 91-97.

[83] Chi M, Hongyan S, Shaofan W, et al. Bond default prediction based on deep learning and knowledge graph technology[J]. IEEE Access, 2021, 9:

12750-12761.

[84] Zhang Y, Chen L. A study on forecasting the default risk of bond based on XGBoost algorithm and over - sampling method [J]. Theoretical Economics Letters, 2021, 11(2): 258.

[85] 陈学彬，武靖，徐明东．基于 LSTM 和 MCM 的债券违约风险分析[J]. 新金融，2021(6): 54-59.

[86] 陈学彬，武靖，徐明东．我国信用债个体违约风险测度与防范——基于 LSTM 深度学习模型[J]. 复旦大学学报(社会科学版)，2021，63(3): 159-173.

[87] Chatzis S P, Siakoulis V, Petropoulos A, et al. Forecasting stock market crisis events using deep and statistical machine learning techniques [J]. Expert Systems with Applications, 2018, 112: 353-371.

[88] Franks J R, Torous W N. A comparison of financial recontracting in distressed exchanges and Chapter 11 reorganizations [J]. Journal of financial economics, 1994, 35(3): 349-370.

[89] Altman E I, Kishore V M. Almost everything you wanted to know about recoveries on defaulted bonds [J]. Financial Analysts Journal, 1996, 52(6): 57-64.

[90] Izvorski I. Recovery ratios and survival times for corporate bonds[M]. International Monetary Fund, 1997.

[91] Frye J, Ashley L, Bliss R, et al. Collateral damage: A source of systematic credit risk[J]. Risk, 2000, 13(4): 91-94.

[92] Frye J. Depressing recoveries[J]. RISK-LONDON-RISK MAGAZINE LIMITED-, 2000, 13(11): 108-111.

[93] Jarrow R. Default parameter estimation using market prices[J]. Financial Analysts Journal, 2001, 57(5): 75-92.

[94] Hu Y T, Perraudin W. The dependence of recovery rates and defaults [R]. Working Paper, Birkbeck College, 2002.

[95] Altman E I, Brady B, Resti A, et al. The link between default and recovery rates: Theory, empirical evidence, and implications [J]. The Journal of

Business, 2005, 78(6): 2203-2228.

[96] Altman E I, Kalotay E A. Ultimate recovery mixtures[J]. Journal of Banking & Finance, 2014, 40: 116-129.

[97] Bruche M, González-Aguado C. Recovery rates, default probabilities, and the credit cycle[J]. Journal of Banking & Finance, 2010, 34(4): 754-764.

[98] Jankowitsch R, Nagler F, Subrahmanyam M G. The determinants of recovery rates in the US corporate bond market[J]. Journal of Financial Economics, 2014, 114(1): 155-177.

[99] Luo F, Dash S. VIX futures and the hedging of bond portfolios[J]. Available at SSRN 1980875, 2011.

[100] Kamin S B, Von Kleist K. The evolution and determinants of emerging markets credit spreads in the 1990s[J]. Board of Governors of the Federal Reserve System (U. S.), 1999, N: 653.

[101] Berardi A, Ciraolo S, Trova M. Predicting default probabilities and implementing trading strategies for emerging markets bond portfolios[J]. Emerging Markets Review, 2004, 5(4): 447-469.

[102] Da Silveira Barbedo C H, Lemgruber E F. A down-and-out exchange option model with jumps to evaluate firms' default probabilities in Brazil[J]. Emerging Markets Review, 2009, 10(3): 179-190.

[103] Bucay N, Rosen D. Applying portfolio credit risk models to retail portfolios[J]. Journal of Risk Finance, 2001, 2(3): 35-61.

[104] Sosa Navarro R. Default recovery rates and implied default probability estimations: Evidence from the argentinean crisis[J]. MPRA Paper from University Library of Munich. Germany. 2005(1).

[105] Cavallo E A, Valenzuela P. The determinants of corporate risk in emerging markets: An option-adjusted spread analysis[J]. International Journal of Finance & Economics, 2010, 15(1): 59-74.

[106] Ayala D, Nedeljkovic M, Saborowski C. What slice of the pie? The corporate bond market boom in emerging economies[J]. Journal of Financial Stability, 2017, 30: 16-35.

[107] Mili M, Sahut J M, Teulon F. Modeling recovery rates of corporate defaulted bonds in developed and developing countries[J]. Emerging Markets Review, 2018, 36: 28-44.

[108] Narayan P K, Narayan S, Phan D H B, et al. Credit quality implied momentum profits for Islamic stocks[J]. Pacific-Basin Finance Journal, 2017, 42: 11-23.

[109] Plantier C. Regulated funds, emerging markets, and financial stability[J]. ICI Global Research Perspective, 2015, 2(1).

[110] Fitzpatrick P J. A comparison of the ratios of successful industrial enterprises with those of failed companies [M]. Análise Molecular Do Gene Wwox, 1932: 598-605.

[111] Beaver W H. Financial ratios as predictors of failure[J]. Journal of Accounting Research, 1966: 71-111.

[112] 周首华，杨济华，王平. 论财务危机的预警分析——F 分数模式[J]. 会计研究，1996(8): 8-11.

[113] Ohlson J A. Financial ratios and the probabilistic prediction of bankruptcy[J]. Journal of Accounting Research, 1980: 109-131.

[114] Liu D, Cho S Y, Sun D, et al. A Spearman correlation coefficient ranking for matching-score fusion on speaker recognition[C]. TENCON 2010-2010 IEEE Region 10 Conference. IEEE, 2010: 736-741.

[115] Chitsaz E, Taheri M, Katebi S D, et al. An improved fuzzy feature clustering and selection based on chi-squared-test[C]. Proceedings of the International MultiConference of Engineers and Computer Scientists, 2009, 1: 18-20.

[116] Azhagusundari B, Thanamani A S. Feature selection based on information gain [J]. International Journal of Innovative Technology and Exploring Engineering. IJITEE, 2013, 2(2): 18-21.

[117] Cai Y, Huang T, Hu L, et al. Prediction of lysine ubiquitination with mRMR feature selection and analysis[J]. Amino acids, 2012, 42(4): 1387-1395.

[118] Peng H, Long F, Ding C. Feature selection based on mutual information criteria of max-dependency, max-relevance, and min-redundancy[J]. IEEE Trans-

actions on Pattern Analysis and Machine Intelligence, 2005, 27(8): 1226-1238.

[119] Chandrashekar G, Sahin F. A survey on feature selection methods[J]. Computers & Electrical Engineering, 2014, 40(1): 16-28.

[120] Belgiu M, Drăguţ L. Random forest in remote sensing: A review of applications and future directions[J]. ISPRS Journal of Photogrammetry and Remote sensing, 2016, 114: 24-31.

[121] Kursa M B, Rudnicki W R. Feature selection with the Boruta package[J]. Journal of Statistical Software, 2010, 36: 1-13.

[122] Chen T, Guestrin C. Xgboost: A scalable tree boosting system[C]. Proceedings of the 22nd Acm Sigkdd International Conference on Knowledge Discovery and Data Mining, 2016: 785-794.

[123] Ke G, Meng Q, Finley T, et al. Lightgbm: A highly efficient gradient boosting decision tree[J]. Advances in Neural Information Processing Systems, 2017: 30.

[124] Zou H. The adaptive lasso and its oracle properties[J]. Journal of the American Statistical Association, 2006, 101(476): 1418-1429.

[125] Zhang T. Multi-stage convex relaxation for feature selection[J]. Bernoulli, 2013, 19(5B): 2277-2293.

[126] 黄奇文，李丽颖，沈富可，等．基于集成特征选择的网络异常流量检测[J]．华东师范大学学报(自然科学版)，2021(6)：100-111.

[127] Peng M, Jiang D, Wang Y. Forecasting Chinese corporate bond defaults: Comparative study of market-vs. accounting-based models[J]. Frontiers of Economics in China, 2019, 14(4): 536-582.

[128] 苏云鹏，杨宝臣．随机波动 HJM 框架下可违约债券市场波动结构的实证研究[J]．管理科学，2015，28(1)：122-132.

[129] 潘婉彬，张芳菲，陶利斌．中国违约债券回收率的影响因素研究[J]．投资研究，2021，40(5)：124-138.

[130] 姜伟，黎依堞．基于混频数据的消费者信心与中国宏观经济波动研究[J]．管理评论，2021，33(10)：90-102. DOI：10. 14120/j. cnki. cn11-5057/f. 2021. 10. 009.

[131] 孔小伟. 利率期限结构与宏观经济的区制依赖关联机制研究[J]. 统计与决策, 2018, 34(12): 148-151. DOI: 10.13546/j.cnki.tjyjc.2018.12.036.

[132] 母从明, 刘洋, 周远祺, 等. 股权收购(Buyouts)的债务估值和违约决策[J]. 中国管理科学, 2020, 28(2): 25-36. DOI: 10.16381/j.cnki.issn1003-207x.2020.02.003.

[133] Gabbi G, Sironi A. Which factors affect corporate bonds pricing? Empirical evidence from eurobonds primary market spreads[J]. The European Journal of Finance, 2005, 11(1): 59-74.

[134] Dueker M, Assenmacher-Wesche K. Forecasting macro variables with a Qual VAR business cycle turning point index[J]. Applied Economics, 2010, 42(23): 2909-2920.

[135] Dionne G, Gauthier G, Hammami K, et al. A reduced form model of default spreads with Markov-switching macroeconomic factors[J]. Journal of Banking & Finance, 2011, 35(8): 1984-2000.

[136] Bai J, Bali T G, Wen Q. Common risk factors in the cross-section of corporate bond returns[J]. Journal of Financial Economics, 2019, 131(3): 619-642.

[137] Gilchrist S, Yankov V, Zakrajšek E. Credit market shocks and economic fluctuations: Evidence from corporate bond and stock markets[J]. Journal of monetary Economics, 2009, 56(4): 471-493.

[138] Gilchrist S, Zakrajšek E. Credit spreads and business cycle fluctuations[J]. American Economic Review, 2012, 102(4): 1692-1720.

[139] Bai J, Ng S. Determining the number of primitive shocks in factor models[J]. Journal of Business & Economic Statistics, 2007, 25(1): 52-60.

[140] Bai J, Ng S. Determining the number of factors in approximate factor models[J]. Econometrica, 2002, 70(1): 191-221.

[141] Geweke J. The dynamic factor analysis of economic time series[J]. Latent Variables in Socio-economic Models, 1977.

[142] Sargent T J, Sims C A. Business cycle modeling without pretending to have too much a priori economic theory[J]. New Methods in Business Cycle Research, 1977, 1: 145-168.

[143] 陈磊，高铁梅．利用 Stock-Watson 型景气指数对宏观经济形势的分析和预测[J]．数量经济技术经济研究，1994(5)：53-59.

[144] Bai J. Inferential theory for factor models of large dimensions[J]. Econometrica, 2003, 71(1): 135-171.

[145] Aguirre J V, Mesa A M Á, Santacoloma G D, et al. pattern reCognition by dinamiC feature analysis based on pCa[J]. TecnoLógicas, 2009 (22): 29-42.

[146] Mare D. The Oxford handbook of economic forecasting[J]. Journal of the Operational Research Society, 2015, 66(12): 2102-2102.

[147] Bernanke B S, Boivin J, Eliasz P. Measuring the effects of monetary policy: A factor-augmented vector autoregressive (FAVAR) approach[J]. The Quarterly Journal of Economics, 2005, 120(1): 387-422.

[148] Otrok C, Whiteman C H. Baynesian leading indicators: Measuring and predicting economic conditions[J]. Available at SSRN 3482, 1996.

[149] Kryshko M M. Bayesian dynamic factor analysis of a simple monetary DSGE model[M]. International Monetary Fund, 2011.

[150] Zhang Y, Cindy L Y, Li H. Nowcasting GDP using dynamic factor model with unknown number of factors and stochastic volatility: A bayesian approach[J]. Econometrics and Statistics, 2021.

[151] Francis N, Owyang M T, Savascin O. An endogenously clustered factor approach to international business cycles[J]. Journal of Applied Econometrics, 2017, 32(7): 1261-1276.

[152] Jackson L E, Kose M A, Otrok C, et al. Specification and estimation of Bayesian dynamic factor models: A Monte Carlo analysis with an application to global house price comovement[M]//Dynamic Factor Models. Emerald Group Publishing Limited, 2016.

[153] Kim C J, Nelson C R. Business cycle turning points, a new coincident index, and tests of duration dependence based on a dynamic factor model with regime switching [J]. Review of Economics and Statistics, 1998, 80 (2): 188-201.

[154] Quah D, Sargent T J. A dynamic index model for large cross sections [J]. Business Cycles, Indicators, and Forecasting, 1993, 28: 285-306.

[155] Kim C J, Nelson C R. State space models with regime switching: Classical and gibbs-sampling approaches with applications MIT Press[J]. Cambridge, Massachusetts, 1999.

[156] Creal D, Schwaab B, Koopman S J, et al. Observation-driven mixed-measurement dynamic factor models with an application to credit risk[J]. Review of Economics and Statistics, 2014, 96(5): 898-915.

[157] Carter C K, Kohn R. On Gibbs sampling for state space models[J]. Biometrika, 1994, 81(3): 541-553.

[158] Frühwirth-Schnatter S, Frühwirth R, Held L, et al. Improved auxiliary mixture sampling for hierarchical models of non-Gaussian data[J]. Statistics and Computing, 2009, 19(4): 479-492.

[159] Durbin J, Koopman S J. A simple and efficient simulation smoother for state space time series analysis[J]. Biometrika, 2002, 89(3): 603-616.

[160] Black F, Cox J C. Valuing corporate securities: Some effects of bond indenture provisions[J]. The Journal of Finance, 1976, 31(2): 351-367.

[161] Morgan J P. Creditmetrics-technical document[J]. JP Morgan, New York, 1997.

[162] Vasicek O. The distribution of loan portfolio value[J]. Risk, 2002, 15(12): 160-162.

[163] Brunnermeier M K, Julliard C. Money illusion and housing frenzies[J]. The Review of Financial Studies, 2008, 21(1): 135-180.

[164] 陈普. FAVAR 及其时变模型在中国宏观经济的应用[D]. 武汉：华中科技大学，2012.

[165] Julier S, Uhlmann J K. A general method for approximating nonlinear transformations of probability distributions[J]. 1996.

[166] Gentle J E. Numerical linear algebra for applications in statistics[M]. New York: Springer Science & Business Media, 1998.

[167] Higham N J. Analysis of the Cholesky decomposition of a semi-definite matrix[J]. Reliable Numerical Computation, 1990: 161-185.

[168] Krishnamoorthy A, Menon D. Matrix inversion using Cholesky decomposition[C]. 2013 signal processing: Algorithms, architectures, arrangements, and

applications (SPA). IEEE, 2013: 70-72.

[169] Cunningham P, Cord M, Delany S J. Supervised learning [M]// Machine learning techniques for multimedia. Springer, Berlin, Heidelberg, 2008: 21-49.

[170] Barlow H B. Unsupervised learning[J]. Neural Computation, 1989, 1 (3): 295-311.

[171] Zhu X J. Semi-supervised learning literature survey[J]. University of Wisconsin-Madison, 2005.

[172] Kaelbling L P, Littman M L, Moore A W. Reinforcement learning: A survey[J]. Journal of Artificial Intelligence Research, 1996, 4: 237-285.

[173] Rumelhart D E, Hinton G E, Williams R J. Learning representations by back-propagating errors[J]. Nature, 1986, 323(6088): 533-536.

[174] Chen J, Jing H, Chang Y, et al. Gated recurrent unit based recurrent neural network for remaining useful life prediction of nonlinear deterioration process[J]. Reliability Engineering & System Safety, 2019, 185: 372-382.

[175] Long D, Zhang R, Mao Y. Prototypical recurrent unit[J]. Neurocomputing, 2018, 311: 146-154.

[176] Yin X, Goudriaan J A N, Lantinga E A, et al. A flexible sigmoid function of determinate growth[J]. Annals of Botany, 2003, 91(3): 361-371.

[177] Fan E. Extended tanh-function method and its applications to nonlinear equations[J]. Physics Letters A, 2000, 277(4-5): 212-218.

[178] Agarap A F. Deep learning using rectified linear units (relu)[J]. arXiv preprint arXiv: 1803.08375, 2018.

[179] Werbos P J. Backpropagation through time: What it does and how to do it[J]. Proceedings of the IEEE, 1990, 78(10): 1550-1560.

[180] Bengio Y, Frasconi P, Simard P. The problem of learning long-term dependencies in recurrent networks[C]. IEEE International Conference on Neural Networks. IEEE, 1993: 1183-1188.

[181] Hochreiter S. Untersuchungen zu dynamischen neuronalen Netzen[J]. Diploma, Technische Universität München, 1991, 91(1).

[182] Hochreiter S, Schmidhuber J. Long short-term memory[J]. Neural

Computation, 1997, 9(8): 1735-1780.

[183] 罗威．长时记忆循环神经网络算法研究[D]. 杭州：浙江大学，2020.

[184] Dey R, Salem F M. Gate-variants of gated recurrent unit (GRU) neural networks[C]//2017 IEEE 60th International Midwest Symposium on Circuits and Systems (MWSCAS). IEEE, 2017: 1597-1600.

[185] Hushani P. Using autoregressive modelling and machine learning for stock market prediction and trading[C]. Third International Congress on Information and Communication Technology. Springer, Singapore, 2019: 767-774.

[186] Munkhdalai L, Li M, Theera-Umpon N, et al. VAR-GRU: A hybrid model for multivariate financial time series prediction[C]. Asian Conference on Intelligent Information and Database Systems. Springer, Cham, 2020: 322-332.

[187] Witzany J. Unexpected recovery risk and LGD discount rate determination [C]. 22nd Australasian Finance and Banking Conference, 2009.

[188] Yoo J C, Han T H. Fast normalized cross-correlation[J]. Circuits, Systems and Signal Processing, 2009, 28(6): 819-843.

[189] Willmott C J, Matsuura K. Advantages of the mean absolute error (MAE) over the root mean square error (RMSE) in assessing average model performance[J]. Climate Research, 2005, 30(1): 79-82.

[190] Peng H, Long F, Ding C. Feature selection based on mutual information criteria of max-dependency, max-relevance, and min-redundancy[J]. IEEE Transactions on Pattern Analysis and Machine Intelligence, 2005, 27(8): 1226-1238.

[191] 韩瑞，吴达胜，方陆明，等．基于 Boruta 和极端随机树方法的森林蓄积量估测[J]. 林业资源管理，2020(4): 127-133.

[192] Kingma D P, Ba J. Adam: A method for stochastic optimization[J]. arXiv preprint arXiv: 1412.6980, 2014.

[193] Prechelt L. Early stopping-but when? [M]//neural Networks: Tricks of the trade. Springer, Berlin, Heidelberg, 1998: 55-69.